权威·前沿·原创

皮书系列为
"十二五""十三五"国家重点图书出版规划项目

湖北文化蓝皮书

BLUE BOOK OF
HUBEI CULTURE

湖北文化发展报告
（2018）

REPORT ON CULTURAL DEVELOPMENT IN HUBEI
(2018)

湖北大学高等人文研究院
中华文化发展湖北省协同创新中心／编
湖北文化建设研究院
主　　编／李荣娟　吴成国
执行主编／刘伟伟
副主编／谢　迪　卿　菁

社会科学文献出版社
SOCIAL SCIENCES ACADEMIC PRESS（CHINA）

图书在版编目（CIP）数据

湖北文化发展报告 . 2018 / 李荣娟，吴成国主编
. −−北京：社会科学文献出版社，2019.3
（湖北文化蓝皮书）
ISBN 978 − 7 − 5201 − 4435 − 3

Ⅰ. ①湖…　Ⅱ. ①李…②吴…　Ⅲ. ①地方文化 − 文
化发展 − 研究报告 − 湖北 − 2018　Ⅳ. ①G127.63

中国版本图书馆 CIP 数据核字（2019）第 040774 号

湖北文化蓝皮书
湖北文化发展报告（2018）

主　　编／李荣娟　吴成国
执行主编／刘伟伟
副 主 编／谢　迪　卿　菁

出 版 人／谢寿光
责任编辑／周　琼
文稿编辑／张真真

出　　版／社会科学文献出版社·社会政法分社（010）59367156
　　　　　　地址：北京市北三环中路甲 29 号院华龙大厦　邮编：100029
　　　　　　网址：www. ssap. com. cn
发　　行／市场营销中心（010）59367081　59367083
印　　装／三河市龙林印务有限公司

规　　格／开 本：787mm × 1092mm　1/16
　　　　　　印 张：18.5　字 数：279 千字
版　　次／2019 年 3 月第 1 版　2019 年 3 月第 1 次印刷
书　　号／ISBN 978 − 7 − 5201 − 4435 − 3
定　　价／98.00 元

皮书序列号／PSN B − 2016 − 566 − 1/1

主要编撰者简介

李荣娟 女，湖北大学政法与公共管理学院教授、湖北大学县域治理研究院院长、湖北文化建设研究院研究员，湖北省行政管理学会常务理事。主持过多项国家级、省部级社会科学基金项目，曾获湖北省政府发展研究奖二等奖、湖北省优秀调研成果奖二等奖、湖北省社科优秀成果奖三等奖等。

吴成国 男，湖北大学历史文化学院教授、博士研究生导师，湖北大学高等人文研究院副院长，中华文化发展湖北省协同创新中心常务副主任，湖北省委新型智库湖北文化建设研究院执行院长，湖北省楚国历史文化学会常务理事、湖北省荆楚文化研究会常务理事、湖北省三国文化研究会副会长。

刘伟伟 男，武汉大学文学院博士，湖北省文化厅公共文化处副处长，中华文化发展湖北省协调创新中心和高等人文研究院研究员。承担过多项国家级、省部级社会科学基金课题，曾获省政府发展研究奖三等奖。

刘文祥 男，湖北大学政法与公共管理学院教授、院长、博士研究生导师，湖北大学文明城市发展研究院常务副院长，湖北省公共文化服务体系建设评估专家。

孙友祥 男，湖北大学政法与公共管理学院教授、副院长、博士研究生导师，湖北文化建设研究院研究员。论文和研究报告先后获湖北发展研究奖二等奖、湖北省优秀调研成果奖二等奖等，撰写的研究报告和政策建议多次获得省级领导批示。

卿　菁　女，湖北大学政法与公共管理学院副教授、硕士研究生导师，湖北大学县域治理研究院县域文化研究中心主任、湖北文化建设研究院副研究员。主持湖北省社科基金、湖北省委宣传部、湖北省教育厅等各级课题十余项，在核心刊物上发表学术论文二十余篇，出版专著一部，曾获湖北省优秀调研成果奖二等奖。

谢　迪　男，湖北大学政法与公共管理学院讲师、硕士研究生导师，湖北大学县域治理研究院乡村治理中心主任。主持湖北省社科基金、湖北省文化厅、湖北省教育厅等各级课题七项，在核心刊物上发表学术论文十余篇，出版专著一部，曾获湖北省优秀调研成果奖二等奖。

摘　要

文化自信是一个国家、一个民族发展中更基本、更深沉、更持久的力量。没有高度的文化自信，没有文化的繁荣兴盛，就没有中华民族的伟大复兴。

2017 年是中国共产党第十九次全国代表大会胜利召开的一年，是中国共产党带领全国各族人民把中国特色社会主义建设推向新时代转折点的一年。在省委省政府的领导下，湖北各类文化建设主体，深入贯彻党的十九大精神，以高度的文化自信勇担重任，加快推动"文化强省"建设步伐，大部分重要发展指标在全国排名位次进一步提升，展现了湖北文化发展的强劲态势。

党的十九大指明了新时代文化发展方向，也为新时代文化发展提出了新的更高要求，缓解"人民日益增长的美好生活需要和不平衡不充分的发展之间的矛盾"，文化领域还有很多工作要做。目前，湖北文化发展水平总体来说，还存在与文化在经济社会发展全局中的地位不相适应、与人民群众对文化生活的需求不相适应、与全面建成小康社会的要求不相适应的"三个不适应"问题，突出表现在基层发展薄弱等具体方面。

乘风破浪正当时，直挂云帆济沧海。在习近平新时代中国特色社会主义思想指引下，湖北文化建设将在构建大的文化发展格局、提升基层公共文化服务效能、弘扬优秀荆楚传统文化、打造文化艺术精品力作、培育社会公众文化消费习惯等方面，持续发力，改革创新，补齐短板，推动全省文化整体实力迈上新的台阶。

秉承每年一个侧重点的编撰思路，《湖北文化发展报告（2018）》站在这样一个伟大的时间节点上，总结成绩、分析问题、提出建议，在内容编写上呈现三个特点。一是数据充分。总报告从文化部发布的全国文化发展 13 项主要指标入手，通过在全国范围内比较、与中部地区比较、与上年度比较，对湖北省文化发展的每一个指标进行了认真分析。二是范围广泛。分报告的内容涵盖湖北省公共文化、专业艺术、群众文化、文化遗产、文化市场、文化产业、文化交流等文化发展的多个方面，通过多角度分析，全面反映情况。三是视角多维。既从数据的角度进行分析，也从实证的角度进行分析；既从全国的角度进行分析，也从全省的角度进行分析；既对全省整体工作进行"面"的分析，也对某一单项工作进行"点"的分析，多角度展示、剖析成绩背后的工作逻辑。在编写过程中本书还得到了有关高校、政府部门、事业单位、基层单位等各方面的关注和支持。

关键词：湖北文化发展　文化自信　文化强省

目 录

Ⅰ 总报告

Ⅱ 分报告

Ⅲ 专题报告

Ⅳ 案例

皮书数据库阅读**使用指南**

总 报 告

General Report

B.1
2017年湖北文化发展报告

刘伟伟 郑海军*

摘　要： 2017年，在文化部发布的全国文化发展13项主要指标中，
湖北有7项指标全国排名位次较上一年有所提升、4项指标
全国排名位次保持不变，整体发展呈大幅上升趋势，展现了
湖北文化发展的强劲态势。同时，对照"文化强省"的目标
要求，湖北文化发展的整体实力还需要进一步提升。本报告
通过纵向和横向比较，充分反映了湖北文化发展成绩，深入
剖析了问题的原因，并提出一些思考性建议。

关键词： 湖北　文化发展　文化强省

* 刘伟伟，男，武汉大学文学院博士，湖北省文化厅公共文化处副处长，中华文化发展湖北省
协调创新中心和高等人文研究院研究员，承担过多项国家级、省部级社会科学基金课题，曾
获省政府发展研究奖三等奖；郑海军，男，湖北省文化厅财务处副处长。

2017 年，是党和国家事业发展中具有重大意义的一年，这一年中国共产党第十九次全国代表大会胜利召开，把中国特色社会主义建设推向新时代。一年来，湖北文化工作紧紧围绕中央和省委决策部署，深入推进文化强省建设，各项工作取得新的成绩，有关文化发展指标整体呈现上升趋势。

一　总体发展情况

2017 年，湖北文化系统按照"中部领头、全国一流、湖北特色、世界影响"的工作定位，进一步坚定文化自信，强化责任担当，加快推进文化改革发展各项工作迈上新的台阶，开创了文化强省建设新的局面。

在文化部发布的全国文化发展 13 项主要指标中，湖北有 7 项指标全国排名位次较 2016 年有所提升、4 项指标全国排名位次保持不变，整体发展呈大幅上升趋势。其中，全国排名位次提升的 7 项指标是：人均文化事业费（上升 1 位）、人均购书经费（上升 1 位）、人均群众文化业务活动专项经费（上升 5 位）、艺术表演团体个数（上升 3 位）、艺术表演团体国内演出观众人次（上升 3 位）、艺术表演团体演出收入（上升 3 位）、博物馆参观总人次（上升 3 位）；全国排名位次不变的 4 项指标是：文化事业费总额（第 8 位）、人均拥有公共图书馆藏量（第 14 位）、平均每万人拥有群众文化设施建筑面积（第 18 位）、文物藏品数量（第 7 位）；全国排名位次有所下降的 2 项指标是：平均每万人拥有公共图书馆建筑面积（下降 2 位）、文化部门艺术表演团体经费自给率（事业，下降 2 位）。具体情况如表 1 所示。

表 1　2016～2017 年文化发展指标情况

序号	指标名称	2017 年	全国排名	2016 年	全国排名	2017 年较 2016 年增加（增幅）
1	文化事业费总额（亿元）	34.4	8	29.04	8	5.36(18.46%)
2	人均文化事业费（元）	58.28	18	49.35	19	8.93(18.1%)
3	平均每万人拥有公共图书馆建筑面积（平方米）	125.78	13	118.95	11	6.83(5.74%)

续表

序号	指标名称	2017年	全国排名	2016年	全国排名	2017年较2016年增加(增幅)
4	人均拥有公共图书馆藏量(册)	0.61	14	0.56	14	0.05(8.93%)
5	人均购书经费(元)	1.79	9	1.47	10	0.32(21.8%)
6	平均每万人拥有群众文化设施建筑面积(平方米)	257.34	18	251.11	18	6.23(2.48%)
7	人均群众文化业务活动专项经费(元)	4.29	16	3.96	21	0.33(8.3%)
8	艺术表演团体个数(个)	473	11	308	14	165(53.6%)
9	艺术表演团体国内演出观众人次(万人次)	4151	8	3052	11	1099(36%)
10	艺术表演团体演出收入(万元)	31095	17	16405	20	14690(89.5%)
11	文化部门艺术表演团体经费自给率(事业)(%)	19.25	15	21.47	13	—
12	文物藏品数量(件/套)	2076765	7	1980655	7	96110(4.9%)
13	博物馆参观总人次(万人次)	3471	9	2671	12	800(30%)

同时，2017年湖北的文化发展还有7项工作获得文化部肯定，8次在全国会议上做先进典型经验交流，13项工作获国家级表彰，获中央级媒体宣传报道近50次。

二　文化事业费情况

（一）全省基本情况

1. 文化事业费总额

2017年为34.4亿元，较上一年（29.04亿元）增加5.36亿元，增幅18.46%。2015~2017年，年均增幅为11.3%。

2017年过亿元的市州有10个，分别是：武汉市（8.52亿元，增幅

10. 36%）、襄阳市（2. 85 亿元，增幅 20. 76%）、宜昌市（3. 18 亿元，增幅
17. 78%）、荆门市（1. 99 亿元，增幅 204. 76%）、黄冈市（1. 99 亿元，增
幅 25. 16%）、孝感市（1. 83 亿元，增幅 86. 73%）、恩施州（1. 54 亿元，
增幅 12. 41%）、十堰市（1. 31 亿元，增幅 16. 96%）、荆州市（1. 18 亿元，
增幅 24. 21%）、黄石市（1 亿元，增幅 5. 26%）。黄石市、荆州市、荆门
市、孝感市，首次突破 1 亿元。

增幅超过 30% 的有 5 个，分别是：荆门市（增加 1. 92 亿元，增幅
204. 76%）、孝感市（增加 0. 85 亿元，增幅 86. 73%）、鄂州市（增加 0. 32
亿元，增幅 84. 05%）、咸宁市（增加 0. 39 亿元，增幅 68. 81%）、神农架林
区（增加 0. 04 亿元，增幅 47. 1%）。

2. 人均文化事业费

2017 年为 58. 28 元，较上一年（49. 35 元）增加 8. 93 元，增幅 18. 1%。
2015～2017 年，年均增幅为 11. 3%。

2017 年，湖北省 17 个市州中，人均文化事业费超过全省平均水平的有
5 个，分别是：神农架林区（175. 29 元，增幅 46. 99%）、武汉市（78. 17
元，增幅 10. 36%）、宜昌市（76. 99 元，增幅 17. 87%）、荆门市（68. 7
元，增幅 204. 42%）、鄂州市（64. 93 元，增幅 84. 03%）。排名后 3 位的
是：随州市（17. 31 元，增幅 21. 39%）、仙桃市（25. 49 元，增幅
24. 53%）、荆州市（20. 88 元，增幅 24. 44%）。

增幅超过 30% 的有 5 个，分别是：荆门市（增加 44. 44 元，增幅
204. 42%）、孝感市（增加 17. 38 元，增幅 87. 21%）、鄂州市（增加 29. 88
元，增幅 84. 03%）、咸宁市（增加 15. 43 元，增幅 68. 79%）、神农架林区
（增加 55. 96 元，增幅 46. 99%）。

（二）全国排名情况

1. 文化事业费总额

从全国来看，近年来，湖北省文化事业费总额排名处于靠前的位置，
2015～2017 年连续三年全国排名第 8 位，中部六省排名第 1 位（见表 2、表 3）。

表2　2012~2017年湖北文化事业费总额全国排名情况

年份	文化事业费总额(亿元)	全国排名	中部排名
2012	13.87	12	2
2013	15.41	11	2
2014	16.80	12	2
2015	23.56	8	1
2016	29.04	8	1
2017	34.40	8	1

表3　2017年文化事业费总额中部六省基本情况

省份	文化事业费总额(亿元)	中部排名	全国排名
湖北	34.4	1	8
湖南	27.8	2	9
河南	25.15	3	12
山西	22.25	4	15
安徽	18.30	5	22
江西	15.26	6	27

2. 人均文化事业费

2017年为58.28元，全国排名第18位，较上一年上升1位，中部六省排名第2位，位次与上一年持平，较第1位山西省少1.82元（见表4、表5）。

表4　2012~2017年湖北人均文化事业费全国排名情况

年份	人均文化事业费(元)	全国排名	中部排名	全国平均水平(元)
2012	24	25	2	35.46
2013	26.58	24	2	38.99
2014	28.89	25	2	42.56
2015	40.27	21	2	49.69
2016	49.35	19	2	55.74
2017	58.28	18	2	61.56

表5   2017 年人均文化事业费中部六省基本情况

省份	人均文化事业费(元)	中部排名	全国排名
山西	60.10	1	17
湖北	58.28	2	18
湖南	40.52	3	25
江西	33.02	4	29
安徽	29.26	5	30
河南	26.31	6	31

综合来看，一是文化事业投入整体呈上升趋势且增幅较大。近年来，各级党委政府以建设现代公共文化服务体系为抓手，对公共文化建设的投入逐步加大，文化事业费逐年增长，多数地方增长幅度明显，2017 年 10 个市州文化事业费超过 1 亿元。二是地区差异明显。地区经济发展水平差异大，导致地区间文化事业投入存在较大差距，发展不均衡，2017 年，武汉市、襄阳市、宜昌市的文化事业费之和在全省的占比接近 45%。为保持湖北文化事业费总量继续处于全国第一方阵，力争人均文化事业费达到或接近全国平均水平，针对目前的情况，建议从以下几个方面加大力度。

一是督促各地加大对文化的投入力度。在省直、武汉市、襄阳市、宜昌市保持稳定增幅的基础上，力争文化事业费每年过亿元的市州新增 1~2 个，过千万元的县（市、区）每年新增 15 个，三年内基本实现所有市州（不含直管市和林区）文化事业费过亿元，90% 以上的县（市、区）文化事业费过千万元。

二是深入推进文化精准扶贫。在加大公共文化投入、完善公共文化服务体系等方面，重点支持贫困地区、民族地区，重点考虑缩小城乡、区域、层级之间的差异，减轻全省文化发展的不均衡，实行倾斜保障。

三是继续开展公共文化服务体系示范区创建。充分利用各地构建现代公共文化服务体系的契机，建立健全公共文化投入的稳定增长机制，把主要公共文化产品和服务项目、公益性文化活动纳入公共财政经常性支出预算。

四是建立公共文化投入考核与激励机制。建立完善的、科学的、量化的公共文化投入考核指标体系和行之有效的考核程序，对地方财政年度公共文化投入进行考核通报。加强文化资金使用的事前、事中、事后监管，提高资金的使用效率。

三　公共图书馆相关指标

（一）全省基本情况

1. 平均每万人拥有公共图书馆建筑面积

2017 年为 125.78 平方米，较上一年（118.95 平方米）增加 6.83 平方米，增长 5.74%。2015～2017 年，年均增幅为 11.1%。

2017 年全省 17 个市州，平均每万人拥有公共图书馆建筑面积超过或接近全省平均水平的有 5 个：黄石市（168.93 平方米）、宜昌市（148.81 平方米）、神农架林区（146.81 平方米）、襄阳市（145.23 平方米）、黄冈市（125.14 平方米）。平均每万人拥有公共图书馆建筑面积不到 70 平方米的有 3 个：荆州市（66.64 平方米）、荆门市（60.51 平方米）、天门市（58.29 平方米）。

2. 人均拥有公共图书馆藏量

2017 年为 0.61 册，较上一年（0.56 册）增加 0.05 册，增幅 8.93%。2015～2017 年，年均增幅为 10.6%。

2017 年全省 17 个市州人均拥有公共图书馆藏量超过全省平均水平的有 5 个：神农架林区（0.97 册）、武汉市（0.77 册）、宜昌市（0.71 册）、黄石市（0.63 册）、恩施州（0.57 册）。人均拥有公共图书馆藏量不到 0.2 册的有：随州市（0.18 册）。

3. 人均购书经费

2017 年为 1.79 元，较上一年（1.47 元）增加 0.32 元，增幅 21.8%。2015～2017 年，年均增幅为 10.1%。

2017 年全省 17 个市州人均购书经费超过全省平均水平的仅有武汉市

（1.69 元）。不到 0.5 元的城市有 9 个：襄阳市（0.47 元）、恩施州（0.40 元）、鄂州市（0.37 元）、孝感市（0.35 元）、随州市（0.32 元）、十堰市（0.31 元）、咸宁市（0.24 元）、天门市（0.23 元）、荆州市（0.16 元）。

（二）全国排名情况

1. 平均每万人拥有公共图书馆建筑面积

2017 年湖北省平均每万人拥有公共图书馆建筑面积在全国排名第 13 位（125.78 平方米），超过全国平均水平（109.01 平方米），位次较上一年后退 2 位；中部六省排名第 2 位，位次与上一年相同（见表 6、表 7）。

表 6　2012～2017 年湖北省平均每万人拥有公共图书馆建筑面积在全国排名

年份	平均每万人拥有公共图书馆建筑面积（平方米）	全国排名	中部排名	全国平均水平（平方米）
2012	83.2	15	1	78.2
2013	88.3	15	2	85.1
2014	91.08	14	2	90
2015	91.92	17	2	94.7
2016	118.95	11	2	103
2017	125.78	13	2	109.01

表 7　2017 年中部六省平均每万人拥有公共图书馆建筑面积排名情况

省份	平均每万人拥有公共图书馆建筑面积（平方米）	中部排名	全国排名
山西	138.51	1	8
湖北	125.78	2	13
江西	87.03	3	21
安徽	76.58	4	25
湖南	68.76	5	29
河南	64.23	6	31

2. 人均拥有公共图书馆藏量

2017 年湖北省人均拥有公共图书馆藏量 0.61 册，全国排名第 14 位，中部六省排名第 1 位，与上一年相同（见表 8、表 9）。

表8　2012~2017 年湖北省人均拥有公共图书馆藏量在全国排名

年份	人均拥有公共图书馆藏量(册)	全国排名	中部排名	全国平均水平(册)
2012	0.44	20	1	0.58
2013	0.46	17	1	0.55
2014	0.49	16	1	0.58
2015	0.51	16	1	0.61
2016	0.56	14	1	0.65
2017	0.61	14	1	0.70

表9　2017 年中部六省人均拥有公共图书馆藏量排名情况

省份	人均拥有公共图书馆藏量(册)	中部排名	全国排名
湖北	0.61	1	14
江西	0.53	2	22
山西	0.47	3	23
湖南	0.44	4	26
安徽	0.41	5	28
河南	0.30	6	31

3. 人均购书经费

从全国来看，近年来，湖北省人均购书经费排名处于靠前位置，2017 年全国排名第 9 位（1.79 元），首次超过全国平均水平，较上一年前进 1 位，中部六省排名第 1 位（见表 10、表 11）。

关于"平均每万人拥有公共图书馆建筑面积"。2017 年尽管继续保持增长态势，但增速放缓，主要原因是公共图书馆已完工交付使用项目逐年减少。为确保"平均每万人拥有公共图书馆建筑面积"在全国排名稳中有进和在中部排名领先地位，建议采取以下措施：一是督促各地严格落实《湖北省

表10　2012～2017年湖北省人均购书经费在全国排名

年份	人均购书经费(元)	全国排名	中部排名	全国平均水平(元)
2012	0.73	14	1	1.09
2013	1.10	13	1	1.22
2014	1.27	11	1	1.24
2015	1.50	11	1	1.43
2016	1.47	10	1	1.56
2017	1.79	9	1	1.70

表11　2017年中部六省人均购书经费排名情况

省份	人均购书经费(元)	中部排名	全国排名
湖北	1.79	1	9
江西	0.90	2	22
山西	0.84	3	23
湖南	0.78	4	25
安徽	0.61	5	28
河南	0.61	6	29

基本公共文化服务实施标准（2015—2020年)》，确保各级公共图书馆达到相应建设标准；二是督促尚未开工项目加快建设进度，争取早日建成投入使用；三是继续推进"四馆三场"建设工程，扫除图书馆建设的"空白点"。

关于"人均购书经费"与"人均拥有公共图书馆藏量"。这两个指标密切相关，购书经费直接影响图书馆藏量。从全省来看，上述两个指标依然有提升空间，目前绝大多数的市、县级公共图书馆购书经费有限。2017年全省购书经费总支出10579.1万元，省图书馆5360.3万元，占总支出的50.7%，其他115个馆购书经费支出总共才5218.8万元。为保证"人均购书经费"和"人均拥有公共图书馆藏量"有较大增幅，在全国排名有较大提升，建议采取以下措施。

一是督促各地严格落实《公共文化服务保障法》和省委办公厅省政府

办公厅印发的《关于加快构建现代公共文化服务体系的实施意见》（鄂办发〔2015〕62号）的通知，将购书经费列入财政预算并逐步加大投入，保持一定增幅，保证县级公共图书馆人均年新增藏量不少于0.031册。

二是将"农家书屋"纳入图书馆总分馆制建设，与基层综合文化服务中心建设统筹推进，将"农家书屋"的购书经费和藏书数量纳入统计范围。

四　群众文化机构相关指标

（一）全省基本情况

1. 平均每万人拥有群众文化设施建筑面积

2017年为257.34平方米，较上一年（251.11平方米）增加6.23平方米，增幅2.48%。2015~2017年，年均增幅为10.8%。

2017年全省17个市州超过全省平均水平的有9个：神农架林区（1276.33平方米）、荆门市（397.37平方米）、宜昌市（363.48平方米）、鄂州市（360.52平方米）、黄石市（332.48平方米）、潜江市（328.3平方米）、十堰市（317.02平方米）、襄阳市（314.18平方米）、咸宁市（283.89平方米）。但仍有武汉市（175.52平方米）、随州市（154.69平方米）不到200平方米。

2. 人均群众文化（群艺馆、文化馆、文化站）业务活动专项经费

2017年为4.29元，较上一年（3.96元）增加0.33元，增幅8.3%。2015~2017年，年均增幅为12.4%。

2017年全省17个市州超过全省平均水平的有7个：鄂州市（22.84元）、宜昌市（10.61元）、潜江市（10.48元）、神农架林区（8.84元）、黄石市（5.67元）、武汉市（4.32元）、天门市（4.41元）。低于2元的有4个：黄冈市（1.78元）、孝感市（1.62元）、随州市（1.45元）、荆州市（1.38元）。

（二）全国排名情况

1. 平均每万人拥有群众文化设施建筑面积

2017 年湖北省平均每万人拥有群众文化设施建筑面积在全国排名第 18 位（257.34 平方米），中部六省排名第 2 位，位次与上一年相同（见表 12、表 13）。

表 12　2012～2017 年湖北省平均每万人拥有群众文化设施建筑面积在全国排名

年份	平均每万人拥有群众文化设施建筑面积（平方米）	全国排名	中部排名	全国平均水平（平方米）
2012	184.8	21	2	234.2
2013	192.9	21	2	249.1
2014	206.9	23	4	269.5
2015	206.16	24	4	280
2016	251.11	18	2	288.6
2017	257.34	18	2	295.44

表 13　2017 年中部六省平均每万人拥有群众文化设施建筑面积排名情况

省份	平均每万人拥有群众文化设施建筑面积（平方米）	中部排名	全国排名
山西	276.83	1	14
湖北	257.34	2	18
江西	248.47	3	20
湖南	227.39	4	24
安徽	175.28	5	27
河南	151.52	6	30

2. 人均群众文化（群艺馆、文化馆、文化站）业务活动专项经费

2017 年湖北省人均群众文化业务活动专项经费为 4.29 元，全国排名第 16 位，较上一年上升 5 位，中部六省排名第 1 位（见表 14、表 15）。

表14　2012～2017年湖北人均群众文化业务活动专项经费全国排名

年份	人均群众文化业务活动专项经费（元）	全国排名	中部排名	全国平均水平（元）
2012	0.64	28	6	2.14
2013	1.17	26	5	2.59
2014	1.46	25	4	2.69
2015	2.42	24	3	4.47
2016	3.96	21	1	5.29
2017	4.29	16	1	5.29

表15　2017年中部六省人均群众文化业务活动专项经费排名情况

省份	人均群众文化业务活动专项经费（元）	中部排名	全国排名
湖北	4.29	1	16
湖南	3.17	2	22
山西	2.53	3	24
安徽	2.53	4	25
江西	2.45	5	26
河南	1.94	6	30

关于"平均每万人拥有群众文化设施建筑面积"。2017年尽管继续保持增长态势，但增速放缓，主要原因是文化馆项目已完工交付使用的逐年减少。可以预计这一指标还将保持一定增速，在全国排名还有提升空间。下一步，建议采取以下措施：一是督促尚未达到全国平均水平的市州加大投入力度，确保各地群艺馆、文化馆、文化站达到国家建设标准；二是督促尚未完工项目加快建设进度，争取早日建成投入使用；三是扫除文化馆建设空白点；四是实施文化站提升工程，以全面推进基层综合文化服务中心建设为契机，对没有站舍的文化站进行建设，对没有达标的文化站进行改造升级。

关于"人均群众文化业务活动专项经费"。近年来，在全省群众文化活动展演的引导下，各地群众文化活动蓬勃开展，群众文化业务活动专项经费逐年增加。但全省仍有10个市州人均群众文化业务活动专项经费未达到全省平均水平，增长潜力较大。下一步，建议采取以下措施：一是督促各地按照《湖北省基本公共文化服务实施标准（2015—2020年）》的要求，加大对市、县级文化（群艺）馆、乡镇综合文化站业务活动经费的投入；二是指导各地开展"一县一品"主题群众文化活动，确保市、县、乡三级群众文化机构开展活动次数不少于规定次数；三是鼓励和引导各地政府通过购买服务的方式购买群众文化活动，鼓励社会力量通过捐助、赞助等形式积极参与支持群众文化活动。

五　艺术表演院团相关指标

（一）全省基本情况

1. 艺术表演团体个数

该指标既含国有文艺院团，也包括非国有文艺院团。2017年湖北省共有艺术表演团体473个（其中国有87个），较上一年（308个）增加165个，增幅53.6%。

2017年各市州文艺院团数量排名前4位的分别是：宜昌市（108个）、黄冈市（104个）、武汉市（80个）、恩施州（41个）。文艺院团数量不到5个的有4个地方：仙桃市（4个）、随州市（2个）、天门市（2个）、神农架林区（0个）。

2. 艺术表演团体国内演出观众人次

2017年为4151万人次，较上一年（3052万人次）增加1099万人次，增幅36%。

2017年各市州艺术表演团体国内演出观众人次超过100万人次的有9个：黄冈市（1382.1万人次）、武汉市（749.54万人次）、孝感市（386.49万人次）、恩施州（288.40万人次）、襄阳市（233.78万人次）、宜昌市（217.09万人次）、十堰市（149.45万人次）、荆州市（121.49万人次）、潜江市（107万人次）。观众人次不到50万人次的有2个市州：鄂州市（22.53万人次）、神农架林区（无剧团）。

3. 艺术表演团体演出收入

2017 年为 31905 万元,较上一年(16405 万元)增加 15500 万元,增幅为 94.5%。

2017 年各市州艺术表演团体演出收入超过千万元的有 5 个:恩施州(10573.1 万元)、武汉市(8077.5 万元)、黄冈市(3354.1 万元)、宜昌市(2089.3 万元)、荆门市(1509.6 万元)。演出收入不足百万元的市州有 2 个:随州市(63 万元)、神农架林区(无剧团)。

(二)全国排名情况

1. 艺术表演团体个数

2017 年湖北省艺术表演团体个数为 473 个,全国排名第 11 位,较上一年上升 3 位,中部排名第 5 位(见表 16、表 17)。

表 16   2012 ~ 2017 年湖北艺术表演团体个数全国排名

年份	艺术表演团体个数(个)	全国排名	中部排名
2012	226	13	4
2013	307	10	3
2014	273	14	4
2015	282	13	4
2016	308	14	5
2017	473	11	5

表 17   2017 年中部六省艺术表演团体个数排名情况

省份	艺术表演团体个数(个)	中部排名	全国排名
安徽	2639	1	1
河南	1671	2	2
山西	665	3	8
湖南	534	4	10
湖北	473	5	11
江西	425	6	15

2. 艺术表演团体国内演出观众人次

2017 年湖北省艺术表演团体国内演出观众人次为 4151 万人次，全国排名第 8 位，较上一年上升 3 位，中部六省排名第 4 位（见表18、表19）。

表18　2012~2017 年湖北艺术表演团体国内演出观众人次全国排名

年份	艺术表演团体国内演出观众人次（万人次）	全国排名	中部排名
2012	3014	10	4
2013	2880	10	4
2014	3344	8	4
2015	2902	8	4
2016	3052	11	4
2017	4151	8	4

表19　2017 年中部六省艺术表演团体国内演出观众人次排名情况

省份	艺术表演团体国内演出观众人次（万人次）	中部排名	全国排名
安徽	25331	1	1
河南	15048	2	3
山西	5693	3	4
湖北	4151	4	8
江西	3134	5	12
湖南	2488	6	17

3. 艺术表演团体演出收入

2017 年湖北省艺术表演团体演出收入为 31095 万元，全国排名第 17 位，较上一年上升 3 位；中部六省排名第 5 位，较上一年上升 1 位（见表20、表21）。

上述三个指标数据集中反映了文艺演出市场现状，从全国和中部六省的排名来看，湖北省文艺院团数量虽有较大增幅，但因基数较低，中部其他省份院团数在全国领先，因此湖北省院团数在中部六省排名依旧靠后。近年来，

表20　2012～2017年湖北艺术表演团体演出收入全国排名

年份	艺术表演团体演出收入（万元）	全国排名	中部排名
2012	16564.2	15	5
2013	19058	16	6
2014	172587	17	6
2015	16135.7	18	5
2016	16405.3	20	6
2017	31095	17	5

表21　2017年中部六省艺术表演团体演出收入排名情况

省份	艺术表演团体演出收入（万元）	中部排名	全国排名
安徽	119780	1	2
河南	65493	2	4
湖南	34772	3	15
山西	37032	4	14
湖北	31905	5	17
江西	26030	6	19

湖北省国有文艺院团数量稳定在87个，非国有文艺院团市场占有率和活跃程度不高，全省院团数量、演出观众人次指标在全国属于中等水平，演出收入指标排名不高。

从全省来看，非国有文艺院团个数相比去年有较大幅度增长，但基数少、发展滞后的整体情况并未得到根本改变，非国有文艺院团主要集中在武汉市、宜昌市、黄冈市、恩施州等地，这四个市州的院团数量之和接近全省的70%，发展不平衡的情况依旧十分突出。

因此，一是需要出台相关政策，加强引导，大力培育民间文艺团队和机构，促使其发展成为具有一定规模和影响的文艺院团；二是在经费上对民间文艺院团给予支持，重点支持和推动民间文艺院团艺术创作和人才培养，提升其整体实力，民间文艺院团多了，实力增强了，演出场次、观众人次和演出收入就会有所提升；三是要进一步规范民间文艺院团的统计口径，确保无遗漏。

六　文博单位相关指标

（一）文物藏品数量

2017 年为 2076765 件/套，较上一年（1980655 件/套）增加了 96110 件/套，增长 4.9%。在全国排名第 7 位，中部六省排名第 1 位（见表22）。

表22　2012~2017 年湖北文物藏品数量全国排名

年份	文物藏品数量(件/套)	全国排名	中部排名
2012	1875999	5	2
2013	1926674	6	2
2014	2158845	5	1
2015	1947909	8	2
2016	1980655	7	1
2017	2076765	7	1

近年来，湖北省文物藏品数量排名均在全国第一方阵，比较稳定。2015 年全国可移动文物普查平台投入使用以后，藏品数量均以普查平台登记数为依据填写，实现了藏品数量可核查。

（二）博物馆参观总人次

2017 年为 3471 万人次，较上一年（2671 万人次）增加800 万人次，增长 30%。在全国排名第 9 位，较上一年上升 3 位；中部六省排名第 3 位，较上一年上升 2 位（见表23）。

综合分析，近年来，湖北省文物藏品数量位居全国前列，而博物馆参观总人次与藏品数量位次不相匹配。这表明湖北省这一指标还有较大提升空间，下一步建议采取以下措施。

一是加快推进湖北省博物馆三期建设工程。湖北省博物馆三期扩建工程

表23　2012～2017年湖北博物馆参观总人次全国排名

年份	博物馆参观总人次（万人次）	全国排名	中部排名
2012	2230	11	3
2013	2358	11	4
2014	2600	9	3
2015	2624	12	5
2016	2671	12	5
2017	3471	9	3

建成开放后，建筑面积将达到11万平方米，展览面积将达到2.8万平方米，举办《曾侯乙》等14个基本陈列和3个临时展览，预计年接待观众将突破300万人次，是目前观众数量的两倍。

二是推进一批地市级博物馆新馆建成开放。"十三五"内，宜昌、襄阳、孝感、天门等一批博物馆将相继建成并对外开放，展览面积的扩大、高质量的陈列展览、舒适的参观环境、良好的馆容馆貌，将大幅提升这些博物馆的接待能力，充分发挥公共文化服务重要阵地的作用，吸引大量省内外乃至国内外观众到馆参观。

三是结合湖北省大遗址、国家考古遗址公园建设，重点推进武汉盘龙城、荆州熊家冢、荆门屈家岭址、潜江龙湾、湖北华新等遗址类博物馆的建设发展，不断完善全省博物馆体系建设，丰富全省博物馆种类，满足更多不同层次的观众需求，从而吸引更多观众参观，扩大湖北文化的影响力。

四是通过策划高水平的陈列展览和社会教育活动，让馆藏文物资源"活起来"，让观众"常看常新"，吸引观众反复多次走进博物馆。发挥全省博物馆展览联盟的优势，整合全省博物馆馆藏文物资源，打造荆楚文化特色展览，满足观众精神文化需求。继续深入开展全省博物馆"百馆微展览五进（进学校、进社区、进军营、进乡镇、进企业）"活动，服务广大基层群众，特别是老少边穷地区的留守儿童等特殊群体。

五是通过各种渠道，加大博物馆展览、社会教育活动的宣传力度，让更多国内外观众了解湖北省博物馆的精品文物、精品展览，吸引更多人参观。

加强与媒体合作，以开辟报纸博物馆文化专栏、制作博物馆宣传专题片、打造博物馆微电影微视频等多种方式，大力宣传博物馆陈列展览和亮点活动，提升博物馆的社会关注度。利用微博、微信等新媒体，针对社会公众，特别是青年人的需求，加强博物馆与观众互动，进一步扩大博物馆文化的影响力。

六是落实"互联网＋中华文明"行动计划，开展博物馆数字化服务，扩展博物馆服务网络，提升博物馆影响力。湖北省博物馆、宜昌市博物馆、孝感市博物馆等在新馆建设同期考虑数字化服务，通过建设智慧博物馆，打造"永不落幕"的陈列展览，扩大博物馆文化的影响力和覆盖面。

分 报 告

Sub Reports

B.2

2017年湖北省公共文化服务
体系建设报告

李荣娟　王锦东　余嫚雪*

摘　要： 2013~2017年，是湖北省公共文化服务体系建设与完善的五年，是文化大发展的五年，在全省各级党委和政府的高度重视和相关部门的大力支持下，湖北省公共文化服务体系建设取得明显成效。文化事业保障机制、基础设施、数字服务，特别是公共图书馆、群艺馆、文化站的建设与服务取得了长足发展。但在公共文化服务体系发展过程中也存在财政保障机制不健全、基层公共文化设施有短板、人才队伍支撑不够、公共文化效能不高等问题。因此，要从加大投入、人才队伍

---

* 李荣娟，女，湖北大学政法与公共管理学院教授，湖北大学县域治理研究院院长、湖北文化建设研究院研究员、湖北省行政管理学会常务理事；王锦东，男，湖北省图书馆辅导部副主任、副研究馆员；余嫚雪，女，湖北省图书馆馆员。

建设、信息化建设、品牌战略、考核体系以及基层文化基地建设等方面采取有效措施，促进湖北公共文化服务体系建设。

关键词： 公共文化服务体系　基础设施　文化阵地

为切实推进文化事业发展，更好满足人民群众精神文化需求，保障人民群众基本文化权益，力争到 2020 年，基本建成与湖北省经济社会发展水平、人口状况、群众需求相匹配，覆盖城乡、更加高效、更加均衡的现代公共文化服务体系，湖北省委、省政府高度重视，实施了一系列举措，大力推进湖北省的公共文化服务体系建设工作。

一　湖北省公共文化服务体系建设发展情况

（一）加强文化自觉，公共文化服务体系建设上升为湖北发展重要战略

近年来，省委省政府通过一系列强有力的举措推动了全省公共文化服务体系建设。湖北省政府先后出台《以前所未有的力度推进文化体制改革——贯彻落实中央〈决定〉和省委〈意见〉实施方案》《关于推动文化大发展大繁荣的若干意见》《关于加快构建现代公共文化服务体系的实施意见》《湖北省"十三五"推进基本公共服务均等化规划的通知》《全省基层综合性文化服务中心建设三年行动计划（2017—2019）》《省文化厅文化扶贫工作实施方案（2017—2020 年)》《湖北省文化厅关于贫困地区文化专项资金整合使用的意见》《湖北省"十三五"时期基层公共文化设施建设实施办法》等一系列文件，将完善公共文化服务体系建设纳入全省深化改革的目标任务，为推动湖北省文化大发展大繁荣、实现文化强省建设目标提供重要战略支撑。在省政府高度重视下，湖北省在中部地区率先开展省级公共文

化服务体系示范区创建工作，将30个县（市、区）列入全省公共文化服务体系示范区创建单位，整体、科学推进公共文化服务体系建设。

（二）加强财政保障，文化投入和设施条件有效改善

2017年全省文化事业费总额为34.40亿元，与2016年的29.04亿元相比，增长了5.36亿元，增长率为18.46%。全省人均文化事业费从2016年的49.35元增加到2017年的58.28元，增长了8.93元，增长率为18.1%。一系列面向基层、服务群众的重大公共文化设施建设项目顺利实施，城乡公共文化设施整体面貌显著改善。自2013年以来，全省先后实施了省级标志性文化场馆、地市"三馆"（文化馆、图书馆、博物馆）、县级"两馆"（文化馆、图书馆）、乡镇综合文化站等设施建设工程。自2016年起，湖北省文化厅每年下拨2000万元文体广场建设专项资金，补助各地建设文体广场面积约108.69万平方米，基本实现每个乡镇（街道）配备1~2个文体广场。截至2017年年底，湖北省共有公共图书馆116家，有89个图书馆建成实施了总分馆制，建立分馆874个，在48个地区实现了区域内二级行政区分馆全覆盖。群众文艺馆有125家，文化站有1281家，基本形成了以省、市大型公共文化设施为骨干，以县、乡等基层公共文化设施为基础，覆盖城乡的公共文化设施网络。

（三）实施文化惠民工程，服务能力和服务水平明显提高

一是突破行政层级制约，将一系列重大文化惠民工程直接送到基层。一是设备配送工程，投入资金1.98亿元，为985个乡镇综合文化站、1948个社区文化中心（文化活动室）配发活动设备；在全省配发流动舞台车99台、流动图书车83台，有效提升了基层公共文化服务能力。

二是免费开放工程，全省1734个"三馆一站"全部实现免费开放、免费提供基本服务项目。2017年，全省公共图书馆为读者举办各类活动5236次，服务读者230.67万人次，较2013年增长1.74倍；群众文化机构提供文化服务64418次，参加人次达2785.39万人次，比2013年增长1.70倍

（见图1）。全省文化馆（站）组织文艺展演和培训分别为 38577 场和 451.11 万人次，较 2013 年分别增长了 9.01% 和 1.47%，服务活动数、服务人次呈显著增加（见图2）。

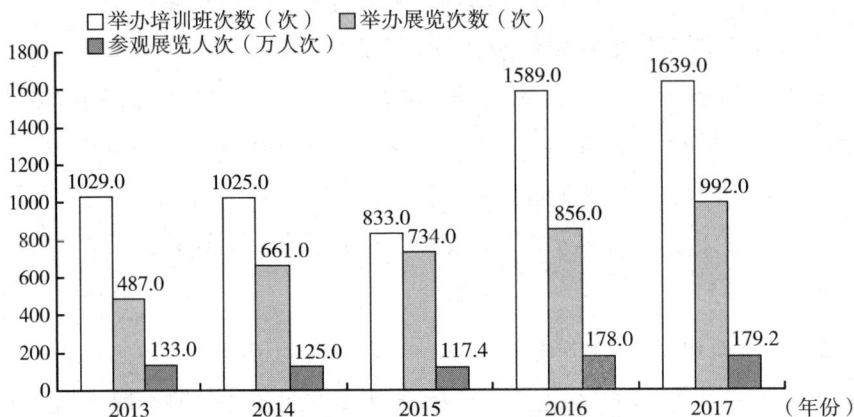

图1　近年来图书馆活动情况

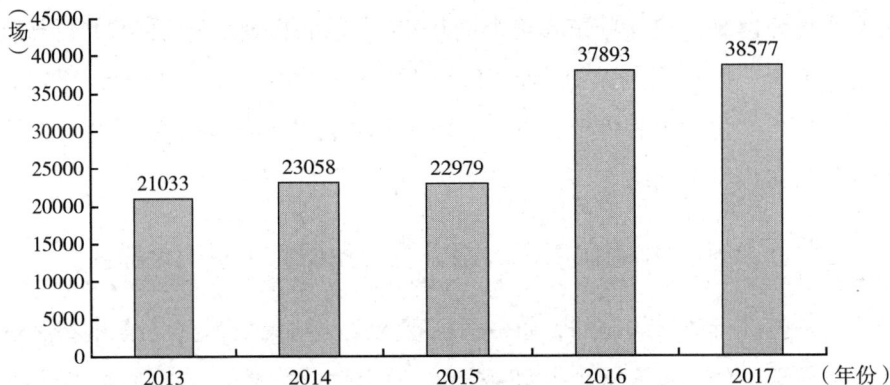

图2　近年来全省开展群众文化活动场次

三是数字文化工程，构建覆盖全省的五级数字文化服务网络。文化信息资源共享工程已建成各级基层中心（服务点）42000 多个，可使用数字资源总量达 960TB（1TB 相当于 1500 小时的视频量）。数字图书馆推广工程的建成使得全省 17 市州的市本级公共图书馆、少儿图书馆可以与国家图书馆联网，共享国家海量数字资源。公共电子阅览室建成乡镇、街道、社区等各级绿色上网站点 2078 个。

四是送戏下乡工程，以第三届湖北地方戏曲艺术节、戏曲进校园等活动为依托，深入各个高校、街道社区、乡镇村落、企业工地等，全年送戏下乡 22167 场，吸引观众约 2012 万人次。

（四）创新公共文化服务运行机制，均等化服务更为广泛

一是创新服务主体。黄石市、宜昌市设立文化发展专项资金，探索实施公共文化服务政府采购制度，通过招投标方式，购买大型公共文化活动和服务，推动市场、社会力量提供公共文化服务。二是创新服务平台。武汉市在公众活动场所建设"24 小时自助图书馆"，使市民不到图书馆就能享受借书、还书、办证、预借等服务。大冶市将村文化活动室、社区公共文化服务分别纳入党员群众服务中心和社区网格化体系平台统筹建设管理，提供便民服务。三是创新服务品牌，设立"楚天群星项目奖"，鼓励引导"长江讲坛""长江读书节"等一批优秀公共文化服务项目品牌发展壮大。各地均形成 1~2 个服务品牌。四是创新服务手段。整合部门资源，丰富基层群众精神文化生活，推动文化资源向特殊群体倾斜。联合省民宗委、省教育厅、省文联、省残联、省老龄办等部门，组织举办了青少年音乐舞蹈大赛、中老年人艺术大赛等全省性文化活动。这些举措使公共文化服务覆盖面进一步扩大。2017 年，全省开展各类群众文化活动 64418 次，约 2785.39 万人次参与，其中 15391 为县及县以下组织，平均每月各乡镇、街道开展活动约 2567 场。

（五）推进制度设计研究，公共文化服务体系建设科学发展

为提高公共文化服务体系建设科学化水平，湖北省文化厅开展了公共文化服务体系制度设计研究，加强顶层设计，多项工作走在全国前列。

一是代表中部地区承担了国家公共文化服务体系制度设计综合性课题，研究成果对湖北省乃至中部地区公共文化服务体系建设，具有重要的借鉴意义。

二是以湖北省承担文化部公共图书馆立法课题研究为契机，系统研究并形成《公共图书馆管理体制研究报告》，为加强公共图书馆管理和立法提供了理论支撑。

三是将制度设计研究作为湖北省公共文化服务体系示范区创建验收前置条件，引导各市县探索公共文化服务体系建设的科学发展路径。

四是组建专家委员会、专家库，为公共文化服务体系建设提供强有力的智力支持。制度设计研究推动实践已取得成效。黄石市以制度设计为先导，建立了公众参与文化决策、社会力量参与文化服务、政府力量联合服务、城乡文化援助、流动服务公交化网格化运行、公共文化服务机构标准和绩效考核、群众文化需求及满意度测评等创新机制，推动了公共文化服务体系的跨越式发展，圆满通过国家验收。验收组认为黄石市"探索出了一些具有示范意义和推广价值的做法，对其他地区，特别是经济欠发达地区有重要借鉴意义"。

二　湖北省公共文化服务体系建设存在的主要问题

尽管取得了不俗的成绩，但从总体上看，湖北省公共文化建设仍处于"补课"阶段，还存在"四个不相适应"：与全省经济社会发展的进程和水平不相适应，与城乡群众变化发展的基本文化需求不相适应，与文化资源大省地位不相适应，与文化强省的目标要求不相适应。具体表现为以下几点。

（一）公共文化财政保障力度不够

文化事业的发展离不开财政的支持，湖北省财政对于文化的投入虽然持续增长，但保障力度仍不够。

一是人均文化事业经费不足。2017 年，湖北省文化文物单位财政补助收入为 50.48 亿元，而全省从业人员有 86193 人，人均文化事业费仅 5.8 万元。相较 2017 年湖北省城镇单位在岗职工年平均工资的 55903 元，全省从业人员的平均工资远低于平均水准。

二是部分投入政策未落实。包括以下几个方面。（1）配套资金未完全到位。据调查，有部分市、县地区的"三馆一站"免费开放经费、乡镇综合文化站"以钱养事"经费、流动图书车运行费等地方配套资金未落实，影响和制约了公共文化服务开展。（2）部分公共文化服务项目缺少维护、运行资金。部分地区政府仍未将数字图书馆建设等信息化资源建设经费纳入财政经常性预算，以致出现电脑设备老化、资源难以更新等问题。

（二）基层公共文化设施设备有欠缺

目前，湖北省已经初步实现公共文化服务网络覆盖城乡居民，保证城乡居民可以享受基本均衡的公共文化服务。但由于全省文化设施设备建设摊子大、底子薄、欠账多，有些地方还需要完善。

一是有部分设施变卖、挤占、挪用情况出现。以乡镇文化设施为例，经过调研，发现有部分乡镇综合文化站被乡镇党委政府变卖抵债、挤占挪用。

二是部门之间设施资源整合利用工作滞后。由于文化设施场地大都分散在文化、教育、科协等部门，现有条件下，全省尚未建立有效的文化服务资源共享平台来对这些设施进行整合，部门和部门之间尚未形成资源场地的协同整合利用，难以形成合力、发挥整体性优势，这种客观的浪费又进一步加剧了湖北省文化设施资源的不足。

（三）人才队伍支撑作用不强

基层文化队伍建设状况对湖北省公共文化发展起到举足轻重的作用，是公共文化服务体系建设的决定性力量之一。目前湖北省在基层文化队伍建设方面仍存在一些不足。

一是基层文化队伍不足。为进一步提升全省公共文化服务水平，满足城乡居民对文化的需求，近年来，湖北省先后对本省范围内的"三馆一站"实行免费开放，但随之而来的是工作人员数量较少，难以应付日益增大的工作量需求。

二是基层文化队伍结构不合理。调研过程中，不少县级馆反映当地文化单位人才队伍老化、缺少专业人才。

三是基层激励政策有待完善。职称评定是对基层文化服务人员进行激励的有效手段,有效的职称评定可以激发基层文化工作人员的工作热情和工作效率。但目前"评聘结合"的办法因岗位限制而日渐虚化,制约了职称评定的激励作用。

(四)公共文化服务效能不高

对信息化、数字化技术手段的忽视以及对传统文化资源的挖掘、传承和利用的缺乏,使得现有文化阵地作用的发挥效能不高。

首先是部分公共文化服务针对性不强,缺乏吸引力。基层群众、城乡群众、东西部群众彼此之间对公共文化的需求各有差异,在开展文化服务时要分析受众的文化程度、闲暇时间、兴趣爱好等因素,部分单位就因此而出现"送非所需、需未能送"的情况。其次是公共文化服务的提供方式单一,缺乏影响力。公共文化服务具有时效性和独特性的优势,针对不同的受众要采取不同的方式和方法,但湖北省内存在部分单位思想僵化、不思进取,文化供给形式单一、老套,习惯被动,等着群众"走进来",这必将导致公共文化服务水平不高,服务面窄。

三 公共文化服务体系建设的对策建议

(一)加大公共文化财政投入,形成对公共文化服务体系建设强有力支撑

"逆水行舟,不进则退。"建议以政策文件形式明确湖北省文化事业费占财政总支出的增长、目标比重。2014~2016年,文化事业费占财政支出比重每年上调0.1个百分点(以2012年财政支出计,约为3亿元),2017~2020年,该项比重降至每年上调0.05个百分点;到2015年,基本实现0.55%左右的目标,与湖北省地方财政支出在全国排名相匹配(2006~2011

年，湖北省地方财政支出由787.16亿元上升至3214.74亿元，全国排名基本保持在第13位）；到2020年，为0.85%左右，实现"中西部第一、全国一流"的目标。

新增财政资金可主要用于以下开支：一是提高免费开放经费补助标准，完善免费开放经费核定机制，以财政投入为杠杆，实现激励约束导向作用，贫困县配套经费由省、市两级财政兜底；二是继续加强公共文化设施建设，实施村级文化广场建设工程，加大县级"两馆"建设工程实施力度，继续实施社区文化中心（街道文化站）和社区文化活动室设备配备，加快配发流动文化设备，统筹推进村、社区文化活动室（农民工文化家园）标准化建设；三是增设民间文艺团队扶持基金，激活民间文化资源；四是加大人才队伍培训经费投入，有效提升队伍素质；五是增加惠民工程运行保障经费，充分发挥其服务作用。

（二）加强公共文化人才队伍建设，夯实公共文化服务体系人才基础

按照存量优化、增量优选的原则，制定、落实全省公共文化服务人才队伍建设规划，建立一支稳定、高素质的人才队伍。

1. 建立公共文化服务队伍准入机制，疏通人才引进渠道

建议会同省人社厅，对全省各类公共文化单位从业人员进行职业资质认证，按照统一的"行业标准"规范工作人员的从业资格，以职业资质认证的通过与否建立工作人员的"准入"和"退出"机制，便于更多有用之才进入公共文化服务人才队伍。

2. 定向扶持民间文艺团队，引导民办文化蓬勃发展

实施民间文艺团队体系化建设工程。按照团队规模、活动频率、艺术水准、社会影响等指标编制全省民间文艺团队分级标准。在全省开展民间文艺团队普查工作，对达到一定等级的团队实行分类登记、建档立卡。省、市、县三级文化行政部门跟踪指导、定向扶持相应等级的民间文艺团队。

3. 推进公共文化队伍培训规范化建设，提升队伍素质和服务能力

双管齐下形成全省公共文化队伍培训长效机制：一是实施"新时期公共文化队伍能力提升工程"，按照分级负责、分类实施、体系推进、覆盖全省的原则开展培训工作；二是实施"星火燎原"文化干部上挂下派工作计划，建立省、市、县、乡四级文化人才的交流培养机制，重点支持贫困地区、民族地区、革命老区、山区的公共文化人才队伍建设。

4. 落实中央、省委文件精神，专兼结合充实城乡基层文化队伍

在专职岗位上，按照《湖北省"十二五"时期文化改革发展规划纲要》关于"设立城乡社区公共文化服务岗位，对服务期满高校毕业生报考文化部门公务员、相关专业研究生实行定向招录"的要求，在行政村和城镇社区设立"乡村（社区）文化辅导员"岗位，纳入"三支一扶"高校毕业生服务计划，比照"大学生村官""农村支教"相关优惠政策，吸引有文艺专长和兴趣的高校毕业生从事基层文化服务工作。在兼职岗位上，联合省文明办、省民政厅，建立乡村（社区）"公共文化服务协调员""公共文化服务志愿者"工作队伍，配合乡村（社区）文化辅导员开展工作。

5. 提高基层文化队伍各项待遇，营造有利于队伍发展的良好环境

切实推进事业单位绩效工资改革，进一步优化、完善文化馆、公共图书馆工作人员职称评定办法，稳定、巩固现有基层文化队伍。联合新闻媒体开展"最美乡村（社区）文化人"评选表彰，加大宣传，扩大社会影响，提升基层文化工作者社会地位，吸引更多有志于公共文化服务的优秀人才加入公共文化服务队伍。

（三）提升公共文化数字化水平，强化公共文化信息服务

按照国家关于文化和科技融合发展的要求，一方面，进一步加大公共文化数字工程三大项目（文化信息资源共享工程、公共电子阅览室、数字图书馆）整合利用力度。建设全省公共文化数字支撑平台的云操作系统、资源管理系统、资源分发系统、应用集成系统、评估管理系统，融入全国资源云目录系统，运用系统中的海量数字资源为全省公共文化服务。

另一方面，创新服务手段，拓宽服务渠道。重点是建立全省公共文化网络管理服务平台，在平台内架设"公共文化服务供需对接系统"、"公共文化服务活动信息发布系统"和"公共文化服务基础数据填报系统"三大功能模块，将全省各级公共文化单位纳入其中，有效形成群众文化需求表达、反馈机制，从四个方面加强公共文化服务。一是收集各层级、区域的群众文化需求信息，加强政府、社会力量公共文化服务供给信息发布，实现供需有效对接。二是汇集全省公共文化建设和群众文化生活状况基础数据，及时反映公共文化发展和群众文化需求情况，为文化部门开展工作、政府做出相关决策提供更为准确的依据。三是推动各公共文化单位开展网上鉴赏、网上辅导、远程指导等数字文化服务，促进公共文化资源的数字化和网络化。四是通过开设湖北省公共文化官方微博、开发全省公共文化服务信息发布手机客户端等方式，吸引年轻群体参与公共文化活动。

（四）树立公共文化品牌发展战略，打造公共文化资源聚集高地

借鉴"企业形象识别系统"机制，参照"希望工程"等著名活动品牌，建立湖北省公共文化品牌发展体系。宏观上，注重广告效应，加强湖北省公共文化服务品牌整体表达体系建设，各公共文化服务项目应将服务理念、服务内容设计为简短有力的口号、图标，借助各类媒体传播给社会公众，以强化社会对文化部门的认同感，争取各界支持。微观上，一方面，建立全省公共文化服务品牌分级、跟踪指导机制，对各地具有较强代表性、辐射力的服务品牌予以扶持，帮助其发展壮大；另一方面，以"整体打包"思路，将各地零散的公共文化服务活动，整合为全省性服务品牌，形成规模效应，扩大社会影响。此外，策划一批全国性、全省性群众文化活动品牌，吸引各方面公共文化资源向湖北汇聚。如"中国民间文化艺术之乡展演""全国农民工优秀文艺作品展演""湖北省公共文化服务体系示范区创建城市展演""全省民间文艺团队展演"等，借势借力，汇集全社会资源推动公共文化服务体系建设。

（五）推动公共文化工作机制创新，促进公共文化服务体系科学发展

重点实施"四个创新"。

一是在公共文化服务的组织领导机制上创新，推动建立"党委领导、政府主导、文化部门主抓、群众主体、各部门分工负责"的全省公共文化服务体系建设领导小组工作机制，形成公共文化服务体系建设的合力。

二是在公共文化服务的制度设计研究上创新，组织湖北省公共文化服务体系专家委员会和专家库，开展制度创新研究，探索一批公共文化服务体系建设的优秀政策、机制、办法。

三是在公共文化服务单位的运行机制上创新，深化公益性文化事业单位人事和内部收入分配制度改革，建立健全竞争、激励、约束机制，努力提高公共文化服务单位的服务能力与水平。

四是在公共文化服务的决策机制上创新，进一步发挥湖北省公共文化服务体系专家委员会和专家库作用，在诸如重大公共文化决策等项目工程实施前，组织咨询论证，借助外脑，以提高公共文化服务决策的科学化和民主化水平。

（六）深化乡镇综合文化站改革，巩固农村基层文化阵地

一是坚决贯彻党的十九大精神和中央农村工作会议精神，围绕"产业兴旺、生态宜居、乡风文明、治理有效、生活富裕"的总体目标，结合文化部门工作职能，着力推进现代乡村文化建设。

二是大力推进基层综合文化服务中心建设，切实提升文化站服务效能。基层综合文化服务中心建设不但是党的十八届三中全会确定的改革项目，也是湖北省深化文化体制改革的重点项目。通过建立基层综合文化服务中心，能够有效解决文化站人员不够、经费不足、效能不高等问题。

三是多管齐下，保障人员配备到位。一方面要着力推进"县聘乡用"机制，尽可能保障每个文化站至少有1名事业编制人员，稳定人才队伍；另

一方面要积极推广文化志愿者制度，采取多种形式充实文化站工作人员队伍。

四是建立长效机制，监督考核文化站工作绩效。首先，上级文化部门要履行监管职责，对文化站的工作进行考核；其次，要接受来自当地人民群众的监督，为文化站工作的满意度评分；最后，聘请第三方进行考核，确保文化站的工作落到实处。

注：文件数据均来源于湖北省文化文物产业统计资料，湖北省统计局网站。

B.3
2017年湖北文化艺术事业发展报告

刘文祥*

摘　要：　2017 年湖北文化艺术事业百花竞放、蓬勃发展。通过制度建设，夯实湖北文化艺术事业发展根基；通过主办第三届湖北艺术节、第五届中国诗歌会，承办全国地方戏曲南方会演，组织创作"中国梦"系列主题文艺作品，组织开展惠民演出等活动，丰富人民生活，参与对外交流合作，推进文化艺术行业融合发展，文化艺术团体呈现井喷式增长。但是，湖北文化艺术事业发展过程中还存在思想观念与文艺事业发展脱节，文化艺术创作缺少规划、急功近利、精品少，人才队伍建设有待加强等问题。亟待在思想观念、体制机制、政策落实、作品创作、人才队伍、活动开展等方面不断创新，以促进湖北文化艺术事业的发展。

关键词：　文化艺术　文艺创作　文艺活动　艺术团体

　　文艺事业是党和人民的重要事业，文艺战线是党和人民的重要战线，其独特价值在于用审美的方式，滋润人的心灵，丰盈人的精神世界，鼓舞人们向往和追求高远的境界，朝着美好的生活努力奋进。近年来，湖北省广大文艺工作者致力于文艺创作、表演、研究、传播，在各自领域辛勤耕耘、服务

　　* 刘文祥，男，湖北大学政法与公共管理学院教授、院长、博士生导师，湖北大学文明城市发展研究院常务副院长。

人民，取得了显著成绩。2017 年，湖北省文艺工作者认真贯彻落实习近平总书记在文艺工作座谈会上的重要讲话精神，牢记文艺工作者的历史使命和责任担当，坚持以人民为中心、服务社会主义建设为创作导向，大力发展人民喜闻乐见的文化艺术产业，加大精品文化艺术产品和服务创作力度，围绕重要事件节点和大型文艺活动抓好剧目创作，满足人民群众对文化艺术的需要，提升人民群众对文化艺术的满足感和获得感。

一 湖北省文化艺术事业发展再上新台阶

"文变染乎世情，兴废系乎时序"，在中华民族复兴的伟大征程上，文艺就是火炬，代表一个民族生生不息的精神，文艺是时代前进的号角，最能代表一个民族的风貌，最能引领一个时代的风气。2017 年，湖北省文艺工作在党的十九大和习近平总书记关于文艺工作系列讲话精神的指引下，扎实创作基础，丰富文艺创作形式、内容和手法风格，诞生了一大批深受广大人民群众喜爱的优秀作品，呈现百花竞放、蓬勃发展的生动景象。

（一）文化艺术发展的基础工作进一步夯实

1. 摸清文艺资源家底

为更好保护、传承和开发利用传统文化艺术资源，近年来，湖北省多次组织力量深入全省 103 个县（市、区），对本省现有的县（市、区）级艺术团和企业性质专业艺术院团进行摸底排查，对地方特色文化艺术形式进行普查式调研。深入了解全省文艺院团和戏曲剧种发展现状，形成专题调研报告，为全省制定和出台支持地方文艺、戏曲传承发展政策提供了翔实依据。调查情况显示，2017 年湖北省有县（市、区）级艺术团 71 个，艺术团原创剧目 70 个，具有知识产权的剧目 48 个，全年演出 17050 场；全省共有规模化企业性质艺术团 16 个，原创剧目 19 个，具有知识产权的剧目 4 个，全年演出 6190 场。

2. 持续推进繁荣文化艺术创作的规划建设

以推进落实《国务院办公厅印发关于支持戏曲传承发展若干政策的通知》、《关于实施中华优秀传统文化传承发展工程的意见》、《国家"十三五"时期文化发展改革规划纲要》和《文化部"十三五"时期文化发展改革规划》等国家政策规划为契机，以加强地方文艺戏曲传承为抓手，近年来湖北省制定了一系列的文艺发展规划和实施意见，如《中共湖北省委关于繁荣发展湖北文艺的实施意见》《关于振兴武汉戏曲大码头的实施意见》《省人民政府办公厅关于支持湖北戏曲传承发展的实施意见》《湖北省戏曲振兴发展计划（2016—2020年）》《湖北省京剧振兴发展计划（2016—2020年）》《关于开展戏曲进校园活动的指导意见》等，这些《意见》和《计划》是今后一个时期推动湖北省文化艺术发展，尤其是戏曲传承发展的指导性文件，围绕全省戏曲剧目创作演出、戏曲人才队伍建设、戏曲院团建设、戏曲群众组织发展、戏曲进校园等重点任务，健全机制，强化措施，有利于形成戏曲活起来、传下去、出精品、出名家的良好环境，也有利于促进全省文艺事业的发展，唤起全社会对湖北省文艺创作事业的重视和关心支持，推动湖北省文艺事业取得新的成就。

3. 多措并举，培育文艺事业发展生力军

2017年湖北省举办多个专题培训班，组织全省艺术创作人员和全省院团长重点学习习近平总书记在文艺工作座谈会和在第十次文代会上的重要讲话精神，学习《中共中央关于繁荣发展社会主义文艺的意见》《关于实施中华优秀传统文化传承发展工程的意见》《关于支持戏曲传承发展的若干政策》和湖北省委、省政府有关文件精神，不断增强全省艺术工作者的"四个自信"，并结合文艺工作实际，组织全省文艺工作者对习近平总书记的讲话和省委、省政府文件精神进行深入讨论，提高认识、明确方向、振奋精神、增强责任。专题培训凝聚了力量，推进了湖北省艺术创作繁荣发展。

策划举办湖北省戏曲演员（丑行）表演能力提升班，这是继2015～2016年举办了旦行和生行两个行当能力提升班后湖北省举办的第三个行当培训班，也是湖北省首个丑行表演培训班。全省34个专业和民营戏曲院团的 40 名演员参加了学习，涉及 12 个戏曲剧种，中国戏曲学院教授张尧，昆剧名丑、江苏省昆剧院院长、中国戏剧梅花奖获得者李鸿良，豫剧名丑、中国戏剧梅花奖获得者金不换等名家授课，参训人员收获大、反应好，极大地推动了湖北省戏曲院团的人才梯队建设，夯实了戏曲振兴发展的人才基础。

4. 强化协同合作，提升湖北文艺影响力

为进一步巩固和提升湖北省文化艺术事业，尤其是地方戏曲类艺术的综合实力和在全国的影响力，湖北省京剧院与国家京剧院签订了结对共建合作协议，国家京剧院从剧目创作生产、人才培养、展示演出等方面给予湖北省京剧事业大力支持。同时，湖北省文化厅与中央戏剧学院、中国戏曲学院、上海戏剧学院等院校签订人才培养合作协议，定期将优秀有潜力的文艺骨干送到各大高校进修，这一举措有利于湖北省文艺工作者在更高的舞台上得到锻炼和展示，有利于选拔尖子、提升骨干、补齐短板，壮大湖北省文艺人才队伍整体实力，提升湖北省文化艺术事业在全国的影响力。

（二）文化艺术创作百花齐放，繁荣发展

1. 艺术节、诗歌节等文化艺术活动精彩纷呈

湖北艺术节，是全省最高规格、最高水平、最大规模的综合性艺术盛会，2012 年举办第一届，以后每三年一届。2017 年 11 月下旬至 12 月上旬，湖北省以深入学习宣传贯彻党的十九大精神和习近平总书记关于文艺工作系列重要讲话精神为宗旨，文化部支持、湖北省政府举办了新时代 新气象——第三届湖北地方戏曲艺术节展演。本届艺术节首次采用了全省 17 个市州同步参与的形式，选取了 32 部优秀的地方戏种，入选作品题材丰富、主题鲜明、形式多样，参演作品讴歌党、讴歌祖国、讴歌人民、讴歌英雄，既有现实题材、革命题材的现代戏，也有弘扬中华优秀传统文化的新编历史剧，还有经典传统剧目，集中展示了湖北省文艺工作者创作的最新成果，涌现出如黄梅戏《槐花谣》、汉剧《程婴夫人》、楚剧《刘崇景打妻》、湖北高腔折子戏《李慧娘》、梁山调小戏《三婿拜寿》、荆河戏选段《斩三妖》、南剧《唐崖土司夫人》、木偶剧《罗汉传奇》、皮影折子戏《双尽忠》《龟

与鹤》《三打白骨精》、崇阳提琴戏折子戏《逼休》、通城花鼓戏小戏《"易迁"风波》、随州花鼓戏《魅力随州》、英山采茶戏《花亭会》、北路子花鼓戏小戏《相婿卖茶》等一大批优秀艺术作品，受到了全省广大人民群众的热烈欢迎。艺术节期间同时举办四项活动：一是在武汉举办剧种展示活动，京剧、汉剧、楚剧、荆州花鼓戏、黄梅戏等32个戏曲种类各遴选一台大戏或一出小戏折子戏参加展示；二是在全省举办剧目展演活动，一批新创现实题材剧目、新编历史剧和经典传统剧目深入社区、乡村、学校、军营开展惠民演出，让人民群众共享全省戏曲传承发展成果；三是举办"新时代·新气象·荆楚戏苑百花妍——湖北戏曲剧种图片展"，集中展示和宣传湖北戏曲剧种抢救、保护、传承和发展成果；四是举办"一剧一评"活动，充分发挥艺术评论引导创作、提高审美、引领风尚的作用，推动全省戏曲院团出精品，出人才。

2017年9月12日至17日，湖北省承办了第五届中国诗歌节。诗歌节由文化部、中国作协和省政府主办，湖北省文化厅会同文化部艺术司、《诗刊》杂志社、省教育厅、省作协、宜昌市政府共同承办，历时6天。本届诗歌节坚持文学品位、诗歌品格，突出诗歌的本体性和活动的群众性、创新性，开展诗歌文化活动70多场，全国120多名著名诗人学者和50多名知名艺术家云集湖北，近50家新闻媒体聚焦盛会，参与诗歌爱好者1.7万人，学生30万人，人民群众14.8万多人，观众达70万人次。中央电视台和湖北卫视先后两次录播开幕式演出，反响强烈。

2017年9月29日，由中宣部文艺局、文化部艺术司主办，湖北省文化厅会同武汉市人民政府和省演艺集团承办的全国地方戏曲南方会演，历时23天，取得圆满成功。会演共吸引全国16个省区市参加，举行了17台剧目演出34场，涵盖15个地方戏曲剧种，14位梅花奖获得者领衔主演，近2000名文艺工作者齐聚武汉，可谓名家荟萃，好戏连台，反响热烈。湖北省黄梅戏《妹娃要过河》和楚剧《万里茶道》分别参加开、闭幕式演出。会演集中展示了党的十八大以来我国地方戏曲传承发展最新成果，呈现领导重视程度高、剧种特色鲜明和社会反响强烈等特点，不仅让湖北戏剧舞台精彩纷呈，也推动了我国文艺曲艺事业的发展。

2. 文艺创作"四大工程"，深入生活、扎根人民

湖北省文艺工作者深入学习贯彻习近平总书记文艺工作座谈会重要讲话精神，坚持以人民为中心创作导向，开展"深入生活、扎根人民"的主题实践活动，以中国梦为主题，加大指导力度，组织实施2017年湖北省舞台艺术精品创作工程、全省音乐创作"131"工程、全省舞蹈作品创作"120"工程和湖北省美术创作重点项目扶持工程，推出京剧《在路上》、话剧《天上草原》、歌剧《楚庄王》、歌剧《有爱才有家》等一批优秀剧目和歌曲、舞蹈、美术作品。2017年10月14日，湖北省文化厅、省文联举办"喜迎十九大·唱响荆楚情"——全省音乐创作"131"工程优秀作品展演。展演活动首次全部现场演唱，体现了专业要求和水平。10月27日至11月19日，在湖北美术馆举办湖北省美术创作重点项目扶持工程作品展，展出99件入选作品。"四大工程"创作作品贴近生活、体现民生，集中反映时代精神、弘扬主旋律、传递正能量，深受观众的喜爱。"四大工程"经验被冠以"湖北经验"在全国文艺工作会议上进行交流。

（三）系列惠民展演丰富了人民文艺生活

1. "深入生活、扎根人民"主题展演活动

举办以"深入生活、扎根人民"为主题的展演活动是湖北省每年春节期间一项重要的惠民举措，并已持续多年。2018年春节期间，全省近100个文艺院团和有关美术单位组织优秀剧（节）目和多场美术展览，深入剧院礼堂、乡镇村落、街头巷尾、田间地头为民展演，送喜报春，礼赞盛世，播撒欢乐，惠及百姓300余万人次，极大地丰富了全省人民群众节日期间的精神文化生活。

2. 戏曲文化进校园、进社区活动

为贯彻落实中宣部等四部委《关于开展戏曲进校园的实施意见》，湖北省委、省政府积极推进戏曲进校园，先后出台了《省人民政府办公厅关于支持湖北戏曲传承发展的实施意见》、《关于开展戏曲进校园活动的指导意

见》和《湖北省"戏曲进校园"工作落实方案》等文件精神，并成立了由省领导担任小组组长的"戏曲进校园"工作领导组，建立省委宣传部牵头、文化教育等部门协作推进的工作机制，全省17个市、州、县结合实际制定具体落实方案，高质量完成"规定动作"，高标准做好"自选动作"。湖北省京剧院、戏曲艺术剧院等国家重点院团和戏曲名家带头示范，全省戏曲院团发挥主力军作用，组织开展戏曲进学校、进乡村、进社区、进企业等活动，进一步夯实戏曲传承发展的群众基础。把舞台搭进校园，把学生请进剧场，把戏曲送进课堂。截至2017年10月底，全省戏曲院团开展"戏曲进校园"演出活动总计9533场，完成年度演出活动场次计划的94%，全年计划完成戏曲进校园活动1万场，实现全省大中小学"戏曲进校园"活动全覆盖。

3. 武汉戏码头逐渐形成品牌

武汉市作为湖北省的省会，历来是全国知名的戏码头。2016年在湖北省委、省政府的支持下，武汉市人民政府办公厅印发了关于支持戏曲传承发展、振兴戏码头的通知，从戏曲保护传承和理论研究、优秀戏曲创作生产、推进戏曲表演团体、戏曲人才培养、戏曲设施建设、戏曲普及与宣传、保障措施七方面促进武汉戏码头建设。2017年在湖北省主办和承办的全国地方戏曲南方会演、第五届中华优秀戏曲文化艺术节、全国戏曲名家名团武汉行、"长江中游城市群"优秀戏曲剧目展演等77场精彩演出先后在武汉剧院接力上演，让武汉市民乃至全省的戏曲爱好者大饱眼福。2018年武汉将继续推进戏曲展演活动，将举办第六届中华戏曲文化节等活动，为广大戏迷票友提供丰富的戏曲文化大餐。同时，武汉市也将探索在汉街大戏台、节庆街大戏台、汉口里大戏台以及洪山广场地铁角等公共场所免费搭台送戏等措施，进一步丰富广大人民群众的文化生活，扩大戏曲影响力。

（四）不断拓展交流合作，重大艺术项目成绩喜人

2017年，湖北省推荐一批项目申报国家级项目并取得佳绩，充分展示了湖北省艺术创作魅力和科研成果水平。一是歌剧《有爱才有家》入选文化部中国民族歌剧传承发展工程；二是话剧《董必武》入选2017年度国家

舞台艺术精品创作扶持工程；三是襄阳花鼓戏《长山壮歌》进京参加2017年全国基层院团戏曲会演；四是豫剧《婆媳冤家》入选第四届中国豫剧节赴京展演；五是京剧《光之谷》、京剧《大唐乐工》、舞剧《戏码头》、楚剧《大哥大嫂》、歌剧《楚庄王》等剧本分别入选文化部戏曲孵化计划、剧本扶持工程；六是武汉理工大学"数字舞台设计与服务实验室"入选第二批文化部重点实验室资助项目；七是湖北大鼓《讲孝心》和木偶剧《错误的奖赏》参演全国曲艺、木偶剧、皮影戏优秀剧（节）目展演；八是姚长生、张光明、杨俊、胡新中四位戏曲名家入选文化部"名家传戏——当代京剧、地方戏曲名家收徒传艺"工程；九是13人入选文化部2017年戏曲艺术人才培养"千人计划"高级研修班；十是神农架锣鼓吹打组合入选文化部第二届中国民族器乐民间乐种组合展演。

2017年湖北省还积极组织队伍参加全国性艺术节、文艺会演等，以高昂的姿态展示全省现实题材剧目创作最新成果。现代京剧《在路上》《美丽人生》和京剧传统武戏《泗州城》《三战张月娥》获邀参演第八届中国京剧艺术节，反响强烈。其中，万晓慧、裴咏杰、王小蝉三位梅花奖获得者主演的《在路上》是现实反腐题材的京剧曲目，由省京剧院历时两年创作完成，创作内容得到了省纪委支持，省委宣传部、省文化厅指导，被誉为京剧版《人民的名义》。《美丽人生》是武汉京剧院"汉口女人三部曲"收官之作，由武汉京剧院"二度梅"刘子微主演，该曲目从内容到主演都赢得了戏迷和文化部专家的充分肯定和热情称赞。此外，还有一大批湖北省籍青年演员在全国性舞台上得到展现机会，锻炼了人才队伍。如青年武旦演员杨帆、方佳欢在武戏《泗州城》和《三战张月娥》中的表现，赢得艺术节现场观众的热烈喝彩。同时，省京剧院一批优秀演员在中国戏曲学院《江姐》、天津京剧院《狄青》、沈阳京剧院《雁荡山》和宁夏演艺集团京剧院《庄妃》中都有精彩表现，受到好评。

（五）艺术表演团体演出场次及收入大幅提升

2016年，湖北省有艺术表演团体308个，其中国有艺术表演团体86

个，非公有制艺术表演团体 222 个；从业人员有 8699 人，其中专业技术人员 4940 人，占总人数 56.79%，拥有高级职称的人数占专业技术人员总数的 17.96%。为社会提供各类演出 3.85 万场，平均每团演出场次为 125 场，观众达 3051.78 万人次，总收入为 8.79 亿元（其中演出收入 1.64 亿元）。其中，86 个专业艺术表演团体为社会提供各类演出 2.17 万场，平均每团演出场次为 252 场，总收入为 7.45 亿元。专业艺术表演团体赴农村演出 1.22 万场，农村观众达 1240.88 万人次。

2017 年，湖北省有各类性质剧团 473 个，较上一年增长 53.5%，其中国有艺术表演团体 86 个，非公有制艺术表演团体 386 个；从业人员 11464 人，较上一年增长 32%，其中专业技术人员 5564 人，占总人数的 48.5%，所占比例较上一年有所下降，拥有高级职称的人员占专业技术人员总数的 14.8%，所占比例较上一年下降约 3 个百分点；总剧团数目和从业人员排全国第 11 名，中部地区第 5 名。剧团为社会提供各类演出 6.42 万场，较上一年增长 67%，平均每团演出场次 136 场，较上一年增长 8.8%；观众达 4150 万人次，较上一年增长 36%，其中农村专场演出 4.121 万场，惠及农村观众 2544 万人，总收入 10.34 亿元（演出收入 3.11 亿元），较上一年增长 18%。87 个专业艺术表演团体（71 个事业单位性质演出团体和 16 个企业性质演出团体）为社会提供各类演出 2.33 万场，较上一年几乎增长一倍；平均每团演出场次 268 场，总收入 5.4 亿元，较上一年下降 28%。专业艺术表演团体赴农村演出 1.27 万场，较上一年略有增长；农村观众达 1345 万人次，比上一年增长 8%。2017 年各市州艺术表演院团国内观众超过 100 万人次的有 9 个市州：黄冈市（1382.1 万人次）、武汉市（749.54 万人次）、孝感市（386.49 万人次）、恩施州（288.40 万人次）、襄阳市（233.78 万人次）、宜昌市（217.09 万人次）、十堰市（149.45 万人次）、荆州市（121.49 万人次）、潜江市（107 万人次）。各市州艺术表演院团演出收入超过千万元的有 5 个市州：恩施州（10573.1 万元）、武汉市（8077.5 万元）、黄冈市（3354.1 万元）、宜昌市（2089.3 万元）、荆门市（1509.6 万元）。近年全省艺术表演团体基本情况、2017 年演出场次排名情况等如表 1 至表 3 所示。

表1　近年全省艺术表演团体（含非国有）基本情况

年份	机构数（个）	演出场次（万场次）	总收入（万元）	演出收入（万元）	观众人数（万人）
2014	273	3.90	73355	17259	3344
2015	282	3.85	73325	16136	2902
2016	308	3.85	87906	16405	3052
2017	473	6.42	103400	31100	4150

表2　2017年演出场次排名前10的专业艺术表演团体情况

序号	单位名称	演出场次（场）	演出收入（万元）	观众人数（万人）
1	武汉市杂技艺术团	1133	2246.7	79.2
2	湖北省民族歌舞团(恩施州)	1020	1690.1	90
3	黄冈市黄州艺术团	700	300	70
4	湖北省戏曲艺术剧院	641	305.5	13.75
5	长江人民艺术剧院	468	465	16.32
6	武汉人民艺术剧院	448	358.4	29.37
7	武汉楚剧院	420	448.5	17.22
8	武汉京剧院	412	114.4	15.02
9	南漳县文工团	412	44.7	12.5
10	武汉汉剧院	379	62.2	17.3

表3　2017年中部六省艺术表演团体个数排名情况

省份	艺术表演团体个数(个)	中部排名	全国排名
安徽	2639	1	1
河南	1671	2	2
山西	665	3	8
湖南	534	4	10
湖北	473	5	11
江西	425	6	15

（六）文化艺术行业融合不断走向纵深

文化艺术产业的发展壮大离不开与旅游、科技等产业的融合发展，这也是文化艺术产业未来发展的趋势。湖北省近年来不断创造条件推动文化艺术产业行业融合发展。2017 年武汉市杂技团共演出 1133 场，演出收入为2246.7 万元，连续多年稳居全省艺术表演团体首位。2016 年上海迪士尼乐园开业，武汉市杂技团表演的节目《人猿泰山》在迪士尼实现驻场演出，该团派出近百人的团队，每天在迪士尼表演 4～8 场，整个项目的合约时间为 8 年，这是武汉市杂技团迄今为止最大的商业合同，也是上海迪士尼乐园众多舞台表演项目中唯——个团队整体签约项目。2017 年，长江首部漂移式多维体验剧《知音号》对外运营，该项目是湖北省在"十三五"期间实施全域旅游发展战略的重点创新文旅项目及武汉市长江主轴文化轴亮点项目。该项目是以大汉口长江文化为背景的实景大剧，故事取材于 20 世纪20～30 年代的大武汉，反映百年前老汉口生活。《知音号》正式运营一年多以来，演出 350 余场，场场爆满，接待游客 20 余万人次，外地游客超过35%，举办大小活动 80 余场，已成长为全国一线文化演艺品牌，武汉长江主轴文化轴重点项目，湖北省文化旅游名片，武汉城市文化新地标。2017年武汉斗鱼嘉年华在汉口江滩举办，从斗鱼直播平台的线下游园活动扩展为以武汉为焦点、辐射全球的互联网娱乐大会，包括表演、竞技、美食、游艺、动漫、影视、运动、汽车等多个板块，通过泛娱乐文化盛宴，更好地满足了人民群众多样化的需求，进一步提升了湖北省互联网文化产业的知名度和影响力。

二　湖北文化艺术事业发展存在的主要问题

（一）思想观念、发展保障与文艺事业发展需求脱节

文艺事业是实现中国梦和社会主义现代化的重要促进因素。文化艺术的繁荣既要扎根人民群众，也要适应时代变革。在适应新时代的体制变革过程中，湖北省还存在一定的对艺术创作思想重视不够，艺术创作生产供给的政策、资金、基础设施等保障不充分等问题。特别是院团转企改制后，相应的配套政策措施不完善、落实不到位。在基层，尤其是经济发展条件较差的县

级文化剧团设施老化、功能萎缩等现象还比较突出。政策、资金、基础设施等保障措施不足导致对现有文化资源开发利用不够，资源的有效转化不够，更难以做到有效地整合社会力量、市场力量，推动文艺事业创新发展。

从国有文艺院团改制进程上看，湖北省部分事业单位文艺院团管理模式现代化进程不快，传统的管理模式仍然占主要地位。尽管从体制上这些事业单位文艺院团实现了从事业单位到企业的转变，但在机制建设、管理规范上与现代企业制度的要求依然有不小的差距。现代管理制度的缺位使得这些院团企业成为监控盲区，它们既不受事业单位管理制度的制约，又不受现代企业管理制度的监管，这为"家长式""经验式""封建师徒制"等落后的管理风气留下了空间。同时，湖北省国有文艺院团市场化意识、版权意识和法律意识尚不足以适应市场对企业的需求，缺乏足够的市场营销、策划以及法律人才。院团的节目、创作等往往是由领导意志决定而非由市场决定，缺乏有效的机制对权力进行制约和平衡监督，艺术项目缺乏版权意识、市场调查、法律咨询和成本核算。

（二）文化艺术表演场馆市场化程度低，发展不平衡

2017 年湖北省共有文化艺术表演场馆 65 个，其中国有文化艺术表演场馆 48 个，企业性质文化艺术表演场馆 17 个，全年艺术表演收入为 9778.6 万元，平均每个场馆年收入为 150.44 万元，其中，48 个国有文化艺术表演场馆演出收入为 3432 万元，平均每个场馆年收入为 71.5 万元，低于全国平均水平。40 个事业单位表演场馆中有 30 个是县级及以下的基层单位，2017 年演出收入为 250.2 万元，平均每个场馆的年收入为 8.34 万元，与 2016 年的 8.28 万元基本持平。2017 年演出收入在 1000 万元以上的依然只有琴台大剧院和琴台音乐厅两家，其中琴台大剧院演出收入为 2676.3 万元，琴台音乐厅的演出收入为 1599.8 万元，两家企业的演出收入较 2016 年均有所下滑（见表 4）。总体来看，湖北省文化艺术表演场馆的市场化程度低，各事业单位性质的场馆无法实现自给自足，仍需要财政予以补贴；企业性质的场馆发展处于规模和地区的不平衡状态，武汉市文化艺术表演场馆处于一枝独秀的地位。

表4　2017年湖北企业文化艺术表演场馆演出收入情况统计

序号	文化艺术表演场馆	演出收入（万元）	排名	序号	文化艺术表演场馆	演出收入（万元）	排名
1	琴台大剧院	2676.3	1	7	襄阳剧院	8.6	7
2	琴台音乐厅	1599.8	2	8	武汉剧院	—	
3	湖北剧院	925	3	9	随州神洲大舞台	—	
4	武汉杂技厅	272.8	4	10	中南剧场	—	
5	宜昌市五一剧场	223.1	5	11	青山剧院	—	
6	鄂州大剧院	69	6				

注：2017年的统计资料中没有武汉剧院、随州神洲大舞台、中南剧院和青山剧院的演出收入数据。

（三）文化艺术创作存在"急功近利"、精品不多

2017年，在习近平总书记关于文艺系列讲话精神的指引下，湖北省文艺作品创作和文艺服务供给呈现井喷式增长，其丰富性和多样性前所未有，摆脱了短缺局面。但在市场经济的冲击和利益的驱动下，部分艺术院团片面追求"短、平、快""奇、新、怪"，把作品当作追逐利益的"摇钱树"，当作感官刺激的"摇头丸"，在市场经济大潮中迷失方向，在为什么人服务的问题上发生偏差，忽视了艺术创作的生产和发展规律，导致所创作作品或仓促而成、毫无生命力；或片面追求奢华、过度包装、炫富摆阔，形式大于内容；或干瘪青涩、毫无艺术价值，浪费人力和资源。整个文艺创作领域思想精深、艺术精湛、制作精良的精品之作还不够多，德艺双馨、深受人民喜爱的名角大家数量还是不多，还有为数不少的想法浅薄、脱离实际、千篇一律、质量平庸、牵强附会的文艺作品充斥市场。

（四）文化艺术人才队伍有待加强

文化艺术事业多属于创新型、创造型产业，需要依托大量优秀的创作人才和表演人才进行创新才能支撑起行业的发展，换言之，人才是文化艺术事业发展的不竭动力，吸引并留住人才，是湖北省文艺创作保持创新发展动力的根本保障。湖北省是教育资源、文艺资源大省，每年培养为数众多的戏曲

毕业生，但舞蹈、杂技、戏曲等艺术门类职业特点是培养周期长、淘汰率高、艺术生命短、职业风险高，再加上舞台艺术的待遇差等因素，会造成这些学生毕业之后愿意留在湖北并从事文化艺术创作表演的不多。也有部分院团急功近利，只想着"拿来主义"，把创作部门当作包袱甩掉，取消了创作部门，编剧、作曲、编导、舞台美术设计人员大量流失，要么退休，要么转行到收入更高的影视业、娱乐业，舞台原创人才出现断层，直接导致优秀剧本匮乏，原创能力下降。

三　推动湖北文化艺术事业发展的举措

（一）扎根群众，坚持以人民为中心的创作导向

深入学习宣传贯彻党的十九大精神和习近平总书记关于文艺工作系列重要讲话精神，贯彻落实省第十一次党代会精神，组织全省文艺工作者学原文、读原著、悟原理，用党的十九大精神武装思想，指导实践，在全省文艺工作者心中牢固树立以人民为中心的创作导向，激励他们继续创作一大批讴歌党、讴歌祖国、讴歌人民、讴歌英雄的优秀作品。继续推进"深入生活、扎根人民"的主题实践活动，坚持以人民为中心的创作导向，努力创作更多无愧于时代的优秀作品。将文艺创作者送到精准扶贫、环境保护、重点工程等现场一线，亲身经历，现场感受，加深体验，努力提高讲好中国故事的能力，推出一批反映时代精神、传递正能量、人民群众喜闻乐见，有筋骨、有道德、有温度的优秀作品。

（二）以湖北戏曲振兴计划为抓手，推进荆楚文艺特色建设

抓好国家和省级层面关于戏曲振兴政策规划的落实，重点扶持一批戏曲剧目创作和传统经典整理复排，资助一批戏曲基础人才培养项目；加强重点戏曲院团建设，改善基层艺术团体的创作演出条件，加强基层院团建设发展督办服务，不断增强基层院团活力，深入开展戏曲进校园全覆盖活动，培养

更多青少年戏曲爱好者。理顺机制体制关系，妥善处理和维护好民营艺术团体发展成果，支持民间艺术院团演出，并适当予以监督和指导。应尝试在政策设计上减少国有文化艺术院团与民营艺术院团之间的壁垒，加强政府购买、财政补贴、税收等政策的公平性；要建立统一的公共文化信息发布平台，下放行政审批权限，对不同性质的文化艺术院团实行统一的市场准入制度，打破身份、地域等壁垒的限制，创造平等的投资和演出机会。

（三）加大文化艺术人才队伍建设力度

新时代、新发展需要新型人才米创造，允分发挥湖北省教育资源丰厚的优势，加大文化艺术人才的建设力度不仅可以推动湖北文化艺术事业的转型升级和良好发展，对长江中游城市群乃至全国的文化艺术事业发展都有重要的借鉴和推动作用，也是在中华民族伟大复兴的征程上，做好精神向导、代表民族风貌、引领一个时代风气的必然举措。为此，可以从以下几方面采取措施：一是以实施湖北省舞台艺术和美术"两个一百"人才培养工程为载体，实施戏曲名家收徒传艺计划，加大对各级文化艺术事业工作者的培训、培养力度，做好"传帮带"工作；二是办好各级艺术专业学校，加快省内大学的学科改革与更新，针对新形势和文艺创作的新需求，调整人才培养导向与模式，多鼓励"官、产、学、研"之间的旅游交流与合作，搭建顺畅的人才需求对接平台和机制，着力培育一批文艺创作人才。

B.4
2017年湖北文化遗产保护利用发展报告

吴成国　陈惠紫*

摘　要： 2017年湖北省文化遗产保护利用与发展事业取得长足进步。主要表现在文化遗产保护利用基础性工作扎实推进，世界文化遗产申报与保护管理稳步推行，大遗址保护工作取得丰富成果，考古工作成绩喜人，三峡后续自然与历史文化遗产保护、南水北调工程文物保护顺利开展，文化遗产传承利用水平不断提高。但在文化遗产保护和发展过程中也存在观念陈旧、意识不够，文化遗产保护经费投入不足，文化遗产保护事业发展保障机制不健全、保障水平不高，文化遗产保护执法难，文物保护力量亟待加强，文化遗产合理利用发展的方式方法不多，教育、休闲功能发挥不足等问题。因此，亟待在思想观念、财政保障体制、政策法规落实、人才吸引、文创产品创新等方面采取有效措施，进一步促进湖北省文化遗产保护与发展事业的发展。

关键词： 文化遗产　保护　利用　文创产品

近年来，湖北省文化遗产保护与发展事业相关部门深入学习领会习近

---

* 吴成国，男，湖北大学历史文化学院教授、博士生导师，湖北大学高等人文研究院副院长，中华文化发展湖北省协同创新中心常务副主任，湖北省委新型智库湖北文化建设研究院执行院长，湖北省楚国历史文化学会常务理事、湖北省荆楚文化研究会常务理事、湖北省三国文化研究会副会长；陈惠紫，女，湖北大学政法与公共管理学院研究生。

平新时代中国特色社会主义思想，全面贯彻落实党的十九大精神，着力解决文化遗产保护利用行业发展不平衡不充分问题，提升文化遗产保护利用规范化水平，满足人民群众对美好生活的需要。努力将文化遗产打造成为现代生活的一部分，让保护文化遗产逐渐成为全省、全社会的自觉行动，扩大了湖北文物保护的影响力、传播力和开放度，为推进湖北文化强省建设提供坚实保障。

一　文化遗产保护的基本内容

文化遗产包括物质文化遗产和非物质文化遗产。物质文化遗产是具有历史、艺术和科学价值的文物，包括古遗址、古墓葬、古建筑、石窟寺、石刻、壁画、近现代重要史迹及代表性建筑等不可移动文物，历史上各时代的重要实物、艺术品、文献、手稿、图书资料等可移动文物，以及在建筑式样、分布均匀或与环境景色结合方面具有突出普遍价值的历史文化名城（街区、村镇）。非物质文化遗产是指各族人民世代相传并视为其文化遗产组成部分的各种传统文化表现形式，以及与传统文化表现形式相关的实物和场所，包括传统口头文学以及作为其载体的语言；传统美术、书法、音乐、舞蹈、戏剧、曲艺和杂技；传统技艺、医药和历法；传统礼仪、节庆等民俗；传统体育和游艺；等等。

文化遗产蕴含着中华民族特有的精神价值、思维方式、想象力，体现着中华民族的生命力和创造力，是各民族智慧的结晶，也是全人类文明的瑰宝。保护文化遗产，保持民族文化的传承，是连接民族情感纽带、增进民族团结和维护国家统一及社会稳定的重要文化基础，也是维护世界文化多样性和创造性，促进人类共同发展的前提。加强文化遗产保护，是建设社会主义先进文化，贯彻落实科学发展观和构建社会主义和谐社会的必然要求。其中物质文化遗产保护要贯彻"保护为主、抢救第一、合理利用、加强管理"的方针；非物质文化遗产保护要贯彻"保护为主、抢救第一、合理利用、传承发展"的方针。

二 湖北省文化遗产保护与利用取得的成效

近年来，党和国家对于文化遗产事业进一步高度重视。习近平总书记、李克强总理多次对文物工作做出重要指示批示，国务院 2016 年 3 月印发《国务院关于进一步加强文物工作的指导意见》，4 月召开全国文物工作会。湖北省各级党委、政府和文物部门认真贯彻落实党中央国务院关于文物工作的政策部署，省委副书记、省长王晓东专门就全省文物工作做出批示，省政府 7 月印发《省人民政府关于进一步加强文物工作的实施意见》，10 月召开全省文物工作会议，副省长郭生练出席会议并讲话，文物、发改、财政、公安等 22 个省直部门负责同志，17 个市州政府分管领导和文物局长，部分文物大县文物局长参加会议。黄石、荆州、黄冈等地也召开了全市文物工作会议，宜昌市政府出台了加强文物工作的实施意见。这些举措推动了湖北省文化遗产保护和利用事业不断取得新成绩。

（一）文化遗产保护利用基础性工作扎实推进

1. 物质文化遗产保护利用基础性工作扎实推进

2017 年，湖北省政府公布 809 处第一批至第六批省级文物保护单位保护范围和建设控制地带、8 处全国重点文物保护单位保护规划，加强对文化遗产的依法保护管理，夯实湖北省文化遗产保护基础。

2016 年 7 月，湖北省人民政府印发《省人民政府关于进一步加强文物工作的实施意见》。2016～2017 年，湖北省人大常委会批准，有关设区的市人大陆续出台《黄石市工业遗产保护条例》《咸宁市古民居保护条例》《荆州古城保护条例》《黄冈市革命遗址遗迹保护条例》等多部文物保护专项法规，为保护地方特色文物资源提供了具体而有针对性的法律依据。湖北省文化遗产保护专项立法工作走在了全国第一方阵。在规范省财政专项经费管理方面，省财政厅、省文物局联合印发了《湖北省重点文物保护专项资金管理办法》。

此外，全省文化遗产保护部门，采取座谈会、培训班等多种方式，深入学习贯彻习近平总书记关于文化文物工作的系列重要论述和中央、湖北省关于加强文化遗产保护传承的方针政策，深刻领会中央精神，坚决贯彻省委、省政府部署，牢固树立"围绕中心、服务大局"的意识，努力探索符合湖北省情的文物保护利用之路，推动文化遗产事业继续向前发展。多场次、多形式举办湖北省文物考古培训班、文物保护工程管理培训班，培训基层业务人员 100 余人，通过系统的培训学习，统一了思想认识，壮大了湖北省文化遗产保护力量。

2. 非物质文化遗产保护利用基础性工作扎实推进

2017 年，在原有基础上，湖北省进一步完善非物质文化遗产保护工作联席会议制度，印发了《湖北省非物质文化遗产保护工作联席会议制度调整完善方案》，召开完善后的部门联席会议联络员会议，形成了部门联席会议 2017 年工作要点；在充分调查、广泛征求意见的基础上，摸清全省传统工艺家底，印发了《湖北省传统工艺振兴计划》。

制定并完善代表性项目、传承人和档案管理制度。由湖北省文化厅作为牵头单位，起草了《湖北省非物质文化遗产代表性项目认定和管理办法（征求意见稿）》《湖北省非物质文化遗产代表性传承人认定和管理办法（征求意见稿）》《湖北省非物质文化遗产档案管理办法（征求意见稿）》，在此基础上，落实省人大执法检查和省政协座谈会的要求，督促各市州开展非物质文化遗产立法工作，目前宜昌市、荆门市已完成立法调研工作。

此外，湖北省非物质文化遗产（以下简称"非遗"）保护利用主管部门也进一步加强非遗人才队伍培养，利用与中央文化管理干部学院合作的机会，联合举办全省非遗保护工作培训班，各市州文化局分管局长，非遗科长和非遗保护中心主任、副主任，22 个县（市、区）文化局局长共 94 人参加培训。通过培训，帮助学员解决了认识上的问题，真正明白了非遗的概念、非遗保护工作的主要任务；利用现代互联网技术，采取举办全省数据视频采集培训班的形式对全省各市县非遗保护中心和部分传统戏剧保护单位的业务骨干 230 余人进行培训；开拓产学研模式，利用高校资源，举办非遗传承人群研培班。先后委托武汉纺织大学、中南民族大学和湖北美术学院分别举办中国非遗传承人群汉绣、黄梅挑花研修班，剪纸、漆艺和传统雕塑培训班，共培训280余人；从2017年省级非遗保护专项资金中专门安排经费，支持80个省级代表性项目保护单位开展培训，扩大传承队伍，提高传承能力和水平。

（二）物质遗产保护和利用稳步推进

1. 世界文化遗产申报与保护管理稳步推行

围绕"一带一路"倡议，湖北省与山西省、内蒙古自治区积极配合、研究，先后在山西太原、内蒙古二连浩特召开万里茶道申遗工作推进会，联合开展贯穿中、蒙、俄三国的"万里茶道文化遗产保护与申遗"工程。目前，湖北省茶道文化申遗工作已取得不俗的进展，组织实施万里茶道巡回展览设计制作，启动《万里茶道保护和管理规划》《万里茶道文化遗产保护导则》编制，与万里茶道沿线8省（区）文物局联合行文将《万里茶道（中国段）申报中国世界文化遗产预备名单文本》上报国家文物局，万里茶道申遗工作取得阶段性成果；同时，以湖北省为主导，积极向国家文物局申报万里茶道联合展览、中俄"国王冢"墓地考古发掘两项文物援外项目。

进一步挖掘本省已有世界遗产文化资源。为配合第四届国际道教论坛召开，湖北省文化遗产保护单位积极筹划，妥善安排，编制完成《武当山古建筑群保护管理总体规划（2017—2035年）》，对武当山古建筑群实施更加详细的、有规划的保护工作，确保了文物安全和道教论坛的成功举办。采取有效措施，完成唐崖土司城址二期、荆州城墙南城墙等文物保护工程。首次召开全省世界文化遗产保护与监测工作会议，部署谋划完善湖北世界文化遗产保护监测体系。2017年湖北省政府发文对在唐崖土司城址成功申报世界文化遗产工作中做出突出贡献的单位和个人进行表彰奖励，激发全省文化遗产保护利用的热情和积极性。

2. 大遗址保护成果丰硕

2017年，湖北省共有10项大遗址被列入国家文物局《大遗址保护"十三五"专项规划》，分别是荆州楚纪南故城、潜江龙湾、武汉盘龙城、荆门屈家岭、天门石家河、大冶铜绿山、石首走马岭、鹤峰容美土司、随州擂鼓墩和"万里茶道"（湖北段）。荆州片区因其境内大遗址数量多，被划为全国大遗址保护六大片区之一，这也是长江以南地区唯一一个全国性的大片区，唯一的局省共建的重点大遗址片区。

此外，湖北省文保单位还积极妥善谋划、积极争取盘龙城国家考古遗址公园成为国家文化局第三批授牌并对外开放的单位，这是继熊家冢国家考古遗址公园之后，湖北省第二家"国字号"考古遗址公园。以此为鼓励，再接再厉，湖北省在 2017 年重点推进石家河国家考古遗址公园建设，制定《石家河国家考古遗址公园建设三年行动计划（2017—2019 年)》。为进一步统一认识，集中力量，2017 年湖北省政府批准成立由省委常委、省政府常务副省长任组长的石家河国家考古遗址公园建设领导小组，加强石家河遗址保护利用。同时，还实现潜江龙湾、大冶铜绿山、石家河、屈家岭、苏家垄墓群 5 处国家考古遗址公园成功立项；荆州纪南城遗址保护总体规划获国家文物局批复；省级大遗址试点项目黄冈禹王城保护规划获得省政府立项等。湖北大遗址保护与国家考古遗址公园建设的全国第一方阵重要地位得到进一步巩固，湖北国家考古遗址公园群初步形成。大遗址保护工作也得到了国家文物领导机关的肯定，盘龙城遗址宫殿区复原展示效果被国家文物局当作全国大遗址保护展示工程中的优秀典型进行推广。

3. 考古工作成绩喜人

文物发掘保护工作稳步妥善进行。2017 年湖北省文物局先后组织力量对黄黄铁路、荆荆铁路、枣潜高速等 21 个涉及铁路、公路、电力、水利等省委、省政府确立的重大民生项目进行定选之前的考古调查、勘探工作，其中完成了对黄黄铁路、安九铁路等 15 个项目的选址勘探。组织力量对武襄十高铁、郑万铁路、湖北国际物流核心枢纽还建小区等十余项建设中的项目进行抢救性文物考古发掘工作，及时地抢救了一大批珍贵文物，促进了区域考古学研究，又有力地保障了工程顺利推进，提高了考古工作的社会贡献率，实现文物保护与经济建设的双向发展。

突出重点，开保结合，学实并重。围绕"长江中游文明进程"历史大课题，湖北省文化遗产保护工作以大遗址保护及国家考古遗址公园建设为工作重点，组织力量开展石家河遗址、盘龙城遗址等11项主动性考古发掘工作，项目数量位居全国前列，考古发现取得重要收获，其中天门石家河遗址考古项目成功入选2016年度"全国十大考古新发现"，成为湖北省近6年来第五次荣获这一中国考古界最高奖项。各级文物单位积极申报国家课题，以学术指导实践，以实践促进学术研究。2017年，湖北省文物考古研究所申报的《宜昌万福垴遗址考古报告》和《随州周家寨墓地发掘报告》获2017年国家社科基金项目立项，立项数位居全国省级考古机构前列。

充分利用科技创新和人工智能技术，实现考古新发现。2017年湖北省文化遗产保护单位利用无人机技术，对均州城水域周边的明代采石场遗址、沧浪亭遗址、龙山宝塔进行了全方位航拍；利用水下息影技术对均州古城南、北城门、武当山官道上的三座古桥进行了水下三维扫描，获取了大量珍贵原始信息数据，为今后系统展示丹江口库区水下文化遗产打下坚实基础；利用人工智能、水下机器人等技术，完成对通山县富水水库水下考古调查，发现老慈口街、上下六甲等15处水下明清及民国时期古民居遗址，并获取了1：500比例的高精度水下地形三维图像，确定了水下文化遗址的准确坐标和基本保存状况。

4. 三峡后续自然与历史文化遗产保护、南水北调工程文物保护顺利开展

特色性文化遗产保护利用是文化遗产保护工作的主要内容之一。三峡工程主体在湖北，南水北调工程中线的起始点也在湖北，两大世界工程所涉及的地区多为湖北省自然条件脆弱，民族文化、文物资源丰富的地区，如何实现对三峡工程、南水北调工程后续自然与历史文化遗产保护，一直是湖北省文化遗产保护工作的重点内容。2017年湖北省文化遗产保护单位先后开展了三峡工程巴东县消落区抢救性考古发掘、三峡数字博物馆建设项目，推动了三峡地区自然与历史文化遗产保护；组织力量完成丹江口水库淹没区2017年度水下考古调查，推进南水北调工程丹江口库区地面搬迁复建文物保护项目进度和南水北调工程文物保护专题宣传片编辑，推进武当山遇真宫

文物复建工作。出版《三峡文物保护纪事》《沙洋塌冢楚墓》《武当山遇真宫遗址》《湖北南水北调报告集（第七卷）》四本文物保护成果。

湖北省三峡工程和南水北调工程的自然与历史文化遗产保护工作受到国家领导的肯定和重视，国务院南水北调办公室对复建工程实施进度、现场组织管理等给予高度评价；三峡地区秭归屈原祠搬迁重建工程项目荣获我国首届"中华建筑文化奖"二等奖，成为三峡工程文物保护大行动中唯一获此殊荣的项目。

（三）非物质文化遗产保护和利用工作有序进行

1. 筹备举办系列活动

为更好地保护和利用非物质文化遗产，湖北省非遗保护部门积极搭建平台，举办系列活动，推广湖北非物质文化遗产。

一是成功举办第二届长江非遗大展。2017 年 10 月 13～17 日，第二届长江非遗大展在武汉国际会展中心成功举办，长江流域 15 省市的 500 余项非遗代表性项目、1000 余位非遗代表性传承人、20000 余件非遗代表作品参展，观众有 20 余万人次，会展期间，长江非遗文创产品受到广大观众的喜爱和热捧，各参展单位所制作和展出的展品均全部售完。二是积极开展对外文化交流活动。2017 年湖北省非物质文化遗产保护部门积极借助"一带一路"的东风，借船出海，先后组织本省非遗代表性项目和传承人赴波兰和德国开展文化交流，展览取得圆满成功，在当地反响强烈，很好地推广了"荆楚非物质文化"，人民网、新华网、国际在线、长江云等媒体进行了报道，国务院新闻办公室对此次活动的新闻报道进行了全文转发。三是组织开展 2017 年"文化与自然遗产日"系列活动。湖北省文化厅与湖北省文联在湖北省图书馆联合举办"喜迎党代会 荆楚新跨越"系列文艺展演月活动之"湖北省非物质文化遗产摄影·漫画展"。其中，摄影共展出金质收藏作品 4 幅（组）、银质收藏作品 9 幅（组）、铜质收藏作品 20 幅（组）、优秀作品 98 幅（组）。"画说非遗"水墨漫画展，共展出 100 余幅漫画作品，这次展览是湖北省非物质文化遗产保护宣传的一次创新式宣传，取得了非常好的效果，进一步提升了非遗宣传的吸引力与影响力。四是积极组织湖北省部分非遗项目参加国内大型展会。2017年，湖北省非遗主管部门先后组织部分非遗项目参加第六届国际非遗节、云南官渡第七届全国非遗联展、第三届中国非遗传统技艺大展、福建泉州海上丝绸之路非物质文化遗产大展、第三届湘赣鄂皖四省非遗联展等大型展会，其中以汉绣、木雕船模等8个非遗代表性项目组成代表团参加文化部在成都举办的第六届国际非遗节，在本届非遗节上，湖北省代表团共4人获得新生代工匠之星、新生代传承之星、新生代手艺之星、最佳新人奖等奖项。

2. 探索传统工艺振兴工作、积极推进抢救性记录

非物质文化遗产的抢救性开发和振兴利用是其保持生命力和传承性的关键举措。2017年湖北省非物质文化遗产保护部门积极采取有效措施，推进本省非物质文化遗产中传统工艺振兴和国家级文化遗产的抢救性记录。

2017年，湖北省文化厅委派专人对荆州创业学校申报荆州传统工艺工作站工作进行业务指导和技术支持，并积极争取文化部的支持和帮助，最终促使文化部同意设立荆州传统工艺工作站，这也是全国仅有的8个工作站之一。2017年10月13日，荆州传统工艺工作站正式揭牌成立，标志着湖北省传统工艺的振兴工作向做实做细做精方向发展。

积极推进抢救性记录。2017年湖北省第一批国家级传承人抢救性记录工作通过文化部验收，第一批抢救工作总共实现对本省10名国家级非遗代表性传承人实施抢救性记录，目前已完成综述片、实践片、教学片、口述片、口述史录制和编辑工作，总共收集视频成片147.7小时，精选图片470张，口述文字稿99.3万字及大量文献资料。同时，湖北省也启动了第二批国家级非遗代表性传承人抢救性记录工作。第二批抢救工作准备对20位国家级代表性传承人实施抢救性记录，目前基本完成4位代表性传承人的采录工作。在做好国家级非遗代表性传承人抢救性记录工作的同时，湖北省还积极推进全省各市县开展省级非遗代表性传承人抢救性记录工作。2017年，湖北省从省级非遗保护专项资金中专门安排经费，对41位省级代表性传承人实施抢救性记录。

3. 创新形式，加强非物质文化遗产的宣传工作

为进一步增强本省非物质文化遗产的宣传力度，扩大"荆楚文化"的影响力，2017 年，湖北省非物质文化遗产保护部门转变思路，借助现代化的媒介手段，不断创新宣传方式，先后举办多场高规格的非遗文化宣传活动，反响强烈，提高了本省非遗宣传工作的效果。一是落实中央网信办、文化部要求，组织实施了"喜迎十九大·文脉颂中华"非遗大型网络传播活动湖北行活动，湖北是本次活动指定的 4 个采访省份之一。共有全国网络媒体 50 余家赴武汉、孝感、随州、襄阳、宜昌、仙桃、潜江、黄石、黄冈等地宣传非物质文化遗产，共发各类新闻稿件 3938 篇、微信 444 篇、PC 端及新闻客户端 2838 篇、微博博客论坛 298 篇、精品短视频 42 条，移动端直播共计 8640 分钟，新微博阅读量约 2071 万次。在百度键入"湖北、文脉颂中华、非遗"等关键词，显示相关网页结果超 96 万个。二是建立各种宣传平台，2017 年，湖北省先后建立了全省非遗保护工作微信群，全省非遗研究中心微信群和湖北省非遗保护工作联席会议联络员 QQ 群、微信群。推动湖北省非物质文化遗产网站和 App 微信平台建设。三是加大宣传力度，利用《湖北日报》《中国文化报》《楚天都市报》等媒体进行宣传。"画说非遗"水墨漫画展在《中国文化报》进行报道，全省非遗摄影展、漫画展和汉绣传承人群研修班、非遗"走出去"等在《湖北日报》等媒体进行报道，汉绣等代表性项目参展成都第六届国际非遗节在《楚天都市报》进行报道。

（四）文化遗产的传承利用

为有效发挥湖北省丰富的文化遗产功能，以更好地满足人民群众对文化遗产的需求，2017 年湖北省召开全省革命文物工作会，印发《湖北省革命文物名录》，并就"十三五"期间全省革命文物工作做出全面部署。作为红色资源集中大省，湖北省积极发挥牵头省份作用，联合河南、安徽共同实施《大别山区革命文物保护利用工作"十三五"行动计划》，启动《大别山区革命文物保护利用战略规划》编制，组织召开大别山区革命文物保护学术研讨会，推进鄂、豫、皖三省革命文物保护区域联动示范区建设。

与高校合作，湖北省非遗保护和利用进一步增强规范化和制度化。2017年湖北省与中南民族大学合作，组织编制《武陵山区（鄂西南）土家族苗族文化生态保护实验区总体规划》，并推动省级文化生态保护实验区试点建设。2017年湖北省组织召开全省文化生态保护实验区建设工作推进会，进一步统一了思想，凝聚了共识，对全省文化生态保护实验区建设做了具体部署，确定了目标和方向，提出了建设的路径和措施，从2017年省级非遗保护专项资金中专门安排经费，支持13个省级文化生态保护实验区总体规划编制工作。

充分发挥博物馆的公共文化服务职能，探索新型公共服务供给模式。湖北省全省博物馆积极开展"百馆微展览五进""我们的节日"等主题活动，运用网上虚拟展览拓展服务空间等多种方式，丰富馆内固定展览，举办流动展览进校园、进社区、进军营、进乡村、进企业，为满足人民群众对美好生活的需要做出积极努力。2017年，湖北省全省各级各类博物馆共举办基本陈列展览及临时展览900余个，开展各类活动2000余场次，接待参观2600余万人次。强化博物馆社会教育功能。在春节、清明、端午、中秋等传统节日开展活动200余场次，参与群众1.3万人次，取得良好社会效益。推动建立青少年利用博物馆学习的长效机制，深入开展"百万学生走进博物馆""博物馆进校园"等活动，全省博物馆接待未成年人参观超过700万人次，省博物馆"礼乐学堂"、武汉博物馆"行走的课堂"、武汉革命博物馆"红色课堂"、孝感市博物馆"孝礼雅塾"等品牌教育项目深入开展，形成省、市、县三级博物馆社会教育活动品牌。全省博物馆举办针对青少年的各类社会教育活动1300场次，参与青少年逾6万人次。为提升博物馆服务水平，湖北省文保单位组织举办讲解员大赛等多种活动，推举的选手中1名荣获全国博物馆专业组"十佳优秀讲解员"，3名荣获"优秀讲解员"。深入推进全省博物馆志愿者服务，登记注册志愿者超过3100人，湖北省博物馆等12家博物馆被命名为全省公共文化设施开展学雷锋志愿服务首批示范单位。

促进文物保护单位开放利用。推动完成保护修缮的武汉中共中央机关旧址、武汉中央军事政治学校旧址、沈鸿宾故居等国保、省保文物保护单位对外开放；支持行业博物馆和非国有博物馆发展，全年新设立备案文物系统以外的博物馆 9 家。

推进全省文创产品开发。2017 年湖北省组织召开全省文博单位文化创意产品开发工作会，由省博物馆发起，成立湖北博物馆文创联盟，达成联盟倡议，确定在品牌打造、合作机制、产品开发、拓展销售等方面整合资源、积极推进。湖北省博物馆推出的"益智玩具"系列文创产品在第十届海峡两岸（厦门）文化产业博览交易会上获"最佳人气奖"。由湖北省博物馆、辛亥革命武昌起义纪念馆等联盟成员单位组成的"湖北省文创联盟"亮相广州博物馆版权会，取得不俗成绩。由湖北省博物馆发起的"万里茶道"展览的文创设计专题大赛，收到参赛作品 60 余件/套，其中 9 件/套优秀作品已投入生产，与展览同时推出。2017 年湖北省文创产品实现创收 1180 余万元。

创新文化扶贫工作模式，推进"特色文化村"创建工作。湖北省结合自身优势，提出要打造"文化＋扶贫"的概念，在全省推进 100 个"特色文化村"创建。2017 年首批 30 个全省"特色文化村"创建工作已经开始实施。围绕文化扶贫和新型城镇化建设，湖北省文保单位扎实推进通山县鄂东南古民居、宣恩县鄂西南民族文化村寨保护利用试点工作；组织编制宣恩县民族村寨保护利用整体规划、庆阳凉亭街文物保护规划；实施彭家寨修缮工程、王氏老屋文物保护工程；实施羊楼洞明清石板街、八字沟民居、前湾民居等传统村落保护项目；加强浠水文庙、金陵书院、三间书院等儒家文化遗产保护利用；与湖北省住建厅联合开展历史文化街区划定与历史建筑确定、督导工作，出台《省文物局关于进一步规范涉及文物保护单位保护范围和建设控制地带建设项目审批工作的通知》，进一步加强对涉及文物保护单位保护范围及建设控制地带建设项目的管理。

积极实行"走出去"战略。参加在上海展览中心举办的 2017（上海）国际建筑遗产保护与修复博览会湖北专题展及近现代建筑遗产（工业遗产）保护利用论坛，有力宣传展示了湖北在建筑遗产保护（特别是近现代工业遗产保护）方面取得的丰硕成果。

三 发展短板分析

2017 年，湖北文化遗产保护利用工作取得了突出成绩，发展趋势总体向好，文化遗产保护工作者坚持正确的工作方针，在抢救保护、合理利用、传承发展方面取得显著成效，全省各级政府的文物保护主体责任不断强化，有利于文化遗产保护利用发展的社会良好氛围进一步增强。但是，湖北文化遗产事业发展中也存在一些不足，突出表现在以下方面。

（一）观念陈旧、认识不够

文化遗产资源是一个地区重要的软实力和经济发展的新引擎。但长期以来，湖北省部分地区尤其是基层地区的党委政府及文化行政部门缺乏开发利用文化遗产资源的意识和自觉性，对经济、文化之间的关系认识不清，片面机械地执行上级文保政策，没有把文化遗产保护和有效利用纳入全面小康建设的总体内容进行谋划部署；对文创产业的经济实体性质没有清楚的认识，忽略其中的经济效益，在文保利用方面习惯于政府统一规划、统一领导和直接管理、直接经营的"计划性、事业型"模式，忽视新形势下文化遗产利用的经营职能，未能创造条件实现文物遗产资源的产业转化，未能将文物遗产资源转化产业发展纳入当地国民经济发展的规划中。

（二）文化遗产保护经费投入不足

湖北是文化遗产资源大省，不可移动文物、可移动文物、非物质文化遗产数量均位居全国前列，但各级政府投入其中的人力、财力相对偏少。截至2017 年年底，全省文物机构数量为 325 个，文物从业人员为 5428 人，文物藏品按等级分类，一级品、二级品、三级品的种类分别为 3032 件/套、8773件/套、117915 件/套。其中，本年新增藏品为 30353 件/套，全省共 207.7万件/套藏品。平均每个机构要管理 6391 件/套文物藏品，每个人要管理380 余件/套藏品。2017 年，湖北省文化文物事业费为 46.74 亿元，比上年增加 7.97 亿元，增长 20.56% 。其中，文化事业费为 34.40 亿元，比上年增加 5.36 亿元，增长 18.46% ，全国排名第 8 位，位居中部六省第一，与上年持平。全省人均文化事业费为 58.28 元，全国排名第 18 位，比上年提升 1 位，但与湖北省经济总量在全国排名不符。

从投入机制来看，缺乏文化遗产保护利用投入持续增长的刚性约束机制。近年来，湖北省文化遗产保护和利用资金投入采用以省级财政为主、地方财政配套的做法。但是，从实际情况来看，地方上配套很难落实到位，缺乏确保各级财政按照文件要求进行投入的有效手段，还缺乏相应的约束机制和激励机制以及相应的实施细则。这导致各地文化事业费投入差距较为明显。从总量上看，湖北省本级和武汉、宜昌、襄阳文化事业费在全省文化事业费中所占比例较高，占据了全省文化事业费近一半的比重。2017 年湖北省各市州按文化事业费排名，武汉市 8.52 亿元，排名第一；宜昌市 3.18 亿元，排名第二；襄阳市 2.84 亿元，排名第三。

（三）事业发展保障机制不健全、保障水平不高

文化遗产的保护和利用与城市发展规划密切相关，受到城市发展的影响和制约。为更好地协调文物保护与城市发展之间的关系，国务院印发了《国务院关于进一步加强文物工作的指导意见》，意见指出要将文物行政部门作为城乡规划协调决策机制成员单位，按照"多规合一"的要求将文物保护规划相关内容纳入城乡规划。从 21 世纪初起，文物部门就开始这方面的努力。但实际情况是，诸多城市的相关部门及其管理者对文化遗产保护和利用认识不到位、思想观念存在偏差，各级文物保护单位仍未能纳入城市紫线规划控制范围。省级及省级以下文物保护单位制定的专项规划，其法定效力还没有相应法规做出明确规定。这就造成法律法规不健全，配套政策不完善，政策得不到有效落实，经费不足、人才匮乏、社会力量参与渠道不畅的状况不同程度地存在。

（四）文化遗产保护执法难，文物保护力量亟待加强

近年来，随着经济的不断发展和人民生活水平的提高，文化遗产的艺术

价值和经济价值不断被重视。在高额经济利润的刺激下，一批不法分子开始铤而走险。湖北省作为文物资源大省，境内古墓葬资源丰富，尤其是东周楚文化、曾文化墓葬数量多、等级高、文物价值大，尤其受到不法盗墓分子重点关注。近年来，包括湖北省在内，全国范围内多次发生古墓葬被盗的案件，尽管公安部门和文物部门联合行动，加大防范力度，但由于盗掘古墓罪在量刑时取消了死刑，盗墓分子犯罪成本低，盗墓成功概率大，收入高，文化遗产保护执法压力非常大。

另外，文物法人违法损害文物的案件也时有发生，一些地方政府、企事业单位在经济发展的目标指引下，会出现主导破坏文物本体和环境风貌的现象，如湖北省红安县的全国重点文物保护单位七里坪革命旧址之国共合作谈判旧址就被当地政府违法拆毁。这也是文物执法难的重要因素。

（五）非物质文化遗产保护和传承面临困境

一是非物质文化遗产保护机制还需完善。当前非物质文化遗产保护工作以"非遗名录"的制作为主，加入名录即可获取补贴，这造成湖北省部分地区的非遗保护工作出现"惰政"现象，认为非遗保护要注重申报，只要加入了非遗名录就完成了保护和传承责任，缺少对非物质文化遗产的创新性发展和创造性利用，未能对非物质文化遗产背后的经济文化和社会价值进行深入挖掘。此外，非物质文化遗产因其历史性和文化性而对其保护具有技术性和专业性要求，由于历史和现实的多种原因，目前在湖北省广大基层地区从事非遗保护的人员多不具备这种技术性和专业性，专业人员的匮乏制约了非遗保护传承的深度和高度，也会造成湖北省非遗保护研究缺乏有深度的研究成果。二是非遗传承后继乏力。尽管湖北省非遗传承做了大量工作，但较低的市场化水平依然是摆在湖北省非物质文化遗产传承面前的一个重大问题。低水平的市场化无法将文化遗产转化成经济动力，不能给非物质文化遗产传承人带来立刻的回报，造成部分文化遗产传承人产生"学而无用"的思想，制约了传承人的学习意愿，学习周期长、培养难度大和传承人"艺不外传"等老旧思想也是造成全省非遗保护整体面临传承人青黄不接困境的重要原因。

（六）文化遗产合理利用的方式方法不多，教育、休闲功能发挥不足

一是在促进文化旅游方面，以不可移动文物为核心资源而开辟的各类景区，大多重利用、轻保护，用于文物保养、维修的人力和财力明显偏少，对于文物价值的发掘和阐释不充分也常常失之于浅、失之于俗。二是在发挥文物教育功能方面，许多基层博物馆基本陈列形式陈旧、设施落后，很少引进有吸引力的临时展览，难以激发当地群众特别是青少年热爱家乡、探索历史的热情。三是在带动文化产业发展方面，拥有优良文物资源的大多为国有事业单位，在目前政策框架下，不论是单位还是员工都难以有足够的热情和积极性去参与文化创意产品的开发和经营。这就造成一方面传统文创产品缺乏创新，或是体验性不足，或是规模性小，无法让消费者在消费过程中体会到湖北文化的浓厚人文底蕴，也没有让消费者感到震撼，整个文创产品缺乏市场竞争力；另一方面很多新业态的文化遗产利用项目则存在盲目跟风和模仿，未能充分利用本地资源进行特色开发，造成文化遗产资源的浪费。

四　推进湖北文化遗产保护的对策建议

（一）解放思想、创新观念，树立文化遗产保护开发的观念

一是纠正文化遗产保护和利用的理念偏差。各级党委政府要时刻谨记文化遗产保护和利用是全面小康的重要组成部分，增强文化遗产保护和利用的自觉性，把文化遗产保护和利用纳入地方党政领导班子和领导干部年度考核内容和评价体系，让党委政府真正重视起来。

二是各级党委政府要在思想上明确人民群众是市场上文化产品的消费主体，面向市场和面向群众是一致的，为人民服务和为社会主义服务的方向是一致的，进而树立既符合社会主义价值观又符合社会主义市场规律的文创产业。

三是各级党委政府要采取切实有效措施，加强对非物质文化遗产的政策

引导扶持。要加强传承人帮扶。通过土地、财政、税收等优惠政策，支持传承人以师带徒，鼓励非遗项目产业化发展，促进非遗项目形成规模、形成影响；多渠道、多手段对非物质文化遗产项目和传承人进行宣传打造，培育"文化名品、文化明星"，增强传承人对非遗事业的自我认同，增强社会对非遗产业和传承人的价值肯定。要打牢传承基础。创新非遗传承保护手段，借鉴直播平台开展"非遗＋直播"活动，通过新媒体、新平台，着力搭建年轻群体与非遗之间联系了解的桥梁；拓展非遗传承保护方式，通过开展"非遗进校园"、组织非遗成果展览等活动，讲好非遗故事、扩大非遗影响，形成更加浓厚的非遗保护传承氛围。要建立多元保障。在用足用活专项政策资金的同时，通过政策引导，调动社会团体、企业和个人的积极性，多渠道筹集资金，吸纳民间资本投入"非遗"保护，形成非遗保护保障的社会合力。①

（二）加强财政保障体系建设

为文化遗产保护和利用提供坚实的财政资金保障。要争取各级政府进一步加大对文化遗产保护和利用的经费投入。

一是落实政府支出责任。按照国家相关政策和标准，将提供基本公共文化服务项目所必需的资金、公共文化机构的人员经费、运行经费纳入财政预算，建立稳定增长的财政投入机制。

二是完善经费投入机制。重点支持向边远贫困地区、民族地区和革命老区倾斜，着力支持生态脆弱、贫困地区的文化遗产资源保护和利用。

三是拓展资金来源渠道。充分利用好现行鼓励社会组织、机构和个人捐赠公益性文化事业所得税税前扣除的政策规定。支持包括文化企业在内的社会各类文化机构参与文化遗产保护和利用。

（三）修订完善法规，加大保障力度，完善保护研究体系

以国家修订《中华人民共和国文物保护法》为依据，湖北省应加快制

---

① 吕春梅：《关于栖霞"非遗"保护工作的思考》，《烟台日报》2018 年 7 月 18 日。

定并实施适合本省省情的实施办法，要帮助各市州制定适合本地实情的文化遗产保护和利用规则。要采取有效措施，保证法律法规能够落地，切实解决好文化遗产保护和利用领域存在的重大问题、长期问题和普遍问题，依法保障人民群众的文化权利得到有效落实。

要在做好法律保障工作的同时，着力构建更加完善的保护研究体系，确保文化遗产保护利用得到更好的运用。要与高校科研单位合作，建立培训基地，着力打造一支专业、专职的文化遗产保护队伍。要加强对非物质文化遗产名录项目的挖掘保护，对已入选各级名录的文化遗产项目进行分类指导，助其传承发扬，提高知名度、扩大影响力；对尚未获得录入各级名录的文化遗产项目，要做好保护、长久留存。要加强学术研究。打造文化遗产学术研究平台，深入挖掘文化遗产资源的历史人文蕴含，最大化发挥文化遗产资源的社会效益。

（四）激发创新活力

一是加大对行业和非国有博物馆的扶持力度，对于公共文化服务功能发挥较好、群众评价较好的免费开放的行业和非国有博物馆，要积极纳入免费开放支持范围。

二是提升文创产品的时尚化、数字化、特色化和融合化，丰富、改善、提升湖北省文创产品和服务的供给。时尚化，就是文化产品与现代人的生活方式相适应，尤其是与中青年人群的生活习惯和消费偏好相适应。文化文物单位文创产品的开发要把时尚和融入现代生活作为重点追求目标。数字化，就是要实施文化产业数字振兴计划，高度重视互联网文化消费，进一步推动文化产品和服务的数字化、网络化进程。加快传统文化产业的数字化转型升级，大力发展动漫、网络游戏、电子竞技、互联网 IP 运营等新兴文化产业。游戏特色化，就是要立足各自资源禀赋，差异化发展，避免低水平、低效益、同质化竞争。融合化，就是做好文化事业和文化产业的融合，文化产业与地方其他优势、特色产业资源的融合发展，培育形成新的产业业态，促进产业转型升级。

B.5
2017年湖北文化产业发展报告

孙友祥 唐奕萌*

摘 要: 2017年湖北省文化产业转型步伐加快,以国家文化发展战略
为契机,湖北省文化产业融合发展协同创新取得新成绩,文
化产业走出去、引进来力度加大,文化消费试点工作稳妥有
序地开展,文化产业专项扶持力度加大,文化品牌战略初步
取得成效,文化扶贫效果显著。但在文化产业发展过程中也
存在传统文化资源产业化转换率低、现代文化产业发展不平
衡、新兴文化产业发展动力不强、文化消费需求不旺等问题。
因此要从文化供给侧改革、文化消费需求刺激、文化人才培
养等方面采取有效措施,进一步促进湖北省文化产业发展。

关键词: 文化产业 文化消费 创新驱动 文化新业态

2017年,湖北省文化产业转型步伐加快,泛文娱业态进一步形成。随
着国家对文化产业发展战略的重视,以及武汉国家中心城、世界设计之都地
位的确立,文化创意设计、互联网信息传输、电子竞技等行业成为湖北经济
行业中增长最快的行业。全省民营文化企业取得显著发展,营业收入和利税
均占全省70%以上的经济现实,从宏观环境和微观经济角度为湖北省文化
产业的兴起和发展创造了条件。

---

* 孙友祥,男,湖北大学政法与公共管理学院教授、副院长、博士生导师,湖北文化建设研究
院研究员;唐奕萌,湖北大学政法与公共管理学院研究生。

一 湖北文化产业发展的背景

（一）政策背景

党的十九大报告中指出："推动文化产业发展，健全现代文化产业体系，要以促进文化产业转型升级为着力点，提高文化产业发展质量和效益。"这从国家战略层面彰显了我国文化产业转型升级的决心。近年来，国务院与中央各部先后出台了多部与文化、文化产业相关的法规和政策文件，从宏观发展思路、制度制定、标准体系、绩效评价，到具体监管、扶持措施等，有力地确保了责权利进一步落实，有效提高了资源配置率。

根据《国家"十三五"时期文化发展改革规划纲要》与《文化部"十三五"时期文化产业发展规划》两个纲领性文件，在"十三五"阶段末期，文化产业将成为我国国民经济支柱产业。根据国务院公布的《"十三五"国家战略性新兴产业发展规划》，数字创意产业被列为我国第五个国家战略性新兴产业，其产值预计将在 2020 年达到 8 万亿元，成为我国的新产业支柱之一。2017 年前三季度，我国文化及相关产业的 10 大类中，9 个行业营收增长，通过与"互联网＋"紧密结合，文化信息传输服务业增速最高，同比增长 36.0%，营收达 5503 亿元。

在地方层面，湖北省在紧跟国家战略的同时，立足自身特点，及时出台了一系列规划文件，并进一步深化、细化了各项管理措施，有效改进了以往文化政策法规订立相对迟缓的状况。如《湖北省风景名胜区条例》（2018）、《神农架国家公园保护条例》（2017）、《湖北省文物安全管理办法》(2017)、《湖北省"十三五"推进基本公共服务均等化规划》(2017)、《湖北省推进广告产业发展行动计划（2017—2020 年）》(2017)。

（二）现实背景

2016 年，文化部、财政部《关于开展引导城乡居民扩大文化消费试点工作的通知》出台,武汉市、宜昌市被列为全国文化消费试点城市。湖北省也迅速开展相关工作,先在武昌区进行文化消费激励试点,2017年又在武汉市和宜昌市全面开展文化消费试点,利用财政杠杆,撬动居民参与公共文化服务的积极性,刺激自主文化消费,促进文化产业发展。武汉市的文化消费试点工作取得了巨大的成就,得到了国家的肯定,形成"武汉模式",为在更大范围内推行扩大文化消费试点工作奠定了基础。

从文化产业增加值来看,截至2017年年底,湖北省的文化产业增加值为103.43亿元,较上年增加了39.15亿元,同比增长60.91%。从产业构成来看,艺术业产业增加值比上年增加了2.41亿元,同比增长34.55%;图书馆业产业增加值比上年增加了4.65亿元,同比增长163.16%;群众文化产业增加值比上年增加了2.08亿元,同比增长54.65%;文化市场经营机构增加值比上年增长18.82亿元,同比增长57.54%;其他产业增加值比上年增加了13.04亿元,同比增长222.34%。表1为近五年湖北省文化产业增加值增长状况。

表1 近年来全省文化产业增加值增长情况

年份	文化产业增加值(亿元)	比上年增长率(%)
2013	55.02	9.09
2014	61.88	12.47
2015	55.17	−10.84
2016	64.28	16.51
2017	103.43	60.91

从居民文化娱乐消费情况来看,湖北省城乡居民文化娱乐消费支出在其消费总支出中所占比例依然较低,近3年,全省居民人均年度文化娱乐消费支出依次为488元、552元、590元,其中城镇居民为755元、824元、897元,保持了小幅增长;农村居民则为185元、235元、223元,不但出现了小幅下降,且在人均消费中占比过低,仅为2%左右。表2为2015年和2016年湖北省各市州居民文化娱乐消费支出占家庭消费总支出

的比例，其中全省 2016 年文化娱乐消费支出占比为 3.46%，2015 年为
3.61%。

表2　湖北省城乡居民文化娱乐消费支出占家庭消费总支出比例

单位：%

市（州）	目标值	年度情况	
		2016 年（实现值）	2015 年（实现值）
武　汉	≥4.2	4.27	4.03
黄　石	≥4.2	4.51	4.26
十　堰	≥4.2	3.62	3.53
襄　阳	≥4.2	3.09	2.87
宜　昌	≥4.2	4.99	4.65
荆　州	≥4.2	4.08	3.97
荆　门	≥4.2	2.96	3.17
鄂　州	≥4.2	4.22	4.02
孝　感	≥4.2	5.93	5.89
黄　冈	≥4.2	3.08	2.73
咸　宁	≥4.2	3.27	1.87
随　州	≥4.2	3.34	3.21
恩　施	≥4.2	4.75	4.82
仙　桃	≥4.2	5.50	4.80
天　门	≥4.2	1.74	2.78
潜　江	≥4.2	2.73	1.47
神农架	≥4.2	2.64	0.64

若以"教育文化娱乐"为指标进行统计，湖北省城镇居民的近三年数据为 1895 元、1972 元、2228 元，农村居民则为 1010 元、1118 元、1157 元，均呈现增长趋势，且涨幅逐年提升。这一现状充分说明湖北省居民的文化消费支出让位于教育支出，存在明显的挤出效应。这点在课题组前期的实地考察中也得到了证实。教育、医疗和住房已经成为当前湖北省城乡居民的三大支出，文化消费让位于这些消费。在湖北省，教育支出不仅随着收入的提升而大幅度增加，也随着居民总消费支出的增加而高比例上升。教育支出对文化消费支出的挤占效应最大，周期长，成本大，是湖北省很多家庭的一大负担。

二　湖北省文化产业发展取得的成效

（一）文化产业融合发展协同创新呈现新亮点

在科技创新驱动战略成为国家重点战略的经济发展新常态下，在"互联网＋产业"模式的影响下，走文化产业融合发展的新路子已经成为湖北省文化产业发展的必由之路。为此，湖北省在省级政府层面积极谋划、统筹推进，先后推动文化厅、科技厅、教育厅、省旅游委等部门进行合作，促进文化产业融合。2017年，在原有合作的基础上，各省级部门进一步拓展了融合发展的新领域。为增强湖北文化产业实力，帮助湖北文化产业走向全国、走向世界，湖北省文化厅和湖北省商务厅签署了《对外文化贸易合作备忘录》，双方约定将在搭建文化产业对外交流与合作平台等7个方面展开交流合作，共同推动湖北省文化产品和文化服务走出去。同年，为解决湖北文化产业融资难的问题，帮助湖北文化产业吸引更多的资金支持，帮助湖北文化产业做大做强，以湖北省文化厅为首倡，文化厅、商务厅、省长江经济带产业引导基金签署了《关于文化金融融合加快我省文化产业发展合作备忘录》，约定三方将在双向推介产业项目等6个方面展开合作，共同营造招商引资及项目落地的优良环境。

（二）湖北省文化产业积极走出去、引进来

文化产业的创新性、民族性、科技性等特征要求文化产业发展不能闭门造车，要积极"走出去"，与外界交流、展示自己的文创产品和服务，同时也要坚持"引进来"，吸收一切先进的文化产业发展成果和发展理念。2017年湖北省文化产业主管部门和文化产业纷纷抓住机遇，抢占先机，坚持"走出去、引进来"。借助国家"一带一路"倡议和省政府代表团出访新西兰、澳大利亚的良好机遇，湖北省文化企业在湖北省文化厅的组织和带领下，组成湖北文化代表团并先后参加湖北省政府在新西兰和澳大利亚两场项

目推介会，向大洋洲的消费者推广了湖北的文创产品，取得了一定的成绩。通过推介会，武汉太空学院影视动漫体验馆、武汉视觉工业基地、江通动漫IP输出、柏斯琴行悉尼旗舰店等一批文化产业项目达成建设协议，合同金额共25亿元。其中，柏斯琴行悉尼旗舰店8月已进驻西田集团；江通动漫公司按照合同约定已于9月向澳星传媒集团交付部分动漫产品；湖北夺宝奇兵影视公司与新西兰唯塔工作室、紫水鸟公司合作的动漫体验馆、视觉工业基地分别在武昌区和东湖高新区成立了项目工作组，项目正在有条不紊地进行。

为进一步做大做强湖北省文化产业，湖北省文化主管部门多渠道开展招商引资工作。2017年湖北省文化主管部门联合微影资本举办了全省文化产业项目推介对接会，组织了咸宁文化产业项目推介洽谈会，参加了2017年深圳文博会招商活动。通过这一系列的招商引资活动，先后帮助开心麻花华中剧场等一批项目达成签约，江城民谣音乐节等项目落地实施。全国电子游戏超级联赛（CGL）总决赛在武汉举办期间，同期举办湖北游戏游艺产业展示招商会，北京触控手游研发中心（宜昌）、腾讯电竞园（孝感）等12个项目达成签约，合同金额近8亿元。截至目前，由省文化厅跟进、协调的文化产业招商引资项目协议金额已达65亿元。

（三）稳妥有序地开展文化消费试点工作

根据《文化部 财政部关于开展引导城乡居民扩大文化消费试点工作的通知》，湖北省武汉市、宜昌市被文化部、财政部确定为第一批国家文化消费试点城市，两市市委、市政府都比较重视这项试点工作。2017年，两市成立了由市领导挂帅的工作领导小组，建立了相关部门协同推进的工作机制，制定了方案，共拿出专项资金6700万元用于此项工作。

武汉市的主要做法是：居民通过"文惠通"微信公众平台（腾讯公司研发）注册开通文化消费个人账号，对公共文化场所进行绩效评价，获取文化消费积分，兑换文化消费红包，在指定范围内文化消费场所进行消费，用红包充抵现金，政府消费补贴根据实际兑换数，与相关企业进行结算。微信平台于 2017 年 11 月 10 日开通，目前上线的扫码积分公共文化场馆共 38 家，包括湖北省博物馆、湖北省美术馆、武汉群众文艺馆等政府类场馆 29 家，琴台大剧院、汉秀剧场、武汉琴岛之夜等商业性场馆 9 家。参与的文化企业 137 家。平台实名注册 15841 人，粉丝数 117834 人，使用优惠券接近 60 万张，核销优惠券 44.2 万张，核销财政补贴 911.85 万元，直接拉动文化消费 3463.386 万元，直接拉动比为 1:3.8。

宜昌市的主要做法是：通过推广"文惠卡"等文化惠民及消费激励措施，结合 2017 年在宜昌举办的第五届中国诗歌节、第八届中国长江三峡国际旅游节、第七届长江钢琴音乐节等大型节会，集中开展文化消费季等活动。宜昌"文惠卡"提供文化消费信息和方便快捷的线上线下文化体验，通过"文惠卡"购买演出票可享受政府消费补贴和商家折扣。目前关注使用 1.48 万多人次，注册用户 10010 人，售出优惠和折扣票接近 15777 张。"文惠卡"自 2017 年 12 月 30 日首演，至今已演出 32 部剧目 72 场，演出上座率为 60.20%，实现演出收入 107.54 万元。2018 年预计可实现拉动文化消费比 1:3.7。

（四）持续增加对文化产业专项扶持资金的支持力度

专项扶持资金是文化产业发展的重要支撑力量和发展动力。湖北省一直将落实文化产业专项扶持资金的支持力度作为推进文化产业发展的重要抓手。2017 年，湖北省先后拨付 1000 万元用于支持省级文化产业示范园区建设和省级文化产业基地建设，对 70 余个优秀省级文化产业示范园区（基地）予以资金奖励和补助，一批园区、基地成长迅速。拨付 1000 万元用于扶持发展动漫产业。此外，用于支持大学生文化创意设计大赛、湖北省电子竞技大赛、全国电子游戏超级联赛总决赛招商活动三个项目的专项资金总额也达到了 550 万元。统计数据显示，2016 ~ 2017 年，湖北省用于文化产业专项资金的总量和列入财政专项的项目数都处于历史高位，促进文化产业发展的力度也是日益强化。

在加大本省扶持力度的同时，湖北省还积极为本省的文化企业向上争取各项文化产业扶持政策。2017年湖北省共有6个项目获得2017年中央财政文化产业发展专项资金资助，总额达到2300万元，成为近年来湖北省为文化企业争取项目最多、资金量最大的年份。一大批文化单位，如湖北省博物馆、湖北省图书馆、武汉图书馆、武汉市少年儿童图书馆等成为全国文化文物单位文化创意产品开发试点单位。

（五）推进文化品牌战略，增加湖北文化产业的时尚性

具有现代化、国际化视野的城市青年人群是文创产品和服务的主力消费人群，探讨文化产品和服务的时尚性、时代性和内涵性就成为发展湖北省文化产业的重要举措。为此，湖北省文化产业紧抓湖北省大学生文化创意设计大赛，并不断扩大其影响。2017年湖北省文化厅、湖北省发展改革委、湖北省教育厅、湖北省科技厅和湖北省旅游局等7部门，共同举办湖北省第三届大学生文化创意设计大赛，本次大赛在赛制、规模、成果等方面对比以往都有巨大的提升。设计大赛吸引了包括武汉大学、华中科技大学、武汉理工大学等985、211院校在内的70所高校的7000余名学生参加。经过初赛、复赛和决赛，专家评审组评出了一批优秀获奖作品。一批优秀作品和人才与文化企业和孵化机构进行了成果转化签约，部分产品已于2017年年末推广上市。

大力发展直播、动漫游戏等新兴文化产业。在科技创新战略驱动下，湖北省大力打造数字文化城市、数字文化社区，扩大电子商务、网络创作、视频艺术等生产与服务，扩大数字化文化消费产品和服务，增加文化产业的科技性。武汉斗鱼已成长为全国最具影响力的直播企业，注册用户超过2亿人，注册主播400万人（活跃主播4万人），日开通直播房间3万余个，播出内容涵盖网游、户外、旅游、传统文化、科技培训、才艺展示等，日活跃消费用户3200万人次，日营业充值流水近800万元，2017年上半年完成营收10亿元，预计全年可实现营收30亿元。盛天网络专注于与网游相关服务平台的运营，已占领全国39%的市场份额，市场占有率位居全国第二。2017年，盛天网络公司产品已经进入全国5万家网吧，服务PC电脑500万

台以上，可实现营收3.6亿元。一批动漫游戏企业通过打基础、强积累、融合发展、转型提质和盈利模式转换，初步闯出了一片新天地。动漫游戏产业在原创作品数量、质量、市场占有率方面有较大的提升。武汉博润通的原创产品《木奇灵》系列已出品115集，在爱奇艺、优酷等网络平台点播超8亿次，在央视和5大卡通卫视收视率靠前。江通动画与华侨城集团开展动漫IP授权合作，拟在北京、上海、武汉、成都等地华侨城欢乐谷打造"饼干乐园"，武汉欢乐谷饼干乐园已于2017年6月开园，据统计2017年暑期比同期增加来访消费人流15%。

大力促进文化产业园区建设，增加湖北文化产业内涵性。2017年9月湖北省文化产业工作会上，第三批湖北省文化产业示范园区和第六批湖北省文化产业示范基地正式挂牌成立。此次新增的省级文化产业示范园区共10个，包括汉阳造创意园、十堰日报传媒文化产业示范园、襄阳建设路21号创意产业园、宜昌三峡文化创意产业园、三峡国际珠宝博艺园等。新增的文化产业示范基地共有43个，包括武汉斗鱼网络科技有限公司、今古传奇传媒集团有限公司、湖北剧院有限责任公司、九歌山水文化传媒有限公司等。2016~2017年，以襄阳唐城、枣阳汉城为代表的全省各地文化产业园区建设整体提速，襄阳唐城已承担了《妖猫传》《艳骨》等多个影视剧项目的拍摄任务，极大带动了当地社会经济建设，也宣传了襄阳文化；枣阳汉城承接了《影》等多部影视剧拍摄，并逐渐成为中国汉文化的核心地标。

（六）文化扶贫工作方式更加丰富、效果更加显著

湖北的特色文化资源产地大多位于天然生态较为脆弱的贫困地区，有5个中国历史文化名村位于贫困县，97个中国传统村落位于贫困县。文化产业作为第三产业的一种，清洁无污染更适合贫困山区发展。为此，要深入挖掘湖北地方特色文化资源，增强地方自身活力，实现文化产业发展与扶贫工作的有机结合。2017年，在对全省贫困村的文化遗产资源、地理区位条件、产业发展基础进行全面摸底排查之后，湖北省及时推行"文化+"发展模式，探索发展文化+旅游的湖北贫困山区精准脱贫路子，以文化打造产业，

以产业带动脱贫。从 2017 年起，湖北省将依据前期的调查摸底结果，对各贫困县实行精准文化帮扶，指导贫困县专业艺术院团打造优秀剧目，每年组织省直院团赴 37 个贫困县各开展 1 场以上慰问演出，支持 28 个国家贫困县院团每年到所辖乡镇演出 6 场，为贫困县配送图书，开展长江讲坛服务，从而丰富文化产品供给。注重引导社会文化企业参与精准扶贫。2017 年，湖北省文化厅积极协商沟通，促成了武汉光谷创意产业基地建设投资有限公司，与五峰土家族自治县文化体育新闻出版广电局签署合作协议，探索开展文化产业精准扶贫的方式和手段。

增强软实力的同时，湖北省也注重采取有效措施改善贫困地区文化硬实力。2017 年 12 月，随着十堰市武当山特区政府盖章验收，湖北省政府《加快推进智慧湖北建设行动方案（2015—2017 年)》的目标"村村通光纤"已经实现，农村地区宽带达到千兆接入能力，所有行政村实现 4G 网络全覆盖。湖北省在中部地区率先建成"全光网省"，全省共建成手机基站 20.8万个，4G 网络已实现乡镇以上地区深度覆盖；固定宽带用户网页浏览的平均首屏呈现时间为 1.01 秒，居全国第 2 位。

发挥自身优势，帮助兄弟省市实现文化脱贫。2017 年 8 月，为增强山南地区内生发展力，进一步加大产业援藏力度，湖北省文化主管部门协调组织中国光谷创意产业基地等 6 家文化企业赴西藏山南开展产业合作，联合整理挖掘当地文化资源。其中，光谷创意产业基地拟在基地设立山南非遗和特色产品展示厅，江通、博润通两家动漫企业拟为山南制作一部山南人文资源城市印象宣传片，亿童文教股份有限公司拟在山南市建设一家幼儿园。

三 湖北文化产业发展存在的问题与挑战

（一）文化生产

1. 传统文化资源亟须转化为产业优势

湖北省的传统文化资源极为丰富，文化产业底蕴深厚。从数量上看，湖北省目前拥有三处世界文化遗产（武当山、明显陵、唐崖土司城遗址）和一处世界自然遗产（神农架），五座国家历史名城（荆州、武汉、襄阳、随州、钟祥），数量巨大的红色革命资源、历史人文典故和历史遗迹等，传统文化资源得天独厚。但传统文化资源向文化产业资源转化进程缓慢，未能将资源优势转换成产业优势。

阻碍湖北省传统文化资源转化的因素有很多，从文化产业供给侧角度来看，文创产品和服务市场细分不够，本地优势资源挖掘不够，特色产品供需失衡，质量和水平落后于消费者的需求，传统文化产业缺少"既叫好，又叫座"的拳头产品。以湖北省文化品牌之一的武当山为例，作为天下道教文化中心的武当山，其所蕴含的道教文化、养生文化、太极文化以及古建筑文化等资源丰厚。但武当山除了旅游资源外，其他资源都没有得到有效开发，山上多为小型商户各自为政，经营初级文化产品；山下商铺经营粗放，缺少统一的文化品牌规划和营造，更缺乏统一协作，整体感觉文化氛围不浓厚、格局不高。如何将武当山蕴含的丰富文化内涵融入文创产品和服务，增加文创产品的内涵性和科技性，完善配套服务，将是武当山文化资源转换成产业资源的关键。

2. 现代文化产业陷入同质化困境

相较于传统文化产业的资源转化难，湖北的现代文化产业面临的问题是如何破解行业内部的同质化与省际行业的同质化问题。当前数据显示，中部六省现代产业结构趋同，彼此之间难以形成错位竞争；湖北省内部，现代文化产业集约化程度低，行业臃肿、行业内部的同质化程度较高。内部同质化的竞争浪费资源，亦无助于湖北省文化产业集约化发展，无法形成规模优势参与全国性竞争，在当前新媒体时代背景下，面对新技术冲击只能步步后退，最终行业剧变。2017年，《楚天金报》正式停刊，是传统报业急剧萎缩的深刻写照，更预示着湖北报业大规模整合、转型的开始。未来，以出版发行、影视制作、工艺美术为代表的湖北现代文化产业必将走向集约化、集团化、线上线下融合的发展之路，只有通过调整产业结构，优化资源合理分配，减少同质化恶性竞争与资源浪费，才能获得新生，得到发展。

3. 新兴产业发展持续性有待加强

随着互联网技术的发展和创新驱动战略的实施，新的文化产业业态不断涌现和发展。以网络游戏、网络直播、云设计、3D 打印等为代表的新兴文化产业迅速崛起并产生较大影响。2016～2017 年，随着长江经济带、国家中心城市等一系列政策层面优惠制度的实施，依托各种招商引资与人才政策，湖北成功吸引、打造了斗鱼、博润通、盛天网络等一批互联网时代的文化企业新贵，在泛文化娱乐等新领域抢先布局，占得先机。但互联网时代产业发展最大的特点就是新陈代谢快，湖北文化发展新业态如何在快速变革的时代保持优势并不断壮大自己，成为摆在湖北新兴文化产业面前的一大挑战。

新兴文化产业发展的核心因素是人才，大量科技创新、创意人才是发展新型文化产业的核心，因此，吸引并留住人才，就成了在新业态的不断变革中保持创新发展动力的根本保障。湖北省是教育资源大省，每年培养数以百万计的大学生，但这些学生毕业之后愿意留在湖北的数量不多，留在湖北的大学生也面临着一个全国性的难题：学科专业设置较为滞后，应届毕业生难与市场需求紧密结合，技术人才多，创意与管理人才缺乏。如何培育大批复合型高级创意、管理人才，确立新兴文化产业的集聚优势与高地优势，是湖北在飞速更新换代的新业态变革中站稳脚跟的关键。

（二）文化消费

消费需求不够旺盛、创新动力不足，已明显阻碍了湖北文化产业的提质增速。课题组前期调查结果显示，湖北省城乡居民文化消费仍是以看电视、看电影、上网、书报杂志等为主，基本上处于改善生活环境、休闲减压的初级阶段，戏剧、音乐、艺术收藏等高层次的精神消费比例偏低。随着湖北省城乡居民收入水平的提高，城乡居民自我提升型消费新趋势已经出现，文化产品和服务的质量和可得性成为影响居民消费的重要因素，但相较于需求来说，高性价比的文化产品供给不足。造成湖北省城乡居民文化消费热情不高的因素包括以下几方面。

一是当前湖北省大部分居民对文化消费的认识仅停留在休闲、娱乐等初级消费上，购买娱乐用品、旅游等支出较大，并不注重通过文化消费培养高雅情趣、提升个人素质，"终身学习""开卷有益"等理念尚不普及。课题组前期问卷调查数据显示，约20%的受访者认为"文化消费看不见摸不着，并不实惠"，仅3.3%的受访者表示会经常参加（自己和带孩子）艺术培训，这一比例在农村受访者中还要低。同时，湖北省城乡居民还保留有根深蒂固的"重储蓄轻消费"的传统观念，课题组前期调研数据显示，32%的受访者表示制约他们消费的主要原因之一是"要为老人和小孩攒钱"。

二是热点消费对文化消费形成挤出效应。医疗、教育是湖北省城乡居民消费支出的重点，且会随着生活水平的提高而逐年增加，这对文化消费形成了挤出效应。前期调研数据显示，在制约文化消费的原因中，35%的受访者选择"产品价格较高，收入不足以支持"。以往调研也表明，只有当年农村居民收入在8万元以上时，其文化消费投入才呈现明显差别。此外，居民带薪休假制度落实情况与工资性收入水平也是影响居民文化消费的重要因素。

三是文化消费供给侧发力不够。当前湖北省文化市场上高性价比的产品供给不足，首先，优质文娱产品和服务进入本地文化消费市场的比例偏小、价格相对较高。其次，文博文创产品和非遗产品挖掘深度不足，开发缺乏活力，缺少能反映时代特征、湖北文化特色和物美价廉的产品。同时，市场上充斥着大量简单模仿、单一雷同、品质不高甚至是低劣的文化产品，难以引起群众的消费热情。前期调研数据显示，21%左右的受访者表示当前文化市场"产品质量一般、质量不好"；26%的受访者表示"文化产品种类不多，给人选择不多"；33%的受访者认为"文化产品种类丰富，但价格太高"；而认为当前文化产品种类丰富、价格合理的受访者占比不足20%。

四　推动湖北文化产业发展的对策建议

（一）适应新形势、采用新技术，大力推动文化领域供给侧结构性改革

在"十三五"时期之前，报业、期刊业、出版发行业、广播影视业、

文化旅游业构成了湖北文化产业的主体。在经济新常态下，传统文化产业的运营模式被颠覆，纸媒衰退，升级文化产业结构势在必行。

要健全促进文化充分发展的制度、标准和政策，指导地方文化供给侧结构改革，多渠道、多手段地吸引和调动广泛的社会力量主体参与文化供给，提供更多的优秀文娱产品和服务。为此，一是要分析当前城乡居民文化消费主体的新特点和新需求，有针对性地提供产品和服务，如针对参加艺术培训、收藏艺术品、旅游、看演唱会等新型文化消费日益受到城乡居民消费青睐的新趋势，相关部门要早研究、早部署，并积极引导和扩大此类消费；针对具有现代化、国际化视野的城市中青年人群成为文化消费主力的现实，文创产品的开发与他们的生活习惯和消费偏好相适应。二是增强传统文化资源的产业转化，重点发展特色旅游业态。要制定全省范围全域旅游发展规划，深入挖掘湖北文化价值，探求文化与旅游结合新路径，讲好湖北故事。鼓励地方立足本地资源禀赋，挖掘具有本地特色文化的旅游产品和服务，打造地方特色文化旅游品牌，形成地区优势，做好地域性文化传承。三是要充分利用科技信息发展的新成果，提升文化产品和服务供给的数字化水平。要充分利用互联网＋的新渠道，形成线上线下文化消费新格局，如可以借鉴武汉、宜昌文化消费试点经验，利用互联网将文化供给单位、文化服务项目和文化适用场所、文化消费主体有效整合和深度对接，提供方便快捷的线上线下文化消费体验，增强城乡居民的文化获得感和满足感；还要充分利用现代信息技术，全面推行信息网络、智能制造、云计算、3D 打印、虚拟现实、物联网等高新技术融入文化领域，增强文化产品的科技内涵，推动文化产品和服务的数字化、网络化进程。

（二）扩大文化消费范围，满足不同群体消费需求

前期研究结果表明，城乡居民文化能力和家庭收入状况存在高度正相关，收入水平越高，消费能力越强。中等以上收入阶层是文化消费的主力，消费潜力还有较大的上升空间。为此，应当针对不同层级的消费主体制定不同的引导措施，提供不同的文化产品：高收入人群对文化产品和服务要求比

较高，通常也是文化先导者，要引导其进行高端化、精品化、定制化和个性化的文化消费；中等收入人群是当前消费人口最多、最具购买力和消费多样化的群体，是最为活跃的消费力量，他们有能力、有欲望去消费，对文化消费产品和服务的需求也是多样的，要对他们进行引导，深入挖掘他们的消费潜力，鼓励他们进行付费式文化消费，引导他们提升文化消费品质；低收入人群是文化消费的短板，他们消费欲望和能力不强、消费内容较为单一、消费品质不高，要对他们进行引导和宣传，可通过对其进行文化消费补贴或者由政府购买一部分文化服务和产品，免费或优惠向其提供的方式，鼓励他们开展多样性的文娱消费，培育他们的消费习惯，提升他们的消费质量。

（三）创新文化消费补贴形式，培育居民文化消费习惯

为转变消费习惯，撬动城乡居民文化消费，政府应该对其消费进行补贴，这种补贴要有别于传统意义上的"赠票"和免费演出，应着眼于通过政策引导和财政补贴来鼓励和带动城乡居民进行付费消费，这是扩大居民文化消费规模的核心。为此，要在总结武汉市和宜昌市文化消费试点经验的基础上，借鉴北京、上海等地的成功经验，在湖北省全面推行文化消费主体激励政策，如发放文化惠民消费卡（券），实施演出票价补贴，实行文化消费积分兑换优惠券等方式方法，发挥财政补贴的标杆作用，刺激、撬动居民进行文化消费。财政补贴政策的执行要注意以下几点：一是文化惠民消费卡（券）的发放要实行居民付费和政策补贴相结合，文化惠民消费卡应由公民缴纳一定费用后，实名领取，消费卡内金额应按照一定比例由财政和个人共同出资，财政占大头，补贴居民文化消费；二是演出票价专项补贴要注重传承传统文化与满足需求相结合，鼓励居民进剧场的同时也要为传统曲艺发展提供机会，既要全省统筹安排，制定演出补贴文化产品目录和票价补贴标准，对居民进剧场消费高雅艺术给予票价补贴，又要适度倾斜于传统的地方戏曲、表演等项目；三是文化积分项目要充分利用现代信息技术，打通线上线下消费，居民文化消费均可积分，积分可以到全省签约文化消费场所兑换优惠券，进行优惠消费。这种优惠应该比市场价格更具吸引力。

（四）发展经济提高城乡居民收入水平，完善社会保障制度，扩大城乡居民文化消费支出额度

提高居民收入，尤其是工资性收入，降低居民教育、医疗等支出的成本，可有效促进文化消费。为此，一是提高居民工资性收入。工资性收入对文化消费的提升作用最为明显，是拉动文化消费的最有效途径。只有在居民收入达到一定水平之后，文化消费支出才会明显提高，应在经济发展的同时贯彻落实惠民、富民政策，综合使用多种手段，如利息、税收政策等，提高居民，尤其是中低收入人群的收入。二是完善社会保障体系，降低其他消费支出成本。完善社会保障体系可以改变消费支出结构，减少教育、医疗等方面的支出，从而减小其对文化支出的挤出效应，增加居民文化消费。调研数据显示，居住、教育、医疗等是湖北省城乡居民主要支出，其中教育支出对文化消费支出的挤出效应最为明显。应采取多种手段降低居民教育消费成本，如提高公立学校教育水平、严格管理校外培训、严禁在校教师补课收费等。

（五）增强社会文化氛围，形成人才集聚优势

文化企业要走进学校和社区，加强对文化产业的宣传，帮助民众了解文化产业，吸引更多的年轻人和民众积极投入文化产业、艺术事业。鼓励大学生和文化工作者深入基层，挖掘地区丰厚的文化资源。

一是充分发挥湖北省教育资源丰厚的优势，针对创意人才、复合型管理人才的匮乏，湖北应发挥科教资源优势，以双一流大学建设为契机，加快省内大学的学科改革与更新，针对产业的新需求、新趋势，调整人才培养导向与模式，使产学研合作落到实处，形成紧密结合的链条。二是应从源头保障文化产业人才的成长。[①] 通过加大对文化产业的宣传，提高在校生的兴趣，为文化产业的可持续发展准备人才孵化基地。鼓励高校，尤其是高职院校设

---

① 黄晓华：《湖北文化产业发展报告（2018）》，社会科学文献出版社，2018。

立文化产业相关专业，帮助学校和大型文化企业实现长期合作，为专业人才进入文化企业建立畅通渠道。三是应形成吸引人才、留住人才的长效机制。以"百万大学生留汉"等招才引智工程为契机，出台多项有针对性的引智计划，旨在吸引高知人群、大学生就业并定居。随着政策的逐步细化，应对各类人才量体裁衣，如在文化园区聚集地周边为文化产业从业者安排居所等。

B.6
2017年湖北群众文艺事业发展报告

谢 迪*

摘　要： 群众文艺是时代的产物，要为人民群众服务。在全面建成小康社会的关键时刻，群众文艺已经成为人民生活的必需品、民族精神的火炬和时代前进的号角，引领一个时代的风气。因此，必须要重视群众文艺事业的发展。2017年湖北省群众文艺事业取得长足进步：形成了一套科学完善的群众文艺创作机制，培养了一批群众文艺创作队伍，搭建了一系列促进群众文艺创作展演交流平台，打造了一批在全国有重大影响的群众文艺精品。但在发展过程中，湖北群众文艺事业也存在思想观念与当前全省群众文艺发展不相符，部分地区对群文创作重视不够；基层文化发展短板突出；群众文艺创作发展不均衡，作品题材不丰富；群众文艺创作人才结构不合理等问题。为此应当在加强理论学习、队伍建设、品牌打造和创新体制机制等方面采取有效措施，促进湖北群众文艺事业的进一步发展。

关键词： 湖北　群众文艺　文艺创作

文艺是文化的重要组成部分，是践行社会主义核心价值观，推动精神文

---

* 谢迪，男，湖北大学政法与公共管理学院讲师、硕士生导师，湖北大学县域治理研究院乡村治理中心主任。

明建设的一项重要内容。群众文艺是中国特色社会主义文艺的重要组成部分，是传承发展中华优秀传统文化的重要载体，也是构建现代公共文化服务体系的重要支撑。繁荣群众文艺，对于坚定文化自信、激发人民创造活力、弘扬社会主义核心价值观具有重要意义，在活跃群众精神文化生活、提升国民素质和社会文明程度等方面发挥着不可替代的重要作用。在当前全民决胜小康社会的关键时期，群众文艺已经成为人民生活的必需品、民族精神的火炬和时代前进的号角，最能引领一个时代的风气。因此，习近平总书记在文艺工作座谈会上指出"社会主义的文艺，必然把人民大众服务作为崇高的使命，以发展人民大众的文艺作为主要的任务"。在习近平总书记在文艺工作座谈会上的重要讲话精神的指引下，湖北省群众文艺工作者牢记历史使命和责任担当，坚持以人民为中心、以服务社会主义建设为创作导向，在面向基层、面向群众的文化服务中积极进取、奋发作为，为广大群众提供更多、更优的群众文艺作品，更好地保障人民群众日益增长的美好生活需要，在广大群众文艺工作者的辛勤努力下，湖北省群众文艺百花园姹紫嫣红，成果丰硕，为人民提供了丰富的精神食粮。

一 湖北省群众文艺事业取得新成绩

群众文艺是以人民为中心创作的，通过大众渠道传播的，以群众为服务主体的文艺。群众文艺要能跟得上时代的发展，服务于人民群众的需求，创作出群众喜闻乐见的优秀作品，让人民精神文化生活不断迈上新的台阶。近年来，湖北省群众文艺创作生产活跃，涌现了一批群众喜爱的优秀作品，呈现百花竞放、蓬勃发展的生动景象，文艺创作和演出精品频现。湖北省群众文艺创作数量之多、质量之优，多年持续处于全国领先地位，被文化部誉为"群文创作的湖北现象"。

（一）形成了一套科学完善的群文创作机制

在习近平总书记在文艺工作座谈会上的重要讲话精神的指引下，各地各级政府对发展群众文艺的文化自觉性不断增强。2015 年 10 月中共中央印发了《中共中央关于繁荣发展社会主义文艺的意见》，2017 年 5 月文化部印发《"十三五"时期繁荣群众文艺发展规划》。湖北省高度重视群文创作工作，由省委宣传部和省文化厅联合出台了《关于繁荣湖北群众文化的意见》，印发了《湖北省"十三五"时期群众文艺创作规划》和《湖北省繁荣群众文艺"双百工程"实施方案》等政策文件，围绕繁荣群众文艺工作、群众文艺剧目创作演出、人才队伍建设、演出平台建设等重点任务，进一步落实责任，健全机制，强化措施，推动湖北群众文艺事业取得新成就。以培养舞台艺术人才和美术人才的"两个一百"培养工程为例。开展 2017 年"两个一百"专项资金评审，55 名舞台艺术人才、41 名美术人才获得专项资金扶持，扶持金额 142 万元。在湖北美术馆举办了"湖北省美术创作重点项目扶持工程暨湖北省美术人才培养工程 2017 年度优秀作品展"，出版百人美术新作展画册，进一步加大"两个一百"人才宣传力度，展示湖北省美术人才创作成果。举办"两个一百"人才培训班，深入学习领会习近平总书记关于文艺工作系列重要讲话精神，学习分享业内知名专家的创作经验和心得体会，进一步提升湖北省艺术人才政治素养和专业水平，不断改进"两个一百"人才工程培养的针对性，促进湖北省文化事业多出优秀人才，多出精品力作。

此外，湖北省还建立了群众文艺骨干培训机制，定期开展培训，增强群众文艺创作的储备力量；建立群众文艺创作帮扶机制，设置了群众文艺创作专项经费，对具有潜力的群众文艺创作团体和创作单位实行专项资助。全省形成了有政策指导、有经费支持、有辅导帮扶、有人员培训的"四有"群众文艺创作机制。在群众文艺活动经费支持方面，湖北省也呈现逐年递增的趋势。2017 年，湖北省文化系统共举办针对基层文化人才的各类培训班 14 个，培训基层文化骨干 2000 余人，占全年培训总人数的 45%。在湖北艺术职业学院举办一期"三区"舞蹈从业人员综合能力提升班，为"三区"县市培训 36 名舞蹈从业人员。2018 年 1 月份与文化部合作，在中央文化干部管理学院举办公共文化方向的"三区"培训班，进一步提升培训层次，拓宽"三区"文化人才视野。

（二）培养了一批群众文艺创作队伍

湖北省注重群众文艺队伍的塑造和锻炼，通过定期组织业务培训、规划创作任务、提出创作要求、拓宽培养渠道等措施，培养了一批群众文艺创作队伍。2017年，湖北省"两个一百"人才省戏曲艺术剧院程丞获第28届中国戏剧梅花奖，26位舞台艺术人才创作（演出）的剧（节）目获得国家级奖励或参加国家级展演。12位美术人才创作作品入选国家级美术展览。据不完全统计，目前湖北省全省共有各类群文创作人员5万多人，其中有专业职称的群文创作骨干8000多人。各门类均涌现了一批在全国有一定影响力的领军人才，如以周曼丽、林鸿为代表的音乐创作人才，以唐静平、覃红为代表的舞蹈创作人才，以殷崇俊、沈兰英为代表的戏剧创作人才，以付群刚、刘文清为代表的曲艺创作人才，以徐庆雄、宫建国为代表的美术创作人才，以胡在田、魏大同为代表的书法创作人才，以吴志坚、李应均为代表的摄影创作人才，以雷子明、王肇恕为代表的作词人才，等等。同时，积极培养群文演出队伍，指导各类社会文艺团队17000多支，其中涌现了一批像邮政艺术团、电信艺术团、群星艺术团、潜江市园林社区舞蹈队等的优秀表演团队。

（三）搭建了一系列促进群文创作展演交流平台

多年来，湖北省始终坚持把打造百姓大舞台，为群众文艺营造环境作为扶持群众文艺发展的重要抓手。经过多年的持续建设，成功打造了一系列群文创作交流平台。目前，全省县级以上群文创作展演交流平台共334个，其中最具影响的是省文化厅打造的湖北艺术节、全省广场舞展演、全省社会文艺团队展演三大平台。全省广场舞展演，已经连续举办三届，每届活动通过层层展演举办到村一级，成为覆盖省、市、县、乡、村五级联动的展演平台。第四届广场舞展演以"展示时代风采、筑梦幸福中国"为主题，是根据中宣部、文化和旅游部、国家体育总局《全国广场舞展演活动实施方案》的统一部署，由湖北省委宣传部、省文化厅、省体育局和湖北广播电视台联合主办，湖北省群众文艺馆执行承办。作品种类和表演形式丰富，通过举办全省广场舞集中展演活动，积极展现新时代、新成果，展示基层人民群众的幸福感和获得感。本届参演作品也充分展示了荆楚文化的魅力和欢乐和谐的广场文化特点。多个节目是根据当地"非遗"文化或民间文化原创的作品。其中，广场舞《念·响》为怀念过世的利川肉连响传承人吴修富编排，保留"非遗"项目特色动作，使之更易学、更健身。《石雕狮乐》灵感来自大冶石雕代表作品石狮，演员们将母狮的威武、幼狮的活泼表现得淋漓尽致。由武汉天地之韵舞蹈队表演的土苗风情《山谣》，节奏明快，运动强度大。宜昌西陵区学院街办艺术团表演的节目改编自"非遗"项目的《赛龙舟》，表演者均是65岁以上的"爹爹"团队，引人瞩目，他们用广场舞的形式讲述一位划了一辈子龙舟的老人，呈现了文化的传承与发展。这是湖北省2014年开始群众广场舞展演以来的首支"纯爹爹"团队，其作品《哎呀我的爹》在去年全省第三届广场舞展演活动中获一等奖。鄂州的凤凰之声艺术团带来的《凤凰飞旋》，极具时代感，展现了一个古老又年轻的城市让人惊喜又期待的变化……随着节目的进行，广场舞展演网络直播热度也是不断攀升，在线观看人数突破40万人。

湖北艺术节也举办了三届。主题为"新时代·新气象"的第三届湖北地方戏曲艺术节展演由湖北省主办，文化部支持。本届艺术节首次采用了全省17个市州同步参与的形式，选取了32部优秀的地方戏种，入选作品题材丰富、主题鲜明、形式多样，集中展示了湖北省群众文艺工作者创作的最新成果，涌现出如黄梅戏《槐花谣》、汉剧《程婴夫人》、楚剧《刘崇景打妻》等一大批优秀艺术作品，受到了全省广大人民群众的热烈欢迎。艺术节期间所有剧目在全省举办巡演活动，一批新创现实题材剧目、新编历史剧和经典传统剧目深入社区、乡村、学校、军营开展惠民演出，让人民群众共享全省戏曲传承发展成果。

（四）打造了一批在全国有重大影响的群文精品

湖北省群众文艺始终坚持面向基层、面向群众，以人民为导向，作品贴近生活、体现民生，集中反映时代精神、弘扬主旋律、传递正能量。五年来，全省共创作各类群文作品6700多件，其中获得省级以上奖项的作品有200多件、获得国家艺术基金资助的作品有10件。特别是在历届中国艺术节上，湖北省入围和获奖作品数量，持续保持在全国前三，奠定了湖北省群文创作在全国的领先地位，被文化部誉为群文创作的"湖北现象"。第八届中国艺术节湖北省参演作品获奖情况如表1所示。

表1　第八届中国艺术节湖北省参演作品获奖情况

序号	奖次	类别	作品名称	演出单位
1	大奖	音乐	《喊歌》	宜昌文化局
2			《小女婿》	荆门文化局
3			《岁月欢歌》（老年）	黄石文化局
4			《我哥回》	武汉市洪山区文体局
5		舞蹈	《直尕思得》	武汉市江汉区文体局
6				武汉邮政艺术团
7			《出来嗒》	神农架林区文体局
8		戏剧	《爱的呼唤》	湖北省群众文艺馆
9		曲艺	《告状》	鄂州市文体局
10	创作奖	音乐	《我哥回》	武汉市洪山区文体局
11			《天下第一楼》	武汉市江岸区文体局
12		舞蹈	《放鱼鹰》	钟祥市文体局
13			《出来嗒》	神农架林区文体局
14		戏剧	《两只蝴蝶》（老年）	武汉市青山区文体局
15			《渔妈莲妹红军哥》	监利县文体局
16			《站台》	武汉市群众文艺馆
17		曲艺	《告状》	鄂州市文体局
18		美术	《秋实》（老年）	陈明成
19			《莲颂》	毛宗泽
20			《征程万里》（老年）	蒋昌忠
21			《当年阳光》	王晓愚
22			《秋声》	秦训涛
23		书法	《草书画禅诗癖》	彭金淋
24			《行书东风忽起联》	陈永贵
25			《楷书苏轼文》	张秀
26		摄影	《汉水边的小姑娘》	李应均
27			《家园》	殷涛

序号	奖次	类别	作品名称	演出单位
28	表演奖	音乐	《喊歌》	宜昌文化局
29			《小女婿》	荆门文化局
30			《岁月欢歌》（老年）	黄石文化局
31		舞蹈	《直尕思得》	武汉市江汉区文体局 武汉邮政艺术团
32			《长阳土家撒叶儿嗬》	长阳县文化局
33			《秭归花鼓舞》	秭归县文化局
34		戏剧	《棉乡情》	武汉市群众文艺馆 武汉市东西湖区文体局
35			《爱的呼唤》	湖北省群众文艺馆
36		曲艺	《一盘冬瓜》	湖北省群众文艺馆
37			《王大夯应考记》	襄阳市文体局
38			《正义的呼唤》	十堰市文体局
39	服务奖		荆门市"农家乐杯"文艺比赛	荆门市文体局
40			湖北省群艺馆非物质文化遗产保护工作	湖北省群众文艺馆
41			童爱武（武汉市青菱乡文化艺术中心）	武汉市洪山区青菱乡农民艺术团创办人
42			湖北省图书馆公益讲座	湖北省图书馆
43			武汉市江汉区"金桥"读书评书活动	武汉市江汉区文体局

二　当前湖北省群众文艺事业发展中存在的主要问题

（一）部分地区党委政府的群众文艺发展自觉性不强

部分地区党委政府思想观念与当前全省群众文艺发展不相符，对群众文艺创作重视不够是制约湖北省群众文艺事业发展的重要因素。习近平总书记在中国文联十大和中国作协九大开幕式上的讲话中指出，"以为人民不懂得文艺，以为大众是'下里巴人'，以为面向群众创作不上档次，这些观念都是不正确的"。但在现实工作中，仍有为数不少的领导干部抱有这些观念，对群众文艺创作认识不到位。突出表现在重专业艺术、轻群众文化，对群文创作投入不够等方面。如2016年全省群众文艺系统（群艺馆、文化馆、文化站）业务活动经费为2.32亿元，占全省文化事业费总额的1/30；人均群众文化业务活动专项经费为3.96元，在全国排名第21位，部分县市基本没有群众文化业务活动专项经费。2017年湖北省人均群众文化业务活动专项经费为4.29元，较上一年（3.96元）增加0.33元，增幅8.3%，虽然在中部六省中排名领先，但仍然与全国平均水平有较大差距，仅在全国排第16位，低于湖北省经济发展水平在全国的地位（见表2）。2015～2017年，湖北省人均群众文化业务活动专项经费年均增幅为12.4%。全省17个市州，超过全省平均水平的有7个：鄂州市（22.84元）、宜昌市（10.61元）、潜江市（10.48元）、神农架林区（8.84元）、黄石市（5.67元）、武汉市（4.32元）、天门市（4.41元）。低于2元的有4个：黄冈市（1.78元）、孝感市（1.62元）、随州市（1.45元）、荆州市（1.38元）。

表2　2012～2017年湖北人均群众文化业务活动专项经费全国排名

年份	人均群众文化业务活动专项经费（元）	全国排名	中部排名	全国平均水平（元）
2012	0.64	28	6	2.14
2013	1.17	26	5	2.59
2014	1.46	25	4	2.69
2015	2.42	24	3	4.47
2016	3.96	21	1	5.29
2017	4.29	16	1	5.29

表3　2017年中部六省人均群众文化业务活动专项经费排名情况

省份	人均群众文化业务活动专项经费（元）	中部排名	全国排名
湖北	4.29	1	16
湖南	3.17	2	22
山西	2.53	3	24
安徽	2.53	4	25
江西	2.45	5	26
河南	1.94	6	30

（二）基层文化建设短板突出

繁荣发展群众文艺，一定的活动阵地和队伍建设是必要条件。从全国范围来看，湖北省的基层文化队伍不稳定、阵地不牢固，被文化部批评为"湖北特色"。从人员结构上看，目前湖北省共有乡镇综合文化站 1267 个，工作人员 2625 人，其中有 25 个县（市、区）配备有乡镇综合文化站公务员编制人员，共 101 人，占总人数的 3.8%；有 34 个县（市、区）配备有事业单位编制的工作人员，共 297 人，占总人数的 11.3%；有 26 个县（市、区）配备有享受事业单位编制待遇的工作人员，共 363 人，占总人数的 13.8%。以上三项人员共计 761 人，占总人数的 29%。

按照国务院和湖北省政府相关文件的精神，湖北省各地要依托乡镇综合文化站建设镇级综合文化服务中心，依托社区或村庄的党员群众服务中心建设村级综合文化服务中心。但目前湖北省仍有少数地方没有建成，部分地方的文化设施发挥作用不明显，使用效率不高，也有部分地区的文化设施长期处于闲置状态。

（三）群众文艺创作发展不均衡，作品题材不丰富

不均衡主要表现在地域发展不均衡。在近两届中国艺术节上，湖北省共有 31 件作品入围、27 件作品获奖，总体来看成绩比较好，但是入围和获奖的作品主要集中在少数地区，有 7 个地区连续两届入围和获奖作品均为零。在湖北省文化厅举办的"文化力量　民间精彩"四次全省群文展演中，有 3 个地区获一等奖的数量四次为零、4 个地区获一等奖的数量三次为零。

从群众文艺作品的质量和题材上看，湖北省群众文艺作品大多集中在传统题材和反映原生态生活方面。经统计，在获得省级以上奖项的作品中，75% 的作品是传统和原生态题材。缺少像江苏、重庆、上海等地创作的《一条叫小康的鱼》《一分不能少》《亲！还在吗》等反映扶贫济困、时代先进人物的优秀作品。

（四）群众文艺创作人才结构不合理

湖北省群众文艺创作人才结构不合理主要体现在专业结构不合理和年龄结构不合理两个方面。全省目前有群众文艺系统从业人员4945人，其中群众文艺创作人员900多人，仅占总人数的20%左右。在这些创作人员中，音乐、舞蹈类的人员占75%，戏剧、曲艺类的人员占5%，美术、书法、摄影类的人员占5%，文学、作词、编曲等其他类的人员占15%，专业结构不合理现象非常严重。群众文艺创作人员年龄结构断层也非常严重，从全省来看，群众文艺创作人员年龄40岁以上的占80%，尤其在戏剧、曲艺、文学等领域，面临青黄不接、后继无人的严峻问题。

三　推动湖北群众文艺繁荣发展的对策建议

当前和今后一段时期，是繁荣全省群众文艺创作的战略机遇期，也是全省群众文艺创作提档升级、提质增效、攻坚克难的战略挑战期。湖北省能否在这轮战略机遇期抓住机遇，迎接挑战，持续保持在全国领先地位，取决于湖北省群众文艺工作者是否有明确的奋斗目标和具体的工作举措。为此，应该采取有效措施，在"一条主线""双百工程""三大平台""四走"四个方面努力。

（一）围绕一条主线，选好创作题材

繁荣群众文艺，就是要跟上时代发展、把握人民需求，创作生产人民喜闻乐见的优秀群众文艺作品，让人民精神文化生活不断迈上新台阶。为此，要紧紧围绕习近平总书记文艺思想这条主线，深入学习贯彻习近平总书记文艺工作座谈会重要讲话精神，落实关于繁荣发展群众文艺的意见的各项要求，坚持以人民为中心的创作导向，努力创作更多无愧于时代的优秀群众文艺作品。习近平总书记文艺思想，观点系统、判断科学、学理深厚、视野开阔、切合国情，是繁荣发展新时代中国特色社会主义文艺的理论纲领和行动

指南。要把学习贯彻习近平总书记文艺思想不断引向深入，深刻理解文艺思想的核心要义并落实到群众文艺作品的创作过程中，把创作生产更多优秀作品作为中心环节，始终坚持以人民为中心的创作导向，把人民作为书写、讴歌的对象，把人民作为表现的主体，让人民群众作为艺术作品的主角，写人民的生活，反映人民的心声，接受人民群众的检验。要抓住改革开放40周年、新中国成立70周年、建党100周年、全面建成小康社会等重大时间节点，组织开展群众文艺创作。在创作选题上，要突出时代性、现代性和现实性，把握中国梦、生态环境保卫战、扶贫攻坚战、乡村振兴战略等反映中国特色社会主义现代化建设伟大实践的题材，将社会主义核心价值观融入作品中，潜移默化到表演中，迁移到艺术表达中，推出更多反映时代呼声、展现人民奋斗、振奋民族精神、陶冶高尚情操的优秀群众文艺作品。

（二）抓好"双百工程"，出精品、强队伍

群众文艺作品的创作生产将是一个漫长的过程，它的发展是需要很多人不断努力和参与的。一个团结奋进、充满活力、积极向上的队伍所产生的文艺创作是任何个人力量所无法比拟和取代的，为此，需要培养一支高效的群众文艺创作队伍，结合现实社会发展的需求来实现和推行文艺活动的创新。湖北省为促进群众文艺创作团队的培养，正在大力推行"双百工作"，即"百人百艺"群众文艺创作工程和"百团千队万能人"扶持工程，并将此作为推动全省群众文艺工作出精品、强队伍的重要抓手。以此为基础，落实责任、细化工作，湖北省将省群艺馆确定为推进"双百工程"的主要负责单位，负责将这项工作组织好，全省各地、各级群众文艺单位负责将这项工作落实好，要按照印发的《湖北省繁荣群众文艺"双百工程"实施方案》中的主要内容和具体任务，制定本地区、本单位相应的细化工作方案，力争通过实施"双百"工程在湖北省推出一批思想精深、艺术精湛、制作精良、群众喜闻乐见的群文作品，培养一批高水平群文创作人才，打造一批形式多样、服务社会、繁荣文化的社会文艺团队。

群众文艺的繁荣发展还需要不断创作生产出更多优秀作品。为此，需要

树立生产核心观，把创作生产优秀作品作为群众文艺发展的中心环节，完善工作机制，努力创作生产更多特色鲜明、深接地气、传递正能量、人民喜闻乐见的优秀群众文艺作品。坚持既要立足于传承弘扬中华优秀传统文化，又要跟上时代发展，把创新精神贯穿全过程，坚持创造性转化和创新性发展，着力增强群众文艺作品的吸引力和感染力，使湖北省群众文艺作品更加符合时代进步潮流，更好弘扬中华美学精神。

（三）用好三大平台，擦亮湖北群众文艺创作的品牌，扩大湖北群众文艺作品的影响

群众文艺来源于人民、服务于人民，其繁荣发展必须坚持以人民为中心的工作导向。要发扬群众文艺优秀传统，坚持以人民为中心的创作导向，扎根人民、扎根生活，讲述百姓身边故事，反映群众喜怒哀乐，创作出更多深刻表现生活的优秀作品。要激发人民创造活力，尊重人民群众主体地位和首创精神，把人民群众中蕴藏的创作能量激发出来，引导人民群众自我表现、自我教育、自我服务，不断提升广大人民群众的参与感、获得感和幸福感。因此，要切实用好湖北艺术节楚天群星奖、全省广场舞展演、全省社会文艺团队展演三大平台，不断完善举办机制，为群众文艺的发展创造活动和展示平台，并努力做到常办常新，充分发挥这些平台对群众文艺创作的促进作用。要实施"全省群众文艺活动品牌提升计划"，鼓励各地积极策划打造深受群众欢迎、有一定影响力的活动品牌，切实完成"一县一品"的目标任务。目前，湖北省各地都有自己本地的群众文艺活动品牌，如武汉市的"武汉之夏"系列活动、鄂州市"周周乐"广场舞活动等。如何有针对性地采取有效措施，帮助这些活动提升品牌影响力将成为下一阶段湖北省群众文艺工作的方向之一。

（四）坚持创新发展，努力提升湖北省群众文艺作品的档次

帮助湖北群众文艺用高质量、高档次的作品到全国的舞台上去争夺位次。通过做好"四走"来创新思维方式和工作方式，提升群众文艺创作的

档次和位次：“走进去”，就是要在创作心理上贴近群众，深入精准扶贫、环境保护、重点工程等现场一线，亲身经历，现场感受，加深体验，潜心创作；“走下去”，就是要在创作视野上关注基层，深入基层一线，从基层发掘、提炼鲜活的创作题材；“走上去”，就是要有主动作为的担当，要勇于到全省性、全国性的平台上去争名次、争地位；“走出去”，就是要有开放的思维和眼界，多到省内外或国内外进行创作演出交流，取人所长、补己所短。

2017年湖北对外及对港澳台
文化交流发展报告

任 俊 董思涵*

摘 要: 2017年,湖北省对外文化交流工作持续发力,积极参与"一带一路"建设。通过建机制、搭平台、拓渠道、树品牌、育项目、兴文化等途径提高文化传播力,扩大对外文化交流成果,有力地服务了国家发展战略和全省经济社会发展。但在这个过程中还存在资源统筹不够,对荆楚文化阐释不清,国际语言应用不畅,文化资源开发力度不深,国际传播力不强,文化旗舰企业不多,品牌竞争力较弱等不足。因此,需要在拓宽交流渠道、提高国际传播力、推动文化外贸发展和发展新型传播媒介等方面采取有效措施,进一步强化湖北对外文化交流的效果。

关键词: 湖北 文化交流 港澳台

习近平总书记在全国宣传思想工作会议上强调:党的十八大以来,国家文化软实力和中华文化影响力大幅提升,文化自信得到彰显。要坚持文化自信是更基础、更广泛、更深厚的自信,是更基本、更深沉、更持久的力量;

---

* 任俊,男,湖北省文化厅对外文化联络处二级调研员,主要从事对外文化交流实践与理论研究,以及外军政治工作研究等;董思涵,女,湖北省图书馆助理馆员,主要从事参考咨询和舆情监控方向研究工作。

要坚持讲好中国故事、传播好中国声音。

2017 年，湖北省对外文化交流工作在习近平新时代中国特色社会主义思想指导下，在文化和旅游部的指导帮助下，在省委、省政府的坚强领导下，以打造"荆楚文化丝路行"交流品牌为抓手，精心筹划开展了一系列文化交流活动，取得了良好的效果，全省对外文化交流事业稳步提升。

一 2017年湖北对外文化交流概况

（一）基本情况

近年来，湖北省对外文化交流工作围绕中心、服务大局，紧扣国家"一带一路"倡议，加快实施湖北文化"走出去"各项举措。一是打造了"荆楚文化走世界"对外文化交流主品牌，2 次精心组织文化项目圆满完成配合习近平主席出访埃及、德国的演出任务，传播手段不断创新，话语能力持续提升；二是连续 5 年实施了湖北省与文化和旅游部的合作计划，先后与马耳他、莫斯科、开罗、首尔、老挝 5 个中国文化中心开展省部对口合作活动，组派 25 个批次共 438 人次的文化艺术团体赴合作地举办演出、展览、培训等一系列文化交流活动；三是拓宽了交流渠道，先后组派 5 个团组 134 人次赴澳大利亚、埃及、韩国、丹麦、波兰等国开展文化和旅游部"欢乐春节"演出交流活动，受驻外使馆、国外文化机构邀请，先后组派 150 个批次 930 人赴美国、加拿大、新西兰、哈萨克斯坦、新加坡、科特迪瓦、塞内加尔、智利、日本等国开展文化交流活动；四是推出了一批全新的文化交流创意形式，如"国粹京剧演展讲"在各国大受欢迎，"大漆艺术展"成为中国漆器走出国门第一展，"长江边的非遗故事"首次以讲故事的形式在德国 G20 峰会期间生动呈现，等等。策划、组织的各项对外文化交流活动先后收到中国驻各国使（领）馆和国外政府机构发来的感谢信 12 份，多次受到文化和旅游部与省委、省政府领导的表扬和肯定。

2017 年，全省对外文化交流活动持续发力，积极参与"一带一路"建设。通过建机制、搭平台、拓渠道、树品牌、育项目、兴文化等途径提高文化传播力，扩大对外文化交流成果。对外文化交流内容涵盖文博、非遗、展演等多个类别，足迹遍布亚洲、欧洲、澳洲等几大洲，多次参与国家级、省部级重大外事活动并圆满完成各项演出交流任务。2017年省文化厅累计审批、组派出访团组35个，出访人员392人次，出访人数为历年最高。其中，与老挝中国文化中心开展全年省部对口合作期间，组派综艺演出团、文化展览团等4个批次共计39人次赴老挝举办综艺演出、图片展览、武术培训等活动；累计委派湖北省京剧院、武汉邮政艺术团、武汉市杂技团等单位64人次参加文化和旅游部"欢乐春节"活动；全年赴港澳台文化交流人数累计超过150人次，交流项目涵盖黄梅戏、文物展及京剧折子戏专场演出等。与文化和旅游部共建奥克兰中国文化中心事宜取得突破性进展；全省对外文化交流项目资源库建立并进一步完善。

（二）2017年对外文化交流活动大事记

1. 服务大局配合高访，湖北文化走向世界舞台

（1）2017年7月上旬，为配合习近平主席对德国进行国事访问并出席在汉堡举行的G20峰会这一重大外交活动，国务院新闻办公室、中国驻德国大使馆在德国隆重举办的"感知中国"系列活动。中共湖北省委宣传部、湖北省文化厅承办的"感知中国·长江边的非遗故事"创意展作为重点项目在柏林展出。湖北文化工作团应邀派出《丝路之舞》、京剧选段和武当太极等节目参加了中宣部在柏林举办的"感知中国"系列活动的首场宣传推介暖场演出。此外，非遗展演团还先后赴柏林天文馆小学和华德中文学校进行展演。展演活动成为庆祝中德建交45周年系列活动的一大亮点，得到了各方的高度评价，《欧洲时报》先后两个整版报道湖北省非遗展演活动，湖北文化在海外的影响力进一步扩大。

（2）2017年3月下旬，为配合李克强总理访问澳大利亚、新西兰，主动融入"一带一路"建设，湖北省文化代表团赴澳新举办了"极目楚天舒"湖北文化图片展、文化企业对外经贸洽谈会等活动，签约项目有20多个，

协议金额为 30 多亿元。较好地配合了国家领导人的出访外交活动。

2. 借助部省合作机制，中国故事湖北篇章更加闪亮

（1）2017 年，湖北省与老挝中国文化中心开展了为期一年的部省对口合作活动，并将重点活动辐射至泰国、柬埔寨等地，扩大文化交流效果。先后组派综艺演出团赴老挝开展文艺巡演活动，举办"极目楚天舒"——湖北文化图片展并捐赠湖北书架，选派二胡、剪纸、武当武术和民族舞老师赴老挝举办中华传统文化培训班等。接待老挝优秀学员团、合作伙伴团、艺术创作团来湖北开展交流活动。

（2）根据文化和旅游部《2017 年对非文化工作部省对口计划》，应中国驻塞内加尔、科特迪瓦使馆邀请，9 月 18 日至 27 日，湖北艺术团一行 33 人赴塞内加尔、科特迪瓦，先后举办 2 场"中国文化聚焦——荆楚文化非洲行"大型综艺晚会，参加 2 场使馆庆祝建国 68 周年招待会及国庆文艺演出，与当地艺术团演员和中学师生开展了 2 场交流演出活动，签订了 2 项文化交流合作协议。这次出访西非两国巡演活动，是湖北省继 2010 年组团参加"欢乐春节"访非之后，再次组织艺术团参加文化和旅游部组织的对非重大文化交流品牌项目。

活动期间湖北省博物馆与塞内加尔黑人文明博物馆签订友好合作意向书，决定自 2018 年起两馆建立长期合作交流关系，结为友好馆，以两馆的资源共享为基础，在学术研讨、人才交流、陈列展览以及文化遗产保护利用等方面展开一系列深入合作；湖北省演艺集团与科特迪瓦文化宫签订友好合作意向书，以双方各自运营的剧场为基础，按照对等原则，互邀对方专业艺术院团访演，联合排练制作舞台剧目在两国巡演，加强人员往来和剧场运营管理方面的经验交流，开展海外艺术游学、少儿暑期夏令营等交流合作项目。两个意向书的签署为今后湖北省与两国深化文化交流合作搭建了机制平台。

3. 借船出海，国家级品牌活动亮出湖北名片

（1）2017 年 1 月，根据文化和旅游部统一安排，应中国驻丹麦大使馆邀请，湖北省文化厅组派综合艺术团赴丹麦开展"欢乐春节"巡演活动。活动历时 11 天，横跨丹麦 3 岛，途径 6 大城市，举办各类演出展示培训 15

场。丹麦政、商、军各界高官，近50国80余名驻丹麦使节、巡演5市及周边8市市长出席演出活动，驻丹麦大使刘碧伟携夫人出席2场专场演出并致辞，近20万现场观众观看演出或参加展示交流活动，200多名中学生参与湖北非遗培训。

（2）同月，受文化和旅游部"欢乐春节"活动统一安排，湖北省文化厅组派湖北省京剧演出团赴波兰华沙国家大剧院、格但斯克莎士比亚剧院、Trzebieszowice Castle on the rock 城堡、克拉科夫雅盖隆大学礼堂、Kopalnia Guido 煤矿娱乐中心举办5场精彩纷呈的"2017欢乐春节·波兰行"京剧专场演出。

4. 搭建交流平台，荆楚文化唱响"一带一路"沿线国家

（1）为贯彻落实习近平总书记关于提高文化开放水平，推动中华文化"走出去"系列重要讲话精神，按照文化和旅游部"十三五"期间文化发展改革纲要提出的"鼓励地方政府、中资机构等参与中国文化中心建设，多模式建设布局科学、功能完善、规模适宜的海外中国文化中心"的要求，湖北省政府积极争取与文化和旅游部筹备共建中国文化中心事宜。2017年3月，李克强总理访问新西兰，其间见证了文化和旅游部与新西兰在奥克兰设立中国文化中心谅解备忘录的签署。3月下旬，我国驻新西兰大使、驻奥克兰总领事在与省长王晓东会谈时表达了希望湖北省加强开展与新西兰文化交流的建议。为推动湖北省参与共建奥克兰中国文化中心，湖北省文化厅向文化和旅游部进行了及时的汇报，并按省政府意见与省编办、省财政厅、省外侨办等部门进行了充分的沟通。根据文化和旅游部下发的《关于部省合作共建海外中国文化中心的意见》文件要求和工作流程，积极开展各项筹备工作。目前共建协议文本得到部省双方基本认可，进入共建协议签署阶段。

（2）2017年5月下旬，根据湖北省委宣传部统一部署，湖北省组团赴俄罗斯、波兰、瑞典先后成功举办"放飞梦想"国际少儿画展、"楚汉神韵"中国湖北非物质文化遗产展等系列文化交流活动。活动期间湖北省文化厅与俄罗斯国际军乐节组委会签订了关于组派武当武术表演团参加2017军乐节的合作协议，湖北省图书馆与波兰图书馆在人员互访、图书互换、展

览互办等方面交流合作签订框架协议,湖北省文化厅与库亚维滨海省省长办公室就进一步深化少儿书画交流签订合作协议。文化合作协议的成功签约,搭建了湖北省与三国文化交流合作的长期机制和平台。

5. 多渠道开展文化交流,湖北文化在世界舞台遍地开花

(1) 5 月下旬至 6 月中旬,组派湖北艺术团赴比利时、法国参加第 34 届比利时圣吉斯兰国际民间艺术节和第 12 届法国罗克拉莫利埃国际民间艺术节,16 天 24 场紧凑密集的各类专场演出和交流活动,给比利时、法国观众留下了深刻的印象。

(2) 8 月下旬至 9 月上旬,应莫斯科红场国际军乐节组委会邀请,受义化和旅游部委派,湖北省第二次代表中国组派武当武术团赴俄罗斯参加第 10 届莫斯科红场国际军乐节活动,在俄罗斯再次掀起巨大的太极武术热潮。

(3) 9 月下旬至 10 月上旬,湖北省京剧院携经典京剧《徐九经升官记》和流派纷呈的《京剧风采折子戏专场》,精彩亮相新加坡第十三届"艺满中秋 2017",与当地民众共度中秋佳节。

(4) 8 月下旬至 10 月下旬,省博物馆赴俄罗斯民族博物馆举办"皇家品位——15 世纪中国藩王的艺术",展出了众多源自明代时期的中国宫廷艺术品。

6. 深化对港澳台交流,文化认同促进民心相通

(1) 6 月中旬,组派大型古装黄梅戏《李时珍》赴台公演,分别在苗栗县苗北艺文中心、桃园市中坜艺术馆音乐厅、新北市市民广场举办了三场公演,演出现场气氛融洽,掌声热烈。

(2) 6 月下旬至 7 月上旬,为庆祝香港回归 20 周年,组派京剧艺术团赴香港举办"华夏儿女庆回归"大型京剧演唱会和《群借华》《秦香莲》《乌龙院》京剧专场,为庆典活动营造了良好的氛围。

(3) 8 月下旬,香港特区政府在湖北省博物馆隆重举办"香港回归祖国二十周年——同心创前路 掌握新机遇"巡回展览。

(4) 10 月下旬至 2018 年 3 月 4 日,省博物馆赴香港中文大学文物馆举办"有凤来仪——湖北出土楚文化玉器展",展出 141 件九连墩、郭家庙等著名考古发现出土玉器,系统反映了楚国玉器发展过程和风格特点。

7.加强项目建设，挖掘湖北特色文化资源

2017年，为丰富和完善对外文化交流的内容、形式，进一步提高湖北省对外文化交流水平，湖北省文化厅启动湖北省对外文化交流项目征集工作。项目征集结束后，省文化厅积极组织力量，成立专班，对全省对外文化交流项目进行了全面系统的统计梳理，整合、包装湖北省对外文化交流精品项目，于2017年年底前建立起全省对外文化交流项目资源库，并在此基础上设计制作《湖北省荆楚文化丝路行精品项目宣传册》用于外事交流活动。

二 2017年对外文化交流工作的"湖北经验"

（一）坚持发挥优势、主动作为

习近平总书记指出：没有高度的文化自信，没有文化的繁荣兴盛，就没有中华民族伟大复兴。近年来，湖北省委、省政府在推动荆楚文化"走出去"方面表现出强烈的文化自信和高度的文化自觉，不仅仅站在省级层面、部门层面做这项工作，更是站在实现中华民族伟大复兴、增强我国文化软实力的高度，站在服务国家外交大局、推进"一带一路"倡议实施的高度，以强烈的使命感、责任感和主动担当精神做好这项工作。在工作中，充分发挥荆楚文化优势，拿出最有吸引力、最有特色的优质文化资源，策划的都是有竞争力的项目。省文化厅每年承担或组织的对外交流项目，由五年前的每年2～3个国家增加到今年的近20个国家和地区。省演艺集团等单位过去很少走出去，现在每年要承担4～5个国家和地区的演出交流任务，走出去的频次和力度大大增加，有力扩大了荆楚文化的吸引力和影响力。

（二）坚持遵循文化传播规律，提升对外文化传播效果

湖北省委宣传部、省文化厅等相关部门自觉学习研究文化对外传播规律，在开展重大对外文化交流活动过程中，首先，以召开专项座谈会、上门访谈和委托高校做专题研究的方式，详细了解出访国的历史背景、文化传

承、风俗习惯、审美偏好等情况，以此作为策划文化交流项目的重要依据；其次，在传播中研究寻找两种文化的共性，以此作为传播的切入点，如在德国举办"长江边的非遗故事"时，特地制作了中德两国名人孔子、马克思、歌德、贝多芬的剪纸头像，歌德的砖茶头像，让德国观众从陌生的文化样式中看到了自己熟悉的文化元素，引发了欣赏与探究的兴趣；再次，在传播中以我为主，展现特色和个性，如湖北京剧"走出去"，一改传统演出形式，增加"导赏"环节，不但在舞台演出前进行简明有趣的讲解，而且将化妆间搬到剧院前厅，现场展示京剧的服饰、乐器、道具、化妆等艺术形式，让国外观众喜欢看、看得懂；最后，实现价值认同，如在 2014 年俄罗斯国际军乐节上，湖北省太极武当代表团采取多种方式宣讲道教文化并作为压轴在莫斯科红场亮相，其后 10 多天里，代表团到俄罗斯校园和街区持续宣传中国文化和道教文化，在俄罗斯掀起巨大的中国"太极热""道教热"。2017 年 9 月，俄罗斯国际军乐节 10 周年之际，湖北武当代表团再次作为中国唯一受邀团队参加军乐节，说明中国太极文化在俄罗斯民众中赢得了认同并引起了共鸣。

（三）坚持既要"走出去"又要"卖出去"，加大文化产业"走出去"力度

文化贸易是中华文化"走出去"的重要方式，文化贸易的市场属性有利于文化传播内容的品质提升和深度融入。湖北在继续推动强化文化演出、展览等传统对外文化传播交流方式外，根据国际形势、产业结构的调整不断增加版权贸易、文创产品、非遗产品、文化装备制造产品"走出去"的力度，带动了文化产业的快速发展，也增强了国家文化软实力。宜昌柏斯音乐集团是世界第三、亚洲第一的钢琴制造企业，所生产的"长江牌"钢琴销往世界各地，2017 年出口总金额在 500 万美元以上。

（四）坚持政府主导和社会参与相结合，鼓励更多的社会机构和个人发挥作用

要把"政府主导、民间参与、品牌运营"作为主要工作方式，把挖掘

民间资源作为解决经费问题的有效手段，整合资源，形成合力，实现共赢。长江出版传媒集团积极推进各子公司发挥自身优势，探索在国（境）外构建业务平台和分支机构，如其旗下的湖北科技出版社率先在非洲注册成立出版传媒企业，省新华书店在马来西亚投资建设首家华文书店，长江少儿出版社在俄罗斯与俄方有关机构共同成立"中俄作家联合创作中心"，打造中俄创作交流和人才交流平台。《长江日报》高级记者余熙，20多年来利用业余时间自费到国外从事对外文化交流活动，撰写了大量有价值的介绍中国文化的文章，起到非常好的传播效果。湖北省包括武汉大学在内的诸多高校与国（境）外大学进行了频繁的文化交流合作，成为对外文化传播非常重要的渠道。

三　湖北文化"走出去"的问题和挑战

党的十九大报告指出："加强中外人文交流，以我为主、兼收并蓄。推进国际传播能力建设，讲好中国故事，展现真实、立体、全面的中国，提高国家文化软实力。"随着中国综合国力的不断提高，中国逐渐成为世界瞩目的焦点。中华文化"走出去"有助于在国际社会树立中国的良好形象，提升文化软实力。在经济全球化、文化经济化时代，文化外交正发挥着经济外交、政治外交、军事外交所不可替代的作用。然而，丰富的中华文化资源尚未造就和夯实我国的文化强国地位，甚至在西方的强势背景下，呈现所谓"西强我弱"的世界文化格局。我国文化软实力的影响力，相对于经济迅速崛起的硬实力而言，有着明显的不足，未能体现出相应的文化软实力及其应有的竞争力。文化"走出去"过程中也面临诸多问题和挑战。

（一）资源统筹整合不够，机制有待完善

目前，湖北省对外文化交流尚未有统一的领导机构，交流的资源等多分布在文化、宣传、新闻出版广电等多个部门。由于缺乏统一的领导和安排，部分对外交流工作处于自发和分散状态，无法形成规模化和系统化的交流，制约了湖北省文化事业对外交流的效果和荆楚文化的国际影响力。

（二）对荆楚文化阐释不够精准，国际语言应用不畅

对外交流针对性有待提升。湖北省作为中国优秀传统文化最为丰富的省份之一，境内蕴含有丰富的历史文化资源，世界各国因其地理、资源和历史文化等方面的差距，形成的价值观、国情和文化也是千差万别的，所以在向不同国家讲述荆楚故事时要有针对性，很好地适应各国的国情和受众的特点。但在实际过程中，湖北省部分对外文化交流项目由于各种原因而出现"不管谁来都是客，都端一盘菜"的现象。

（三）文化资源开发挖掘力度不深，国际传播力较弱

当前文化企业对丰富的传统文化资源的创意开发能力不足，缺乏有效开发和利用。在推动文化"走出去"的过程中，或多或少地存在手段和形式单一、感染力不强的问题，存在老作品多、新作品少，古代题材多、现实题材少，传统表现手法多、现代表现手段少等问题，难以全面体现中华文化的魅力和活力，特别是吸引海外青年受众的主动参与不够。除了创意不足外，还有推广力度不够、认同度不高等问题。未能形成有竞争力的文化产业企业，未能形成集聚效应和规模效应。

四　进一步提高荆楚文化对外交流水平的思考

习近平总书记指出"中国不乏生动的故事，关键要有讲好故事的能力"。荆楚文化是中华文化的重要组成部分，是湖北扩大对外开放的有机元素。下一步如何提升湖北文化的国际传播力值得我们思考和总结。

（一）拓展渠道，开创旅游业与文化融合发展的新局面

"文化＋旅游"的传播方式更易于被传播和接受，接触中国文化旅游是首选。"开拓文化＋旅游"新局面：一是科学设计和积极培育有湖北代表性的旅游文化，组织一批具有引导意义的旅游发展规划和产品规划，指导旅游

业、文化融合发展，打造更加符合旅游发展规律和文化发展规律的复合型产品；二是继续加强文化旅游精品建设，包括重点支持一批全省文化旅游活动品牌，推出一批围绕非物质文化遗产的传承保护的旅游项目，提升一批具有地方文化特色的旅游演艺精品，逐步建立全省层面的文化旅游活动重点名录库。继续鼓励创意和制作具有地方文化特色的旅游工艺品、纪念品，不断丰富中国特色旅游商品体系和文化传播体系。

（二）抓住机遇，提高湖北对外文化交流的国际传播力

因利会友，以文化人。"一带一路"倡议为文化交流插上了腾飞的翅膀，提供了绝佳的发展机遇。因此，我们要让"一带一路"沿线国家经常性地看到湖北身影、听到湖北声音。一是扩大湖北文化"朋友圈"。围绕国家重大外交活动和省领导出访，结合丝绸之路经济带、21世纪海上丝绸之路建设，策划湖北省高层次对外文化交流活动。充分利用湖北的对外文化资源，创新人文交流方式，拓展交流交往领域。二是加强国际文化传播研究。加强对国别文化专题分析，丰富对重点国家的全面认识及细节认知，提高文化沟通的准确性。减少低效传播，避免无效传播。三是双向开展文化交流。激发湖北省社会组织、各类文化企业及机构参与和承担人文交流项目，使湖北省经济"走出去"与文化"走出去"相得益彰。同时要利用文教融合渠道，引导和鼓励湖北在外留学生、出境游客、华人华侨积极参与海外所在地的文化活动和公共事务，做中华文化和荆楚文化的传播者、践行者。四是合作举办文化活动。与沿线各国通过互办文艺节、文物和非遗交流展、图书展等活动，共同开展世界遗产的联合保护，推动湖北省与"一带一路"沿线区域间、民众间的文化交流，使中国梦成为"一带一路"沿线国家的普遍认同。

（三）多管齐下，推动对外文化贸易健康快速发展

文化"走出去"，更要走进去，为外国民众所接受和认可。搭建国际文化贸易平台，能拓展国际营销网络，优化资源配置，推动我国文化产品进入

国际市场；鼓励国有龙头文化企业提高跨国经营管理能力，支持更多有实力的民营企业从事文化贸易，引导文化骨干企业到中亚、西亚、南亚、东欧等发展中国家拓展文化贸易空间，推动湖北自主文化产品更多地进入国际市场；要创新文化贸易方式，发展跨境电子商务等新的商业文化业态；鼓励文创企业加强人才培养，打造推动中华文化"走出去"的经营团队，提高企业的国际竞争力。

（四）因势利导，借力新兴媒体提高传播效率

一方面打造融通中外的新概念、新范畴、新表述，用西方学者和民众能够理解、乐于接受的话语体系解释中国问题，创新中国故事、湖北故事的对外话语表述，让国外受众想了解、听得懂、愿接受，从而增强对外话语的创造力、感召力、公信力；另一方面着力打造重点外宣媒体，提升议题设置水平，完善全球新闻信息采集传播网络，充分发挥集合效应，提高新闻传播"时、度、效"，让中国声音准确及时传出去。利用互联网特点和优势，推进全方位创新，通过在海外影响力大的社交媒体广泛推送符合海外受众视听习惯的资讯，提升传播效果。

B.8
2017年湖北省新闻出版广电
事业发展报告

罗亚波*

摘　要： 2017 年，湖北新闻出版广电行业呈现高质量发展态势，精品创作和舆论引导能力不断加强，公共服务水平和依法管理水平不断提升，全面深化改革持续推进，事业产业不断发展壮大。但仍然存在传统媒体与新兴媒体融合程度不深、意识形态工作责任制落实不够、精品力作数量不多、"湖北创作"的能力不强、对外文化贸易规模不大以及发展保障机制不健全等问题。急需从加大宣传、繁荣精品、完善保障机制等方面加强体制机制建设，以促进湖北新闻出版广电事业的快速发展。

关键词： 湖北　新闻出版广电　媒体融合

2017 年，湖北省大力发展新闻出版广电业，全省新闻出版广电行业蓬勃发展，舆论引导力进一步增强，事业产业进一步壮大，公共服务水平进一步提升，依法管理能力进一步强化，新闻出版广电行业呈现高质量发展态势。

---

* 罗亚波，男，湖北省新闻出版广电局办公室副主任、三级调研员。

一 2017年湖北省新闻出版广电业的进展成效

（一）主题宣传出版亮点纷呈

统一规划、稳步提升。湖北省各级媒体开展"迎接宣传贯彻十九大·荆楚行"集中采访活动，统一开设"砥砺奋进的五年"等专题专栏专版，集中全省优势资源进行集中、异地采访报道，形成强大的宣传声势。2017年，全省广播电视媒体采制的新闻上央视 1700 多条，其中上《新闻联播》228 条，上中央广播 312 条，上《全国新闻联播》70 条。十九大会议期间，全省媒体在央视《新闻联播》发稿 22 条，在央视其他频道发稿 55 条，全省各级党报发稿 9900 余篇。全省 5 种出版物入选全国 2017 年主题出版重点出版物选题，入选数量连续两年位于全国前列。全省《十九大报告》（单行本）等学习辅导读物发行 500 余万册，《习近平谈治国理政》（第二卷）发行 50 余万册。

（二）精品创作生产实现突破

2017 年，湖北省共有 12 家出版社的 26 个项目获国家出版基金资助，同比增长 85.7%，创历史新高。全省出版工作会议在武汉召开，开展第三届湖北出版政府奖表彰活动，对优秀作品进行表彰和鼓励。《中国教育改革大系》获第四届中国出版政府奖，《秦简牍合集》等 8 种图书获第六届"中华优秀出版物奖"。《追梦珊瑚》等 3 种图书入选"2017 年度大众喜爱的 50 种图书"。《荆楚文库》工程扎实推进，累计出版 100 余册。电影《血战湘江》、电视剧《海棠依旧》、图书《雪祭》获中宣部第十四届"五个一"工程奖。

电视栏目《汉字解密》被总局评为"迎接十九大节目"一等奖。五集电视专题片《读书的力量》获中国纪录片学会颁发的"中国优秀纪录片"奖，两次在央视播出，同时在全国部分上星频道播出。《兄弟我们一起上去》等获 2016～2017 年度中国广播影视大奖广播电视节目奖。2017 年，国家广电总局推荐湖北省 6 部"中国梦"主题原创网络视听作品在全国展播，连续三年居全国前列。全省"电视剧制作许可证（甲种）"制作单位已达 5 家，位列中部第一。

（三）全面深化改革稳步推进

一是为加强行业管理，推动行业发展，湖北省新闻出版广电局先后印发《关于扶持县级广播电视台发展的意见》《关于加快绿色印刷产业发展的实施意见》《关于支持实体书店发展的实施意见》，《湖北省广播电视条例》也拟于 2018 年颁布实施，这些规章制度为湖北省新闻出版事业的健康有序发展提供了制度化保障。二是深化"放管服"改革，建设行政审批网络平台，深入推进"三集中"工作，实现网上审批"一站式"服务。根据有关规定和要求，省级行政事项全年取消行政审批事项 2 项，调整 2 项，向直管市和林区委托审批 1 项，将 2 项行政审批权限下放至湖北自贸区。

（四）产业进一步发展壮大

2017 年，全省新闻出版广电系统年度产值约 840 亿元（其中新闻出版约 720 亿元，广播影视约 120 亿元），同比增长 5%，占全省文化产业核心层产值的 4/5 以上。长江广电传媒集团、长江出版传媒集团入选中国"文化企业 30 强"。截至 2017 年年底，全省共有 20 个项目获得 2017 年度中央文化产业发展专项扶持资金，共计 4085 万元，同比增长 40%。全省共有 14 个项目入选 2017 年度国际新闻出版广播电视总局新闻出版改革发展项目库，湖北省新闻出版广电项目库全年新增项目 122 个。全省电影票房实现收入 24.73 亿元，同比增长 13.23%，全国排名第 7 位，中部六省排名第 1 位。

2017 年，湖北新闻出版广电"双百"工程顺利进行，湖北文化产业园项目继续推进，一批新闻出版国家重点项目落户武汉。国家新闻出版融合发展（武汉）重点实验室、国家知识资源武汉数据中心、出版产品质量监督检测中心工程、"武汉·国家出版融合数据共享研发基地"等项目相继签约落户。其中，国家知识资源武汉数据中心和出版产品质量监督检测中心工程项目破土动工。华中国家数字出版基地 2017 年总产值达 35 亿元，二期工程抓紧施工，预计于 2019 年竣工交付。华中国家版权交易中心实现盈利，华中国家绿色印刷包装物流产业园一期工程动工。

（五）公共文化服务水平快速提升

依据省政府印发的《省人民政府办公厅关于加快推进全省广播电视村村通向户户通升级工作的实施意见》，"户户通""村村响"两项工程被纳入省政府重点督办事项。截至 2017 年年底，全省"户户通"安装开通 131 万余套，开通率为 90.7%；全省"村村响"已建成县级平台 92 个，村级广播系统 2.4 万余个，安装音柱和喇叭 26 万余只，完成率为 95.09%。持续推进中央广播电视节目无线数字化覆盖工程建设，全省部分县市已完工并开播运行，省级无线数字化监管平台建成并通过验收，落实省级无线数字化覆盖等工程建设资金 5992 万余元。

全省农村公益电影放映任务场次为 31.7 万场，超额完成全年放映任务；湖北新闻出版广电局投入 300 万元购买商业影片，商业影片数量达到全年放映场次的 42%。全民阅读工作持续推进，并首次写进省十一次党代会工作报告和省政府工作报告，以全省力量进行推动，2017 年全省共新建中心农家书屋 28 个，总数达到 216 个，召开专题会议表彰"十周年 30 佳"农家书屋。据不完全统计，包括由湖北省首倡的跨省域全民阅读活动——"书香湘鄂赣·寻找最美读书人"在内的各类读书活动全年共开展 3385 场次，参与人数近 70 万人。全国全民阅读第一刊——《阅读时代》杂志发行量超过 3 万册。世界读书日期间，由湖北新闻出版广电局制作的五集电视纪录片《读书的力量》在央视播出。

（六）依法行政管理继续强化，综合监管体系更加健全

履行意识形态工作主体责任，建立完善宣传、报刊、出版、安全播出工作例会制度，强化导向和播出安全。近年来，湖北省建立覆盖全系统的各级

广播电视安全播出领导小组，建立完善各类安全保障应急预案。2017年，湖北省各级广电系统开展迎接党的十九大净化舆论环境、印刷发行和内部资料专项整治，非法卫星电视专项治理和打击"黑广播"专项行动，取得显著成效。依法查处关闭"美剧影院"等有害视听信息网站14家。党的十九大闭幕后，省局荣获国家总局颁发的"党的十九大安全保障工作先进单位"称号。

2017年，湖北新闻出版广电局继续采取有效措施，巩固全省广播电视播出机构专项整治成果，建立《全省广播电视节目播出备案制度》，督促节目传输机构按照规定传输节目。全年共向36家广电播出机构发出《违规整改通知书》78份，责令停播违规广告7条，限期整改62条；对出现严重违规问题的两刊一报予以行政处罚；对5种报刊予以警示，限期整改；对9种报刊予以约谈诫勉。全省媒体广告刊播秩序进入全国情况好的省份前6位。同时，印发《新闻单位驻鄂机构综合评估暂行办法》，加强对中央驻鄂新闻机构的管理和服务。

开展"扫黄打非"集中整治行动和"清源""净网""护苗""秋风""固边"专项行动，继续推进"湘鄂赣""鄂豫皖""鄂渝陕"省际联防协作，深入开展"扫黄打非"进基层"双百"示范工程、净化工程和示范县创建活动。2017年，全省共收缴各类非法出版物22万件，查办各类案件148起，全省"扫黄打非"工作在全国综合考评中位列第3名。开展"双打""剑网"等专项行动，全省累计查处侵权盗版案件56件，移送司法机关6件，收缴各类侵权盗版复制品5万多件。2017年受理版权登记申请19117件，同比增长17.5%，全省首家版权服务工作站在武汉自贸区光谷创意产业基地挂牌成立。

（七）对外交流合作取得新进展

借助国家"一带一路"的春风，湖北省新闻出版广电局积极开展对外交流。2017年，在莫斯科和圣彼得堡先后举办"2017俄罗斯·湖北新闻出版广电传媒周"。全省42家传媒企事业单位参加，并与俄方达成17项合作协议，活动受到70多家国内外媒体竞相报道。在10月举行的中俄两国总理出席的中俄媒体交流年总结会上，"传媒周"活动被评为"2016～2017中俄媒体交流年"十大大型活动类优秀项目之一，在地方获奖单位中排名第一，同时荣获优秀组织奖。2017年，全省共向海外输出图书版权216种。

出版行业在国外实现突破性发展。湖北教育出版社在埃及成立"长江传媒中埃编辑部"。湖北科学技术出版社出版的《肯尼亚国家地理遥感图集》等图书获肯尼亚政府出版许可。长江文艺出版社在捷克设立"中捷文学出版交流中心"。湖北省新华书店集团在马来西亚设立九丘书馆，开业即实现盈利。出版多语种双语对照版"荆楚文萃"丛书。

二 湖北广电新闻出版工作存在的主要问题

全省新闻出版广电宣传出版工作的针对性、有效性还有待提升，讲好故事的能力还不够强，适应人们思想多元多变和传播方式深刻变革新形势的舆论引导能力和水平有待进一步提高。

一是湖北新闻出版广电工作意识形态工作责任制落实还存在薄弱环节，精品力作数量还不多，"湖北创作"的能力还有待提高。随着互联网尤其是移动互联网的发展，媒体内容、传播方式发生巨大变化，从以前的"媒体传播，受众接受"，内容生产者占主导地位，到现在整体形势逐渐转变为"用户选择，媒体提供"，内容消费者开始占主导地位，精品内容生产成为新闻出版广电业的核心竞争力。但从整体上看，湖北新闻媒体作品内容产品创新能力不强，精品力作不多，核心竞争力有待提升，还要在推出更多有荆楚特色、全国影响、真正称得上"精品力作"的新闻出版广电作品节目上下大功夫；新闻出版广电产业整体实力还不强，在全省经济发展中的占比还不高，与先进地区相比差距明显；融合发展水平还不高，仍有待提档升级。

二是当前湖北传统媒体与现代媒体融合发展水平比较低。新旧媒体融合面临着两个挑战，一方面体现在媒体融合是叠加式融合，没有形成一体化发展的组织结构、传播体系和工作机制，没有生产出更多适应不同受众的新闻产品；另一方面体现在管理机制和管理理念突破力度不够，真正的媒体融合是要运用互联网思维，新闻出版广电业尽管做出了一些改革，但实质上仍是在用体制思维进行媒体融合。面对传统媒体和新兴媒体融合发展的紧迫态势，需进一步加大力度，形成可持续模式。

三是对外文化贸易规模不大，出口能力有待提升。当前湖北省的对外文化产品普遍存在重数量、轻质量，多高原、缺高峰的现象，部分仍属于初级加工产品，要依靠劳动力成本优势抢占市场，有浓厚荆楚文化特色且被国际市场认可的文化精品不多，没有在国际市场上"既叫好，又叫座"的文化品牌，严重制约了荆楚文化的国际传播力和影响力，这些都促使湖北省对外文化贸易规模不大，文化"走出去"影响力不强。

四是公共文化服务长效机制建设还不够完善，体制机制和队伍建设仍有待深化和加强。在传统媒体与新兴媒体融合发展中，还存在人才结构不合理、引进和培养力度不够大的情况，人才队伍的建设有待进一步加强。

三　湖北广电新闻出版工作发展的对策建议

一是在学习宣传贯彻新思想上体现大作为。党的十九大提出习近平新时代中国特色社会主义思想并将其确立为党必须长期坚持的指导思想，这是十九大重大的政治成果。新闻出版广电部门作为喉舌部门，要将学习宣传贯彻习近平新时代中国特色社会主义思想作为当前和今后一个时期的中心工作，坚持用习近平新时代中国特色社会主义思想武装头脑，做到拥护核心、维护核心、紧跟核心，始终贯穿学习宣传贯彻落实党的十九大精神这条主线，筑牢精神高地。统筹聚焦全媒体发力，形成全方位、立体式宣传格局，全省广播电视台集中推出一批主题节目、栏目；影视剧制作单位要推出一批主题影视剧；报纸杂志要推出一批主题专版、专刊；出版社要推出一批主题出版物，始终坚持焦点不变、镜头不移，做到习近平总书记重要思想和风采"天天见、天天新、天天深"。

二是在全面建成小康社会上展现大担当。党的十九大提出，2020年要全面建成小康社会，但从目前来看，文化小康指数在小康5大类指数中排名垫底。新闻出版广电业作为文化小康特别是文化产业的主力军,需要以超常规的工作力度、更有效的工作举措,在非常之时采取非常之策,着力推动新闻出版广电产业发展,补齐小康指标中的文化"短板"。要加大改革创新力度,建立和完善党委领导、政府管理、行业自律、企事业单位自主经营的企业经营机制,激发市场主体发展活力;完善政策和资金扶持,推动国家和省的财政、税收、金融、土地等保障政策的落实。促进银企结合,开发适合新闻出版广电企业特点的信贷产品和服务模式;优化产业发展空间布局,抓好湖北省数字、印刷、出版融合三大核心区块,重点招商、重点开发,形成产业链、提高聚集度;加快与优势产业的对接,放大资源转化规模增效作用;放宽市场准入,鼓励更多民间资本投入新闻出版广电产业,鼓励业内企业要有国际化的视野、精准化的目标,主动"走出去"招大引强。

三是在现代化强省建设上走上大舞台。湖北省委准确把握湖北省情和发展阶段性特征,在省第十一次党代会、省两会、省委十一届二次全会上做出战略安排,吹响全面建设社会主义现代化强省的进军号角。新闻出版广电业作为党和政府的喉舌,应当在现代化强省建设中大有可为。要放大党的声音。充分发挥新闻出版广电舆论引导作用,在全省营造满怀激情、干事创业的良好舆论氛围。未来 5 年,要围绕改革开放 40 周年、新中国成立 70 周年、全面建成小康社会、中国共产党成立 100 周年、党的二十大等重要时间节点,抓好宣传报道,为新时代鼓与呼。要回应群众关切。要坚持以人民为中心的工作导向,坚持发展为了人民、发展依靠人民、发展成果由人民共享,以均等化、标准化为基本要求,深入抓好"村村响"、"户户通"、农村电影放映、农家书屋、全民阅读等公共文化服务工程,保障人民群众基本文化权益。要壮大产业实力。产业兴则行业兴,产业强则行业强,要坚定不移地发展壮大新闻出版广电产业规模,进一步简政放权,加大政策扶持力度,推动要素市场不断繁荣、产业实力不断壮大。要规范发展秩序。要始终坚持法治理念,不断推动治理能力和治理体系现代化,落实意识形态责任制,坚持网上网下同一标准,切实抓好"扫黄打非"等工作,营造清朗的传播空间。

专题报告

Special Reports

B.9

湖北省县域公共文化服务体系
建设绩效评估报告（2017）

卿 菁　李荣娟*

摘　要： 公共文化服务是公共服务体系的基本组成部分，能够保障公
民基本文化权益，完善基本公共文化服务已逐渐被纳入中央
的政策议程。本报告通过构建县域公共文化服务绩效评价指
标体系，对湖北省县域公共文化服务绩效评价具体指标进行
统计分析，得出了 2017 年湖北省县域公共文化服务绩效排
名，以期对各地区公共文化服务绩效水平做出客观评价，为
公共文化政策的制定提供有益参考。

关键词： 县域公共文化服务体系　绩效评估　湖北省

---

* 卿菁，女，湖北大学政法与公共管理学院副教授，湖北大学县域治理研究院文化研究中心主
任、湖北文化建设研究院副研究员；李荣娟，女，湖北大学政法与公共管理学院教授，湖北
大学县域治理研究院院长、湖北文化建设研究院研究员。

公共文化服务是公共服务体系的基本组成部分，能够保障公民基本文化权益，完善基本公共文化服务已逐渐被纳入中央的政策议程。公共文化服务建设与人民群众的精神文化生活息息相关，为了准确衡量湖北省当前公共文化服务发展状况，检验各地公共文化服务建设成果，本课题拟构建公共文化服务绩效评价指标体系，并依据各地统计数据进行排名，对当前公共文化服务发展水平进行全面、系统和科学的评价，了解当前各县市公共文化服务发展的现状，也为相关的文化决策提供参考。

一　县域公共文化服务绩效评价指标体系构建

（一）县域公共文化服务绩效评价指标选取

当前湖北省公共文化建设投入稳步增长，公共文化服务效能明显提高，公共文化服务体系建设成效显著，特别是公共文化资源通过项目扶持不断向基层和贫困地区倾斜，公共文化服务城乡和区域差别日趋缩小，公共文化服务流动化、数字化和社会化不断拓展。然而与当前经济社会发展水平和人民群众日益增长的精神文化需求相比，与基本建成公共文化服务体系的目标要求相比，公共文化服务水平仍然有待提高。

本报告拟构建公共文化服务绩效评价指标体系以便准确衡量湖北省县域公共文化服务体系建设绩效，为公共文化服务体系建设绩效评价提供一个可分析和度量的政策工具，为检验公共文化服务建设成果提供一个分析模型，也为相关的文化决策提供参考。县域公共文化服务绩效评价指标体系以统计数据为基础，用具体可测的指标评价公共文化服务体系建设绩效现状，将多个评价指标整合成一个综合分数，以准确客观衡量当前湖北省各县市公共文化服务体系建设绩效发展状况。

基于公共文化服务绩效评价指标体系对全省各县市公共文化服务体系建设绩效进行客观评价和综合排名，为保障评价指标体系的科学合理性，本报告对公共文化服务绩效评价指标的选取遵循代表性、科学性、可比性和操作性原则。代表性原则是指公共文化服务绩效评价指标体系必须是反映被评价问题的核心指标；科学性原则是指公共文化服务绩效评价指标体系的构建指标的计算内容与计算方法都必须准确合理；可比性原则是指公共文化服务绩效评价指标体系的构建必须对每一个评价对象是公平的、可比的；操作性原则是指公共文化服务绩效评价指标体系中的指标是可操作的，能够取得数据资料。基于此从公共文化投入与公共文化产出这两个公共文化服务的主要方面选取人均公共文化支出、万人图书馆实际使用房屋建筑面积、万人文化馆实际使用房屋建筑面积、万人文化站实际使用房屋建筑面积、文化站从业人数、"县聘乡用"是否实施、人均藏书量、总流通人次、文化馆提供服务次数、文化馆服务惠及人次、文化站提供服务次数、文化站服务惠及人次、艺术表演观众人次和文艺演出场次 14 个具体指标构建公共文化服务绩效评价指标体系。

（二）县域公共文化服务绩效评价指标体系权重分配

公共文化服务绩效评价指标体系是依据各个单项指标在整体评价中的相对重要程度来分配所占的比例分值，以此形成一组评价指标体系相对应的权重体系。

本报告结合专家意见和职能部门意见确定的公共文化服务绩效评价指标体系权重体系如表 1 所示。

表 1　县域公共文化服务绩效评价指标体系

项目	具体指标	权重
公共文化投入 （40 分）	人均公共文化支出	15
	万人图书馆实际使用房屋建筑面积	5
	万人文化馆实际使用房屋建筑面积	5
	万人文化站实际使用房屋建筑面积	5
	文化站从业人数	5
	"县聘乡用"是否实施	5
公共文化产出 （60 分）	人均藏书量	5
	总流通人次	10
	文化馆提供服务次数	5
	文化馆服务惠及人次	10
	文化站提供服务次数	5

续表

项目	具体指标	权重
公共文化产出 （60分）	文化站服务惠及人次	10
	艺术表演观众人次	10
	文艺演出场次	5

（三）县域公共文化服务绩效评价指标体系的特色

湖北省公共文化服务体系建设绩效评估报告是在对公共文化服务的核心工作内容进行深入分析的基础上，设计并完善其评价指标体系，采用湖北省县域统计数据得出全省县域公共文化服务绩效的综合得分和排名。公共文化服务绩效评价指标体系具有以下特点。

1. 县域公共文化服务绩效评价指标体系具有前瞻性

本报告开创性构建了公共文化服务绩效评价指标体系，采取基于统计数据和定量分析的研究方法来客观衡量和评价当前湖北省公共文化服务建设水平，是对公共文化建设成果进行量化分析的积极探索。此项工作在全国尚属首例，开创了公共文化服务建设成果的数字化评价分析工作，有助于准确把握当前建设现状，并为公共文化政策出台提供有益参考。

2. 县域公共文化服务绩效评价指标体系具有科学性

公共文化服务绩效评价指标体系是在对公共文化服务的基本职能和核心工作进行系统分析的基础上，提炼能够反映其工作成效的关键指标，并进行科学的权重分配，得出的评价指标体系。整个体系既有覆盖面，又突出了重点工作，全面、深刻体现了公共文化服务的内涵，具有很强的可信度，并且能够反映出当前建设水平的差异性。

3. 县域公共文化服务绩效评价指标体系指标设计合理有据

公共文化服务绩效评价指标体系的指标设计，除"县聘乡用"实施状况外，其余13个指标均是来自《全国文化文物统计报表》中的指标，具有统一的统计口径和规范权威的数据来源，而"县聘乡用"实施状况指标紧密结合湖北省实际，是公共文化服务阶段性成果的重要衡量指标。

县域公共文化服务绩效评价指标体系每一项指标都经反复论证，符合国家的法律法规、反映最新的政策文件精神、契合湖北县域公共文化建设的实际。公共文化服务绩效评价指标体系指标设计科学规范，数据来源具有权威性、可靠性和真实性。

4. 县域公共文化服务绩效评价指标体系具有可操作性

通过湖北省县域公共文化服务实证分析，湖北省公共文化服务绩效评价指标体系和排名具有较高的可操作性及辨识度，所获得的评价结果真实有效，能客观地反映所测县（市、区）公共文化服务发展现状，并与人们的观感保持一致，能够显示在各地县域公共文化服务体系建设中取得的成绩，发现所存在的短板，并提出有针对性的建设意见。

5. 县域公共文化服务绩效评价指标体系具有创新性

一是体系内容的创新性。本课题首提公共文化服务绩效评价指标体系，从公共文化投入和公共文化产出这两大方面构建评价体系，涉及经费投入、人员安排、硬件设施和服务效能等多方位全覆盖的综合评价。同时注重突出核心指标，如图书馆评价指标中的总流通人次、文化馆评价指标中的服务惠及人次、文化站评价指标中的"县聘乡用"是否实施等指标列入评价指标体系，体现以民为本、注重效能的指导思想。

二是研究方法的创新性。湖北省公共文化服务评价体系和排名中所使用的是各县（市、区）客观统计数据和综合指数评价方法，使得公共文化服务排名更加客观科学，能够真实有效地反映县域公共文化服务的实际发展状况。

三是研究对象的创新性。湖北省公共文化服务评价排名聚焦于县级行政区这一基本单元，对湖北省 39 个县、24 个县级市、1 个林区、9 个县级区进行综合测算和排名，相对于省级和地级市的研究，更能反映当前基层公共文化建设水平和发展差异状况。

二 湖北省县域公共文化服务绩效评价指标数据与测算

（一）公共文化服务绩效评价指标统计数据分析

2017 年湖北省县域公共文化服务绩效评价指标统计数据如表 2 所示。

表2 2017年县域公共文化服务绩效评价指标统计数据

县市	人均公共文化支出 元/人	万人图书馆实际使用房屋建筑面积 平方米/万人	万人文化馆实际使用房屋建筑面积 平方米/万人	万人文化站实际使用房屋建筑面积 平方米/万人	文化站从业人数 人	"县聘乡用"是否实施	人均藏书量 册/人	总流通 人次	文化馆服务惠及人次 人次	文化馆提供服务次数 次	文化站服务惠及人次 万人次	文化站提供服务次数 次	艺术表演观众 人次	文艺演出场次 次
阳新县	48.26	99.48	160.43	191.64	45		0.157	110947	396000	198	37.546	558	0	
大冶市	87.84	42.71	108.16	80.82	37		0.237	240000	216400	112	21.197	564	180000	273
郧西县	64.57	27.87	177.55	203.86	20		0.188	43000	41000	45	9.538	207	280000	218
竹山县	129.31	106.94	76.05	322.24	21		0.197	45000	30000	7	12.33	437	95700	241
竹溪县	120.61	142.14	126.34	235.00	29	1	0.651	36000	10000	40	6.695	255	180000	225
房县	55.43	186.43	124.29	468.80	18		0.099	36942	40000	46	6.096	155	0	
丹江口	141.71	6.68	32.28	193.01	29		0.314	55529	75000	42	5.403	358	610800	650
郧阳区	117.65	31.20	31.34	165.39	22		0.319	66048	115250	25	14.892	370	168000	245
夷陵区	127.06	49.29	71.98	163.41	57	1	0.468	158742	70000	38	52.231	686	100000	213
远安县	110.47	79.74	61.14	286.02	7		0.567	64374	15000	30	3.792	129	85000	226
兴山县	188.68	214.10	134.42	293.84	39		0.752	33742	3600	18	4.556	187	64000	210
秭归县	141.40	70.88	48.07	315.50	43		0.532	86800	114500	230	9.015	307	97200	251
长阳县	100.77	81.74	193.33	279.50	42		0.414	136000	116500	246	9.155	678	260000	289
五峰冶县	522.25	330.98	190.54	331.08	18		0.878	117500	70000	46	9.071	209	78000	156
宜都市	127.06	45.73	24.55	197.95	32		0.410	181322	8000	170	13.926	370	119400	199
当阳市	94.89	129.54	69.21	309.63	34		0.657	234000	20300	48	18.173	589	210000	150
枝江市	171.30	51.99	60.29	295.62	31		0.281	99000	15000	12	7.488	267	210000	267
襄州区	36.80	17.37	34.73	161.84	40		0.156	60000	50000	161	23.802	806	176000	217
南漳县	88.69	98.35	92.41	351.10	39		0.490	140000	64850	40	12.624	330	125000	412

续表

	人均公共文化支出 元/人	万人图书馆实际使用房屋建筑面积 平方米/万人	万人文化馆实际使用房屋建筑面积 平方米/万人	万人文化站实际使用房屋建筑面积 平方米/万人	文化站从业人数 人	"县聘乡用"是否实施	人均藏书量 册/人	总流通人次 人次	文化馆服务惠及人次 人次	文化馆提供服务次数 次	文化站服务惠及人次 万人次	文化站提供服务次数 次	艺术表演观众人次 人次	文艺演出场次 次
谷城县	79.85	72.96	65.67	198.58	46		0.241	140000	30000	180	8.526	264	226000	376
保康县	165.08	44.58	181.45	260.72	21	1	0.456	134725	12100	14	6.765	243	81120	
老河口市	73.12	72.54	53.28	185.87	15		0.297	135000	29000	60	10.27	621	242800	210
枣阳市	68.01	28.81	23.83	186.53	67		0.193	286700	158600	70	13.72	705	306190	322
宜城市	118.29	51.08	68.52	154.36	30		0.291	103000	55000	111	5.52	226	300000	212
东宝区	27.85	1.85	1.23	170.46	16		0.000	15782	22135	45	8.1	210	0	
京山县	79.19	36.43	45.22	543.75	27		0.231	85972	28000	95	21.475	707	220000	
沙洋县	121.63	56.47	56.38	281.45	20		0.361	56520	38500	150	8.026	455	0	218
钟祥市	128.99	20.68	22.13	357.42	34		0.166	159200	28000	50	3.17	222	0	349
孝南区	41.58	28.53	1.93	97.74	39	1	0.210	140667	80000	40	12.507	311	400000	235
孝昌县	86.56	8.01	8.01	107.03	36		0.116	89200	14800	37	7.54	198	462800	220
大悟县	107.64	22.85	32.05	137.96	39	1	0.121	64714	650	14	4.135	131	33600	340
云梦县	70.64	93.14	41.17	415.05	23		0.112	21000	1000	25	2.67	139	620000	248
应城市	54.27	132.03	42.91	234.86	30	1	0.268	198600	9500	106	2.428	116	380000	203
安陆市	77.13	38.40	26.23	292.82	36		0.192	72504	9000	12	10.81	317	590000	
汉川市	33.87	16.39	12.05	108.29	34		0.167	130000	10000	3	11.637	479	400000	
荆州区	27.75	29.43	43.10	166.52	16		0.162	34520	38000	42	5.213	235	65000	125
公安县	41.16	23.28	27.82	105.35	48		0.125	21800	47000	75	15.069	401	125000	125

续表

地区	人均公共文化支出	万人图书馆实际使用房屋建筑面积	万人文化馆实际使用房屋建筑面积	万人文化站实际使用房屋建筑面积	文化站从业人数	"县聘乡用"是否实施	人均藏书量	总流通人次	文化馆服务惠及人次	文化馆提供服务次数	文化站服务惠及人次	文化站提供服务次数	艺术表演观众人次	文艺演出场次
	元/人	平方米/万人	平方米/万人	平方米/万人	人		册/人	人次	人次	次	万人次	次	人次	次
监利县	38.50	9.55	21.96	143.80	43		0.061	155000	13000	20	11.61	211	308000	286
江陵县	61.09	35.86	35.86	114.17	11		0.098	3800	20000	35	5.06	104	0	
石首市	51.61	4.39	33.98	176.82	15		0.104	23000	398004	281	4.66	201	106000	230
洪湖市	33.68	26.44	22.75	241.76	42		0.084	21000	25800	25	9.342	390	215000	210
松滋市	119.74	28.62	80.13	103.43	22		0.273	115900	43500	185	8.862	393	0	
黄州区	63.59	39.92	73.18	124.40	19		0.305	139716	50000	45	15.785	594	700000	
团风县	74.99	147.44	16.19	149.75	20		0.396	125500	12731	46	6.682	421	82000	
红安县	129.09	88.43	87.67	92.91	12	1	0.323	260000	85200	105	6.269	469	544500	310
罗田县	83.50	103.13	43.42	129.73	20		0.376	180000	306000	153	35.389	1001	122500	245
英山县	91.74	79.58	74.11	162.63	21		0.614	96837	35800	54	3.638	189	141900	250
浠水县	99.89	31.75	52.11	82.77	26		0.226	115000	65000	224	8.918	347	658000	546
蕲春县	84.56	122.40	112.58	126.52	26		0.411	359782	14900	31	28.745	785	285000	350
黄梅县	139.02	89.29	68.36	124.22	38		0.229	336000	15500	6	38.909	560	417600	232
麻城市	85.27	85.19	28.40	188.44	20		0.228	200000	150000	45	11.595	377	335000	225
武穴市	83.71	183.03	153.65	109.55	18		0.322	176000	80000	38	11.033	305	554600	212
咸安区	96.12	47.30	39.74	208.14	22		0.152	115960	70000	25	27.39	884	81461	
嘉鱼县	78.05	110.24	188.98	200.63	16	1	0.352	65000	45000	55	13.299	294	0	
通城县	56.52	25.71	56.81	137.46	29		0.241	81000	20050	25	4.229	158	160000	340

续表

	人均公共文化支出	万人图书馆实际使用房屋建筑面积	万人文化馆实际使用房屋建筑面积	万人文化站实际使用房屋建筑面积	文化站从业人数	"县聘乡用"是否实施	人均藏书量	总流通人次	文化馆服务惠及人次	文化馆提供服务次数	文化站服务惠及人次	文化站提供服务次数	艺术表演观众人次	文艺演出出场次
	元/人	平方米/万人	平方米/万人	平方米/万人	人		册/人	人次	人次	次	万人次	次	人次	次
崇阳县	51.70	123.29	86.00	187.22	12		0.603	176000	2000	15	4.363	216	92000	230
通山县	140.61	51.76	49.23	182.81	24		0.312	93854	86000	78	7.935	348	160000	219
赤壁市	65.92	244.45	71.42	230.80	14		0.600	150000	11000	50	7.959	360	74000	220
曾都区	29.72	30.79	30.79	57.83	9		0.092	2800	114000	39	2.06	74	220000	
随县	19.92	66.08	5.61	109.71	53		0.100	4500	150000	90	16.195	349	0	210
广水市	37.25	25.90	59.36	149.72	37		0.070	37000	9500	52	10.363	493	420000	
恩施市	69.52	9.01	2.57	170.14	50		0.211	21000	92000	58	16.49	619	0	
利川市	126.80	43.95	32.56	129.15	78	1	0.284	168000	39500	19	8.241	423	0	
建始县	134.13	16.18	8.97	127.56	30		0.376	113760	41300	32	11.408	630	0	
巴东县	138.69	36.13	26.95	292.77	24		0.172	54115	52000	15	6.16	222	0	
宣恩县	176.36	161.45	39.60	170.05	33		0.278	8000	150000	50	6.808	328	0	
咸丰县	143.93	139.61	64.94	226.62	36		0.486	19500	30000	25	3.103	153	0	
来凤县	190.28	181.45	98.67	258.06	17	1	0.793	80657	20000	5	12.499	332	0	
鹤峰县	173.53	26.96	181.37	323.04	17		0.634	6000	58000	60	8.322	299	0	
仙桃市	101.45	89.92	17.53	231.55	31		0.450	211000	30000	85	29.795	1040	865000	290
潜江市	151.61	96.54	60.52	266.74	74	1	0.252	152000	130000	29	36.563	697	1071000	306
天门市	53.11	58.43	55.00	171.72	35		0.349	172000	220000	200	41.055	1562	0	
神农架	335.94	147.01	445.83	830.73	18		0.970	32100	13000	36	6.64	266	0	

全省 39 个县、24 个县级市、1 个林区、9 个县级区在各个评价指标上的总体情况如表 3 所示。

表 3　2017 年全省县域公共文化服务绩效评价指标总体情况

评价指标	平均值	最大值	最小值
人均公共文化支出（元/人）	102.58	522.25	19.92
万人图书馆实际使用房屋建筑面积（平方米/万人）	73.94	330.98	1.85
万人文化馆实际使用房屋建筑面积（平方米/万人）	69.82	445.83	1.23
万人文化站实际使用房屋建筑面积（平方米/万人）	213.48	830.73	57.83
文化站从业人数（人）	30.03	78	7
"县聘乡用"是否实施	—	1	0
人均藏书量（册/人）	0.32	0.97	0
总流通人次（人次）	108310.01	359782	2800
文化馆服务惠及人次（人次）	65499.59	398004	650
文化馆提供服务次数（次）	68.75	281	3
文化站服务惠及人次（万人次）	12.64	52.231	2.06
文化站提供服务次数（次）	404.60	1562	74
艺术表演观众人次（人次）	206920.15	1071000	0
文艺演出场次（次）	261.17	650	125

（二）湖北省县域公共文化服务绩效测算方法

在公共文化服务绩效评价指标体系的基础上，首先对 14 个核心指标统计数据进行处理。上述评价体系中指标之间由于量纲不同存在不可比性，需要对评价指标进行无量纲化处理，采取归一化处理方式，将各个指标原始数值转换为标准得分。指标的标准得分取值范围为 0~1 分，即最高分为 1 分，最低分为 0 分。具体转换方法采取比较赋分法，对所测评地区的某一指标，将其取值与全省平均值进行比较，依据具体取值转换成标准得分。赋分指标相对于全省平均值越大标准得分越高；指标相对于全省平均值越小标准得分越低。公共文化服务绩效评价指标体系的14个具体指标标准得分的计算方法如表4所示。

表4　县域公共文化服务绩效评价指标标准得分计算方法

具体指标	计算方法	标准得分
人均公共文化支出	当 X≥150	1
	当 150>X≥117	0.95
	当 117>X≥98	0.9
	当 98>X≥78	0.85
	当 78>X≥68	0.8
	当 X<68	0.7
万人图书馆实际使用房屋建筑面积	当 X≥85	1
	当 85>X≥71	0.85
	当 71>X≥57	0.75
	当 57>X≥40	0.65
	当 X<40	0.5
万人文化馆实际使用房屋建筑面积	当 X≥80	1
	当 80>X≥67	0.85
	当 67>X≥54	0.75
	当 54>X≥40	0.65
	当 X<40	0.5
万人文化站实际使用房屋建筑面积	当 X≥253	1
	当 253>X≥213	0.85
	当 213>X≥150	0.75
	当 150>X≥100	0.65
	当 X<100	0.5
文化站从业人数	当 X≥36	1
	当 36>X≥30	0.85
	当 30>X≥24	0.75
	当 24>X≥20	0.65
	当 X<20	0.5
"县聘乡用"是否实施	已实施	1
	未实施	0.5
人均藏书量	当 X≥0.387	1
	当 0.387>X≥0.322	0.85
	当 0.322>X≥0.257	0.65
	当 X<0.257	0.5

具体指标	计算方法	标准得分
总流通人次	当 X≥141450	1
	当 141450＞X≥117877	0.85
	当 117877＞X≥94301	0.75
	当 94301＞X≥50000	0.65
	当 X＜50000	0.5
文化馆提供服务次数	当 X≥108	1
	当 108＞X≥90	0.85
	当 90＞X≥72	0.75
	当 72＞X≥12	0.65
	当 X＜12	0.5
文化馆服务惠及人次	当 X≥123752	1
	当 123752＞X≥103127	0.85
	当 103127＞X≥80000	0.75
	当 80000＞X≥10000	0.65
	当 X＜10000	0.5
文化站服务惠及人次	当 X≥144000	1
	当 144000＞X≥120000	0.85
	当 120000＞X≥96000	0.75
	当 96000＞X≥50000	0.65
	当 X＜50000	0.5
文化站提供服务次数	当 X≥510	1
	当 510＞X≥425	0.85
	当 425＞X≥340	0.75
	当 340＞X≥200	0.65
	当 X＜200	0.5

具体指标	计算方法	标准得分
艺术表演观众人次	当 X≥287500	1
	当 287500 > X≥239584	0.85
	当 239584 > X≥191667	0.7
	当 191667 > X≥60000	0.6
	当 X < 60000	0.5
文艺演出场次	当 X≥280	1
	当 280 > X≥250	0.85
	当 250 > X≥100	0.65
	当 X < 100	0.5

其中 X 代表某地区各个单项指标的原始统计数据。

将 2017 年湖北省县域公共文化服务绩效评价指标体系中各个指标原始统计数据换算成标准得分具体结果如表 5 所示。

公共文化服务体系建设绩效综合得分是在对各个指标归一化标准得分的基础上结合各个指标的权重将各个单项指标合成综合分数得出的，即

$$E = \sum w_i \times Z_{ij}$$

其中，Z_{ij} 代表单项指标归一化结果，w_i 是第 i 个指标的权重，E 是该地公共文化服务体系建设绩效综合得分。

三 湖北省县域公共文化服务体系建设绩效排名分析

依据 2017 年湖北省各地县域公共文化服务绩效评价指标统计数据和测算方法，得出具体结果如表 6 所示。

表5 县域公共文化服务绩效评价指标标准得分

	人均公共文化支出	万人图书馆实际使用房屋建筑面积	万人文化馆实际使用房屋建筑面积	万人文化站实际使用房屋建筑面积	文化站从业人数	"县聘乡用"是否实施	人均藏书量	总流通人次	文化馆服务惠及人次	文化馆提供服务次数	文化站服务惠及人次	文化站提供服务次数	艺术表演观众人次	文艺演出场次
阳新县	0.7	1	1	0.75	1	0.5	0.5	0.75	1	1	1	1	0.5	0.3
大冶市	0.85	0.65	1	0.5	1	0.5	0.5	1	1	1	1	1	0.6	0.85
郧西县	0.7	0.5	1	0.75	0.5	0.5	0.5	0.5	0.65	0.65	0.65	0.65	0.85	0.65
竹山县	0.95	1	0.85	1	0.65	0.5	0.5	0.5	0.65	0.5	0.85	0.85	0.6	0.65
竹溪县	0.95	1	1	0.85	0.75	1	1	0.5	0.5	0.65	0.65	0.65	0.6	0.65
房　县	0.7	1	0.5	0.75	0.5	0.5	0.5	0.5	0.65	0.65	0.65	0.5	0.5	0.3
丹江口	0.95	0.5	0.5	0.75	0.75	0.5	0.65	0.65	0.65	0.65	0.65	0.75	1	1
郧阳区	0.95	0.5	0.85	0.75	0.65	0.5	0.65	0.65	0.85	0.65	1	0.75	0.6	0.65
夷陵区	0.95	0.65	0.75	0.75	1	1	1	0.65	0.65	0.65	0.65	1	0.6	0.65
远安县	0.9	0.85	1	1	0.5	0.5	1	0.5	0.65	0.65	0.5	0.5	0.6	0.65
兴山县	1	1	1	1	0.5	0.5	1	0.65	0.5	0.65	0.5	0.5	0.6	0.65
秭归县	0.95	0.75	0.65	1	1	0.5	1	0.65	0.85	1	0.65	0.65	0.6	0.85
长　阳	0.9	0.85	1	1	1	1	1	0.85	0.85	1	0.65	1	0.85	1
五　峰	1	1	1	1	0.5	0.5	1	0.75	0.65	0.65	0.85	0.65	0.6	0.65
宜都市	0.95	0.65	0.5	0.75	0.85	1	1	1	0.5	1	1	0.75	0.6	0.65
当阳市	0.85	1	0.85		0.85	0.5	1	1	0.65	0.65	0.65	1	0.7	0.65
枝江市	1	0.65	0.75		0.85	0.5	0.65	0.75	0.65	0.5	1	0.65	0.7	0.85
襄州区	0.7	0.5	0.5	0.75	1	0.5	0.5	0.65	0.65	0.65	1	1	0.6	0.65
南漳县	0.85	1	1	1	1	0.5	1	0.85	0.65	0.65	0.85	0.65	0.6	1

续表

	人均公共文化支出	万人图书馆实际使用房屋建筑面积	万人文化馆实际使用房屋建筑面积	万人文化站实际使用房屋建筑面积	文化站从业人数	"县聘乡用"是否实施	人均藏书量	总流通人次	文化馆服务惠及人次	文化馆提供服务次数	文化站服务惠及人次	文化站提供服务次数	艺术表演观众人次	文艺演出场次
谷城县	0.85	0.85	0.75	0.75	1	0.5	0.5	0.85	0.65	1	0.65	0.65	0.7	1
保康县	1	0.65	1	1	0.65	1	1	0.85	0.65	0.65	0.65	0.65	0.6	0.3
老河口	0.8	0.85	0.65	0.75	0.5	0.5	0.65	0.85	0.65	0.65	0.75	1	0.85	0.65
枣阳市	0.8	0.5	0.5	0.75	1	0.5	0.5	1	1	1	0.85	1	1	1
宜城市	0.95	0.65	0.85	0.75	0.85	0.5	0.65	0.75	0.65	0.65	0.65	0.65	1	0.65
东宝区	0.7	0.5	0.5	0.75	0.5	0.5	0.5	0.5	0.65	0.65	0.65	0.65	0.5	0.3
京山县	0.85	0.5	0.65	1	0.75	0.5	0.85	0.65	0.65	0.85	1	1	0.7	0.3
沙洋县	0.95	0.65	0.75	1	0.5	0.5	0.5	0.65	0.65	0.65	0.65	0.85	0.5	0.3
钟祥市	0.95	0.5	0.5	0.5	0.85	0.5	0.5	1	0.65	0.65	0.5	0.65	0.5	0.3
孝南区	0.7	0.5	0.5	0.65	1	1	0.5	0.85	0.65	0.65	0.85	0.65	1	0.65
孝昌县	0.85	0.5	0.5	0.65	0.85	0.5	0.5	0.65	0.65	0.65	0.65	0.5	1	1
大悟县	0.9	0.5	0.5	1	1	1	0.65	0.65	0.5	0.65	0.5	0.5	0.5	0.65
云梦县	0.8	1	0.65	1	0.65	1	0.5	0.5	0.5	0.65	0.5	0.5	1	0.65
应城市	0.7	1	0.65	0.85	0.85	0.5	0.5	1	0.5	0.5	0.5	0.5	1	1
安陆市	0.8	0.5	0.5	1	0.85	0.5	0.5	0.65	0.65	0.5	0.75	0.65	1	0.65
汉川市	0.7	0.5	0.5	0.65	0.85	0.5	0.5	0.85	0.65	0.65	0.75	0.85	1	0.65
荆州区	0.7	0.5	0.65	0.75	0.5	0.5	0.5	0.5	0.65	0.65	0.65	0.65	0.6	0.65
公安县	0.7	0.5	0.5	0.65	1	0.5	0.5	0.5	0.65	0.75	1	0.75	0.6	0.65

续表

	人均公共文化支出	万人图书馆实际使用房屋建筑面积	万人文化馆实际使用房屋建筑面积	万人文化站实际使用房屋建筑面积	文化站从业人数	"县聘乡用"是否实施	人均藏书量	总流通人次	文化馆服务惠及人次	文化馆提供服务次数	文化站服务惠及人次	文化站提供服务次数	艺术表演观众人次	文艺演出场次
监利县	0.7	0.5	0.5	0.65	1	0.5	0.5	1	0.65	0.65	0.75	0.65	1	1
江陵县	0.7	0.5	0.5	0.65	0.5	0.5	0.5	0.5	0.65	0.65	0.65	0.5	0.5	0.3
石首市	0.7	0.5	0.5	0.75	0.5	0.5	0.5	0.5	1	1	0.5	0.65	0.6	0.65
洪湖市	0.7	0.5	0.5	0.85	1	0.5	0.5	0.5	0.65	0.65	0.65	0.75	0.7	0.65
松滋市	0.95	0.5	1	0.65	0.65	0.5	0.65	0.75	0.65	1	0.65	0.75	0.5	0.3
黄州区	0.7	0.5	0.85	0.65	0.5	0.5	0.65	0.85	0.65	0.65	1	1	1	0.3
团风县	0.8	1	0.5	0.65	0.5	0.5	1	0.85	0.65	0.65	0.65	0.75	0.6	0.3
红安县	0.95	1	1	0.5	0.5	1	0.85	1	0.75	0.85	0.65	0.85	1	0.65
罗田县	0.85	1	0.65	0.65	0.5	0.5	0.85	1	1	0.65	1	1	0.6	0.85
英山县	0.85	0.85	0.85	0.75	0.65	0.5	1	0.75	0.65	0.65	0.5	0.5	0.6	0.85
浠水县	0.9	0.5	0.65	0.5	0.75	0.5	0.5	0.75	0.65	0.65	0.65	0.75	1	1
蕲春县	0.85	1	1	0.65	0.75	0.5	1	1	0.65	0.65	1	1	0.85	1
黄梅县	0.95	1	0.85	0.65	1	0.5	0.5	1	0.65	0.5	1	1	1	0.65
麻城市	0.85	1	0.5	0.75	0.5	0.5	0.5	1	1	0.65	0.75	0.75	1	0.65
武穴市	0.85	1	1	0.65	0.5	0.5	0.65	1	0.65	0.65	0.75	0.65	1	0.65
咸安区	0.85	0.65	0.5	0.75	0.65	0.5	0.5	0.75	0.65	0.65	1	0.65	0.6	0.3
嘉鱼县	0.85	1	1	0.75	0.5	1	0.85	0.65	0.65	0.65	0.85	0.65	0.5	0.3
通城县	0.7	0.5	0.75	0.65	0.75	0.5	0.5	0.65	0.65	0.65	0.5	0.5	0.6	1

续表

	人均公共文化支出	万人图书馆实际使用房屋建筑面积	万人文化馆实际使用房屋建筑面积	万人文化站实际使用房屋建筑面积	文化站从业人数	"县聘乡用"是否实施	人均藏书量	总流通人次	文化馆服务惠及人次	文化馆提供服务次数	文化站服务惠及人次	文化站提供服务次数	艺术表演观众人次	文艺演出场次
崇阳县	0.7	1	1	0.75	0.5	0.5	1	1	0.5	0.65	0.5	0.65	0.6	0.65
通山县	0.95	0.65	0.65	0.75	0.75	0.5	0.65	0.65	0.75	0.75	0.65	0.75	0.6	0.65
赤壁市	0.7	1	0.85	0.85	0.5	0.5	1	1	0.65	0.65	0.65	0.75	0.6	0.3
曾都区	0.7	0.75	0.5	0.5	0.5	0.5	0.5	0.5	0.85	0.65	0.5	0.5	0.7	0.65
随 县	0.7	0.5	0.5	0.65	1	0.5	0.5	0.5	1	0.85	1	0.75	0.5	0.3
广水市	0.7	0.5	0.75	0.65	1	0.5	0.5	0.5	0.5	0.65	0.75	0.85	1	0.65
恩施市	0.8	0.5	0.5	0.75	1	0.5	0.5	0.5	0.75	0.65	0.65	1	0.5	0.3
利川市	0.95	0.65	0.5	0.65	1	1	0.65	1	0.65	0.65	0.75	0.75	0.5	0.3
建始县	0.95	0.5	0.5	0.65	0.85	0.5	0.85	0.75	0.65	0.65	0.75	1	0.5	0.3
巴东县	0.95	0.5	0.5	1	0.75	0.5	0.5	0.65	0.65	0.65	0.65	0.65	0.5	0.3
宣恩县	1	1	0.5	0.75	0.85	0.5	0.65	0.5	1	0.65	0.5	0.5	0.5	0.3
咸丰县	0.95	1	0.75	0.85	0.85	0.5	1	0.5	0.65	0.65	0.85	0.65	0.5	0.3
来凤县	1	1	1	1	0.5	0.5	1	0.65	0.65	0.5	0.65	0.65	0.5	0.3
鹤峰县	1	0.5	1	1	0.5	0.5	1	0.5	0.65	0.65	0.65	0.65	0.5	0.3
仙桃市	0.9	1	0.5	0.85	0.85	1	1	1	0.65	0.75	1	1	1	1
潜江市	1	1	0.75	0.75	0.5	0.5	0.5	1	1	0.65	1	0.65	1	1
天门市	0.7	0.75	0.75	0.75	0.85	1	0.85	1	1	1	1	1	0.5	0.3
神农架	1	1	1	1	0.5	0.5	1	0.5	0.65	0.65	0.65	0.65	0.5	0.3

表6　2017年湖北县域公共文化服务体系建设绩效排名

名　称	公共文化服务绩效		公共文化投入		公共文化产出	
	总分	排名	得分	排名	得分	排名
潜江市	92	1	36.25	4	55.75	1
仙桃市	89.75	2	34.5	11	55.25	2
长阳县	87.25	3	35.25	6	52	7
红安县	86	4	34.25	12	51.75	8
蕲春县	85.5	5	32.25	25	53.25	5
夷陵区	84.5	6	35.5	5	49	13
黄梅县	84	7	34.25	12	49.75	12
大冶市	83.75	8	31	32	52.75	6
当阳市	83.75	8	33.75	17	50	11
罗田县	82.75	10	29.25	43	53.5	4
枣阳市	82.5	11	28.25	52	54.25	3
天门市	81.75	12	31	32	50.75	9
南漳县	81.25	13	35.25	6	46	20
宜都市	79.5	14	33	22	46.5	18
麻城市	79.25	15	29	48	50.25	10
秭归县	78.75	16	33.75	17	45	24
阳新县	78.25	17	31.75	29	46.5	18
武穴市	78	18	31	32	47	16
宜城市	77.5	19	32.25	25	45.25	23
应城市	77.25	20	32.25	25	45	24
保康县	77	21	36.5	3	40.5	42
五峰县	76.25	22	35	8	41.25	36
谷城县	76.25	22	32	28	44.25	29
浠水县	74.75	24	28	55	46.75	17
竹溪县	74.5	25	37.25	2	37.25	59
枝江市	74.5	25	33.75	17	40.75	38
监利县	74.25	27	26.25	63	48	14
丹江口	74	28	29.25	43	44.75	26
老河口	74	28	28.25	52	45.75	21
来凤县	73.75	30	35	8	38.75	52
黄州区	73.5	31	25.5	66	48	14
郧阳区	73.25	32	28.75	50	44.5	28
京山县	73	33	29.75	42	43.25	31

续表

名　称	公共文化服务绩效		公共文化投入		公共文化产出	
	总分	排名	得分	排名	得分	排名
孝昌县	73	33	30.25	41	42.75	32
利川市	73	33	33.25	21	39.75	48
竹山县	72.75	36	34.25	12	38.5	55
嘉鱼县	72.75	36	34	15	38.75	52
兴山县	72.5	38	37.5	1	35	67
襄州区	71.5	39	26.75	61	44.75	26
赤壁市	71.5	39	29	48	42.5	33
孝南区	71.25	41	25.5	66	45.75	21
通山县	71.25	41	30.75	36	40.5	42
神农架	71	43	35	8	36	65
沙洋县	70.75	44	31.25	31	39.5	50
英山县	70.75	44	30.75	36	40	46
宣恩县	70.75	44	33	22	37.75	57
咸安区	70.25	47	28	55	42.25	34
云梦县	70	48	33.5	20	36.5	63
崇阳县	70	48	29.25	43	40.75	38
松滋市	69.75	50	30.75	36	39	51
建始县	69.75	50	29.25	43	40.5	42
远安县	69.5	52	31.5	30	38	56
随　县	69.5	52	27.5	58	42	35
安陆市	69.25	54	28.75	50	40.5	42
汉川市	69	55	25.5	66	43.5	30
团风县	68.75	56	27.75	57	41	37
鹤峰县	68.5	57	32.5	24	36	65
广水市	68.25	58	27.5	58	40.75	38
钟祥市	68	59	31	32	37	61
恩施市	68	59	28.25	52	39.75	48
咸丰县	67.75	61	34	15	33.75	69
公安县	67	62	26.25	63	40.75	38
郧西县	65.5	63	26.75	61	38.75	52
巴东县	65.5	63	30.5	39	35	67
洪湖市	65	65	27.25	60	37.75	57
石首市	64.25	66	24.25	70	40	46
通城县	63.5	67	26.25	63	37.25	59

名　　称	公共文化服务绩效		公共文化投入		公共文化产出	
	总分	排名	得分	排名	得分	排名
房　县	63.25	68	30.5	39	32.75	72
大悟县	62.25	69	29.25	43	33	71
荆州区	61.25	70	25	69	36.25	64
曾都区	60	71	23	73	37	61
东宝区	57.75	72	24.25	70	33.5	70
江陵县	56.5	73	23.75	72	32.75	72

　　基于 2017 年湖北省县域公共文化服务绩效评价指标统计数据，测算出全省公共文化服务绩效排名前十位分别是：潜江市、仙桃市、长阳县、红安县、蕲春县、夷陵区、黄梅县、大冶市、当阳市和罗田县。湖北省县域公共文化服务绩效排名前十位的县市，在公共文化投入和公共文化产出两个分指数上的表现如图 1 所示。

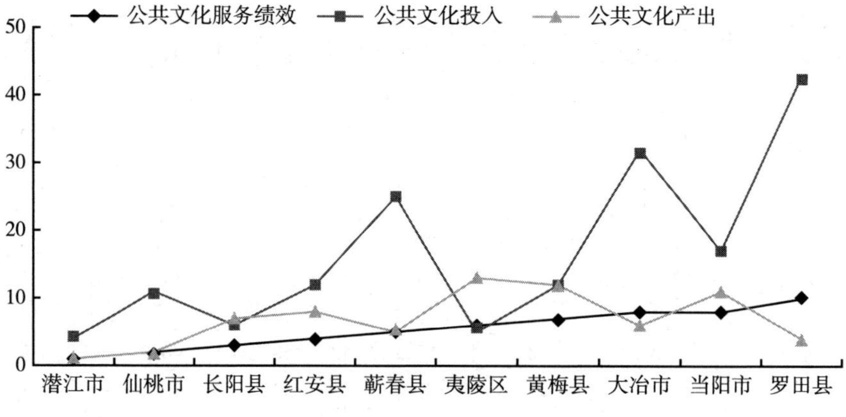

图 1　湖北省公共文化服务绩效前十位排名分析

　　潜江市在此次排名中，公共文化服务绩效指数位居全省榜首，同时公共文化产出指数也处于全省首位，公共文化投入指数位居全省第四位，表明潜江市公共文化服务水平领先，投入与产出发展较为均衡，文化服务效能发挥充分。仙桃市公共文化服务绩效指数位居全省第二位，两个分指数中，公共文化产出位居全省第二位，表明公共文化服务产品供给丰富，服务质量高；而公共文化投入指数则位于全省第十一位，相对于公共文化产出而言，公共文化投入略显不足。长阳土家族自治县位于此次全省公共文化服务绩效指数排名第三位，且前两位潜江市和仙桃市是省直管县，表明长阳县在公共文化服务方面成效显著，具体来看，长阳县在两个分指数上发展均衡，公共文化投入指数位居全省第六位，公共文化产出指数位居全省第七位，表明公共文化服务投入与产出发展齐头并进，态势良好。

从图1可以看出，全省公共文化服务绩效排名前十位的县市在公共文化投入和公共文化产出两个分指数中，公共文化投入的排名明显落后于公共文化产出的排名。全省公共文化服务绩效排名前十位的县市，公共文化投入指数综合排名为16.9位，公共文化产出指数综合排名则为6.9位，表明在前十位的县市中，公共文化产出绩效要优于公共文化投入绩效，需要进一步加强公共文化投入，以提升公共文化服务绩效水平。

而在此次排名中，郧西县、巴东县、洪湖市、石首市、通城县、房县、大悟县、荆州区、曾都区、东宝区和江陵县位于全省公共文化服务绩效落后位次，其在公共文化投入和公共文化产出两个分指数上的表现如图2所示。

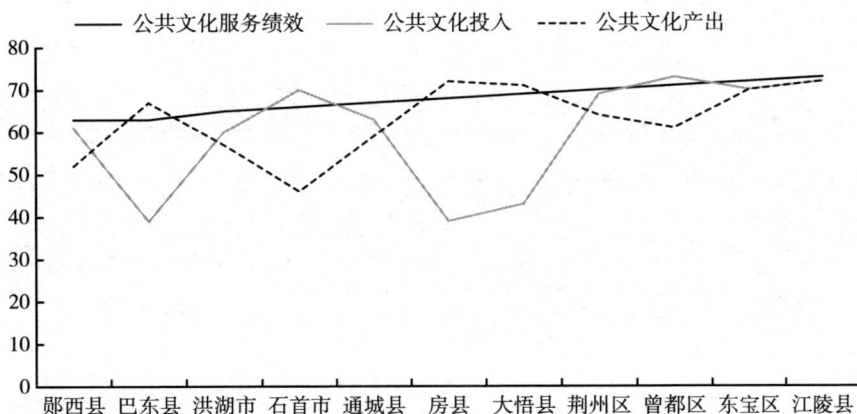

图2　湖北省公共文化服务绩效后十位排名分析

依据图 2 结果，综合分析湖北省公共文化服务绩效相对滞后的县市区，在公共文化投入和公共文化产出这两个分指数中，公共文化产出明显滞后。具体来看，湖北省公共文化服务绩效相对滞后的县市区公共文化投入指数排名的均值为 59.9 位，而公共文化产出指数排名的均值则为 62.8 位，表明上述县市区需要在加大公共文化投入的基础上，更加注重文化服务产出效能，丰富公共文化产品供给，提高公共文化服务机构的利用率，扩大公共文化活动的覆盖率和辐射面，提升公共文化产出指数，使得投入与产出能够相互匹配，均衡发展。

当然，县域公共文化服务绩效评价指标体系是一个全新的概念，一个发展的体系，需要在实践中进一步检验，不断完善。党的十九大报告指出："推动文化事业和文化产业发展，满足人民过上美好生活的新期待，必须提供丰富的精神食粮。要深化文化体制改革，完善公共文化服务体系，深入实施文化惠民工程，丰富群众性文化活动。"公共文化服务的发展是满足人民日益增长的美好生活需要的重要途径，通过对地区公共文化服务绩效水平的准确衡量，了解当前县域公共文化服务绩效现状，以期为提升县域公共文化服务绩效水平提供有益参考。

B.10
湖北文化市场发展报告（2017）

王梅斯　郁　琰*

摘　要：　2017年湖北省在文化小康建设方面取得长足进步，文化市场行业转型升级加快，市场综合执法改革走向深化，监管与执法行为日渐规范有序，监管效能得到显著提升，市场繁荣与科学监管相得益彰。但文化市场发展过程中仍然存在思想观念与文化市场发展脱节、文化市场监管与执法的保障措施不足、文化市场产品质量不高、违法行为时有发生等问题。需要在思想观念、保障机制、产品提质、技术升级、执法规范等方面改革创新，促进湖北文化强省战略目标有序推进和湖北文化事业的健康发展。

关键词：　文化市场　文化监管　文化执法　文化事业

全面小康需要文化小康，中国特色社会主义市场经济需要健康有序的文化市场，文化市场的健康发展需要适当的文化监管保驾护航。文化市场监管是我国市场监管的重要组成部分。近年来，随着文化产业的发展，文化体制、市场准入制度等改革向纵深拓展，文化开放水平不断提高，各类文化市场主体迅速发展，以大数据、云计算等为代表的新一轮科技革命和产业变革，促进了技术、资源、产业和市场的跨时空、跨领域融合，网络经济、分享经济、众创空间、线上线下互动等新产业、新业态、新模式不断涌现，文

---

* 王梅斯，女，湖北大学知行学院教师；郁琰，湖北大学政法与公共管理学院硕士研究生。

化发展形势日新月异，人民群众的精神文化需求日趋旺盛，文化环境的净化要求越来越高，对文化市场监管提出了新要求、新挑战，迫切需要执法和监管适应科技革命和产业变革新趋势，创新文化市场管理体制机制，强化执法监管。加之文化消费的蓬勃兴起，亦对新形势下的文化市场监管提出了较高的要求，如何构建一个统一、开放、竞争、有序的现代文化市场体系，如何加快发展各类文化产品和要素市场，打破条块分割、地区封锁、城乡分离的市场格局迫在眉睫。

一 文化市场监管推陈出新，文化市场发展成绩斐然

加强文化市场监督管理，是促进文化产业转型升级，净化社会文化环境，推动文化市场持续健康繁荣发展的重要举措。近年来，湖北省文化市场监管部门在党的十九大和习近平总书记关于文化市场监管、文化市场繁荣系列讲话的指引下，不断提高执法水平和执法效率，创新执法形式，创造条件满足人民群众对文化市场监管的需求，全省文化市场监管、综合执法工作与文化市场发展取得了显著成效。

（一）夯实文化市场发展基础工作

1. 摸清文化市场底细

为提高文化市场行业服务和监督保障水平，近年来，湖北省多次组织力量深入全省 103 个县市区，对全省文化市场行业进行摸底。截至 2017 年年底，湖北省共有文化经营单位（不含图书报刊、广播电影电视、音像）11224 家，比上年增加 2317 家，同比增长 26.01%；从业人员 60069 人，比上年增加 10392 人；资产总计为 153.97 亿元，同比增长 50.16%；利润总额为 15.59 亿元，同比增长 41.60%（见图 1、图 2）。其中，娱乐场所 2150 家，从业人员 19317 人，全年累计营业收入 151.2 万元；互联网上网服务营业场所（网吧）8145 家，从业人员 24635 人，全年累计营业收入 219.4 万元；非公有制艺术表演团体 386 家，从业人员 5982 人，全年累计营业收入

23.6万元；非公有制艺术表演场馆14家，从业人员240人，全年累计营业收入44.4万元；经营性互联网文化单位323家，从业人员7515人，全年累计营业收入275.6万元；艺术品经营机构101家，从业人员370人，全年累计营业收入4.9万元；演出经纪公司118家，从业人员2010人，全年累计营业收入106.4万元。

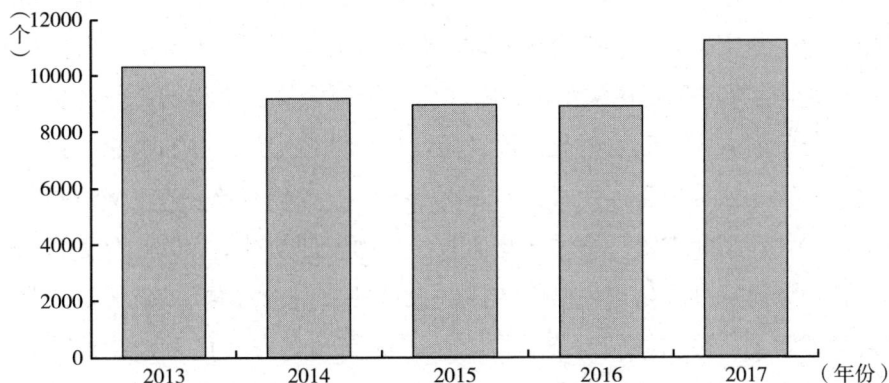

图1　近年来湖北文化市场经营机构数量变化

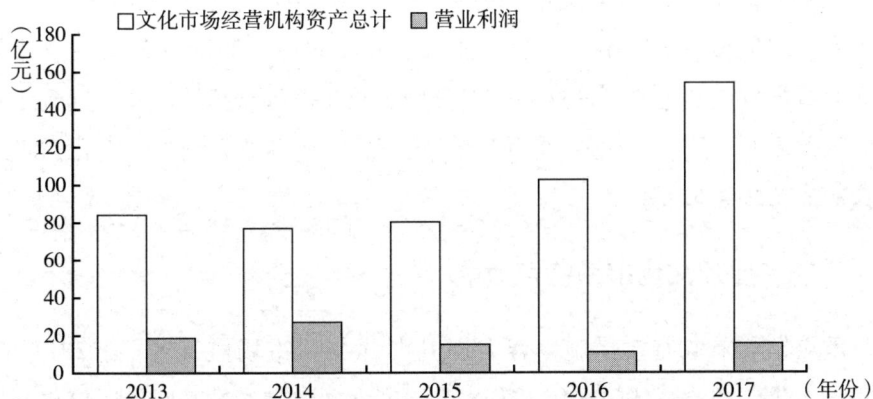

图2　近年来湖北文化市场经营机构资产和营业利润情况

2.深化文化市场综合执法改革

2017年，为贯彻落实党的十九大精神和党中央关于文化市场建设的统一部署，以落实《关于进一步深化文化市场综合执法改革的意见》为契机，依据《关于进一步深化文化市场综合执法改革的实施意见》（鄂办发〔2016〕54号），湖北省采取有效措施，稳步推进全省文化市场综合执法改革走向深化。一是进一步加强全省文化市场管理组织建设，强化领导小组的职能、健全执法保障。召开全省文化市场管理工作领导小组会议和全省文化系统综合执法改革工作座谈会，建立改革"月通报"制度，加强综合执法工作保障。落实文化市场综合执法改革保障措施，按4~5名执法人员配备1台机动车的标准配备执法车辆，将文化市场综合执法机构的工作经费和能力建设经费列入同级政府财政预算，足额保障队伍建设、执法办案、执法装备设备购置、执法用车等经费。二是深入调研、探讨有效方式，破解执法人员管理难题。湖北省统一协调文化监管、人力资源与社会保障、公务员局等部门联合调研督办文化市场监管与执法人员的"身份难题"，破解执法人员参公管理难题，帮助他们解除后顾之忧，提高湖北省文化市场监管的有效性。三是推动下级单位落实中央和省级层面文化市场综合执法改革。截至2017年年末，湖北省共有11个市州已出台《实施意见》，占全部17个市州的65%；15个市州已成立文化市场管理工作领导小组，占比88%；12个市州落实了"同城一级队伍"的政策要求，占比71%。2017年湖北文化市场执法改革步伐走到了全国的前列，对全国文化市场综合执法改革也起到了很好的示范带头作用。《经济日报》曾专题报道宣传湖北省荆门市文化市场综合执法改革成果与经验。

（二）提升文化市场监管效能

重点领域采取有效措施，着力提升湖北文化市场监管效能。2017年，湖北省文化市场监管部门先后下发8个制度性文件，指导基层依法依规开展文化市场管理和综合执法工作。加大培训力度，先后举办4期全省文化市场管理与综合执法业务培训班，开展2期湖北省网络文化市场以案施训活动，提高了全省文化市场监管与执法一线工作人员的业务能力，推动了文化市场监管力量逐步形成合理人才梯队，夯实了文化市场监管与执法的人才基础。

组织开展全省 2015 ~ 2017 年文化市场综合执法优秀案卷评选活动，激励全省文化市场综合执法的规范化、痕迹化管理。成功承办第十三期、第十四期全国网络文化市场以案施训活动，同时邀请新疆、西藏等地执法骨干全程参加以案施训，4 名师资入选全国文化市场综合执法师资库。在 2017 年全国十大文化市场执法案例评选中，湖北省有 1 件案件入选全国十大案件，5 件案件入围全国文化市场重大案件，成为执法队伍建设的新亮点。湖北省在文化市场执法的做法得到了兄弟省份的充分肯定，并就此与吉林省等展开对口交流。

创新文化市场监管方式。借助"互联网＋"的技术优势，湖北省文化市场监管部门创新监管模式，提升全省文化市场技术监管与服务平台应用水平，探索移动端执法 App 运用，搭建省、市文化市场应急指挥视频系统，加强信息化建设。加大文化市场信用体系建设力度，开展文化市场信用警示名单试点工作。指导各地启用"两法衔接"平台。2017 年湖北省文化市场监管部门共组织开展随机抽查 24 次，检查经营单位 482 家，双随机抽查项目达到 100％。

（三）规范文化市场监管和综合执法行为

一是文化市场行政审批规范有序。2017 年湖北省文化市场监管和执法部门认真落实"放管服"要求，对 2016 年以来的各市州文化市场行政审批案卷进行集中评查，共评查 420 件，抽查比例达 33％，简化省级行政审批程序，指导各地开展文化市场行政审批自查。制定《湖北省文化厅游戏游艺设备内容审核工作规范（试行）》，启动游戏游艺设备内容审核工作。积极推进湖北自贸试验区文化市场政策调整工作。将演出场所备案、艺术品经营单位备案等 4 个项目纳入"多证合一"范围，简化服务手续，同时在演出活动审批以及演出、娱乐、艺术品市场的监管等方面始终坚守意识形态安全底线。2017 年，共审批营业性演出 223 批次，备案 54 批次，游戏游艺设备生产 6 批次，艺术品进出口活动 5 批次。全省经营性演出活动近 3 万场次。

二是监管执法文化市场全覆盖。按照"管业务必须管安全"的要求，湖北省文化市场监管和执法部门认真履行文化市场安全生产监督检查职责。

在网络安全监管方面，着眼于意识形态安全，加强网络文化市场监管。建立全省网络案件协作办理机制，开展"一月一巡查"和"一季度一集中检查"行动，每月由属地文化市场综合执法开展一次全面巡查；每季度由省文化厅抽调网络文化巡查骨干，通过"双随机一公开"的方式，开展一次集中检查，及时发现网络文化市场各类违法违规经营行为。2017 年，湖北省共出动检查人员 6000 余人次，排查各类网络文化经营单位 2000 余家，累计巡查相关网站 4600 余个，共办理网络文化案件 73 件，办结 71 件。在演出市场监管方面，在依法依规审批演出活动的同时，对大型演出活动内容审核、场地安全、票务，加强事前形势研判，建立约谈制度，防止出现负面舆情。开展文化市场"双随机一公开"检查，春季和秋季校园周边文化市场环境集中整治和省、市、县三级联动的全省文化市场专项整治暨暑期集中行动，十九大文化市场专项保障行动等专项整治。2017 年湖北省文化监管和执法部门全年共出动执法人员近 29 万人次，检查场所近 11 万家次，全省共办结各类案件 2692 件。在办结案件中，互联网上网服务营业场所 2257 件，娱乐场所 173 件，演出市场 3 件，网络文化市场 60 件，印刷、出版物 147 件，互联网视听节目服务单位 1 件，广播电视、音像 8 件，其他案件 43 件。

（四）净化文化市场，保护未成年人权益

针对互联网上网服务营业场所违规接纳未成年人等人民群众关注的热点、难点问题，湖北省文化市场监管部门多措并举，设置"六道防火墙"，切实守好保护未成年人权益的底线。一是进一步加强宣传教育。在全省文化市场综合执法队伍中全面开展"优化管理与执法行为"学习教育，提高工作人员对保护未成年人重要性和必要性的认识，帮助他们改进工作作风。同时，面向经营业主，大力宣传法律法规，增强业主守法意识。二是切实压实网格化管理责任。按照属地管理原则，落实网格化管理责任，做到分片管理、责任到人，落实全覆盖、全方位的互联网上网服务营业场所监督管理机制。在日常巡查基础上，结合上网服务场所经营特点，在节假日、中小学放学等上网高峰时段，加大检查频次，保持对互联网上网服务营业场所严密监

管态势。三是全面升级安装监管软件，用现代化的信息技术提升文化市场监管效率和效能。四是加大督导力度。湖北省文化市场监管部门在 2017 年共下发督办函 202 件，其中互联网上网服务营业场所督办件 124 件，并跟踪督办，基本实现件件有回音、有落实。五是推广义务监督员工作机制。充分发挥社区群干的作用，同时聘请义务监督员，协助开展监督和信息联络等工作。六是加大处罚力度。2017 年，在互联网上网服务营业场所执法方面，全省共责令改正 1040 家，立案调查 1583 家，警告违规经营单位 1186 家，责令停业整顿 161 家，取缔 41 家，吊销经营许可证 6 家，严格执法为历年之最。

（五）加速推进文化市场行业转型升级

为推动文化市场行业转型升级，真正实现文化市场社会效益和经济效益的双赢，湖北省文化市场监管部门专门出台了推动文化娱乐行业转型升级的指导意见，召开试点工作座谈会，评选娱乐行业转型升级示范场所，并给予一定的资金扶持。2017 年湖北省共评选上网服务行业转型升级示范场所 33 家，拨付专项扶持资金 100 万元。此外，湖北省文化部门还积极探索"互联网＋文化＋娱乐＋电子竞技"模式，积极培育新型文化业态，推动湖北省上网行业的规范化、规模化和专业化运营。2017 年，湖北省与中国文化娱乐行业协会签署战略合作协议，在武汉市成功举办"健康娱乐全民赛"2017CGL中国电子游戏超级联赛暨 2017ECGC 湖北省文化市场行业转型升级电子竞技大赛总决赛，大赛吸引了来自全国 30 个省区市、229 座城市、209 万名选手参加。其中，湖北省 17 个市州、7000 余家经营场所、1000 支战队参加该项赛事，带动了相关上下游产业的发展。2017 中国游戏行业年会、2017 年湖北游戏游艺产业展示招商会等活动同步进行，促进了市场与产业的融合发展。

二　湖北文化市场发展存在的主要问题

一是思想观念与文化市场发展脱节。新一轮科技革命和产业变革，促进了技术、资源、产业和市场的跨时空、跨领域融合，一批新产业、新业态、新模式经济不断涌现，文化发展形势日新月异，人民群众的精神文化需求日趋旺盛，对文化市场发展和监管提出了新要求、新挑战，迫切需要市场主体和执法与监管主体适应科技革命和产业变革新趋势。但在湖北省部分基层地区，文化市场主体和执法人员尚未形成文化新业态的认识，特别是执法过程还存在简单、守旧，执法设施老旧、功能不全等现象。

二是文化市场监管和执法保障尚未完全落实。主要包括两点。一方面执法机构人员编制及参公身份管理问题尚未完全解决。依据《关于进一步深化文化市场综合执法改革的实施意见》的规定，在文化市场综合执法改革后，不仅文化执法职能增加，而且人员编制及管理办法也做出了相应的调整和规定，市（州）只设一级执法队伍，城区不再独立设置文化市场综合执法机构。但改革是个过程，研究发现，在湖北省县级单位，尤其是经济不发达的山区县级单位，执法机构人员编制和参公身份管理尚未完全落实，部分地方文化执法力量不足，存在空编现象。另一方面经费保障机制不完善，缺乏文化市场监管资金持续增长的刚性约束机制。近年来，湖北省文化市场监管和执法资金投入采用以省级财政为主、地方财政配套的做法。但是，从实际情况来看，地方财政配套很难落实到位，既缺乏确保各级财政按照文件要求进行投入的有效手段，也缺乏相应的约束机制和激励机制以及相应的实施细则。这就直接导致各地文化市场经费投入差距较为明显。

三是文化市场假冒伪劣、粗制滥造等现象依然存在。调查发现，在湖北省县级城市和农村地区的文化市场上，存在一定数量的假冒伪劣、粗制滥造的文化产品，在大中型城市的演出场所存在票价虚高的现象，在网络上还存在播出违法内容等的现象，文化市场的环境失序严重影响着城乡居民的消费欲望，也制约着湖北文化产业的做大做强。调研数据显示，仅2.8%的受访者表示对当前湖北文化市场的产品种类满意，而不满意的原因比较多，如文化服务不够贴近受众需求，脱离实际消费需求；文化设施还不够齐全，粗制滥造等现象普遍；文化产品质量参差不齐，想找到中意的要花费太多时间。17.6%的受访者表示对当前湖北文化产品的价格不满意，其中文化产品价格高，与收入不成比例，脱离实际消费水平是不满意的主要原因。综合来看，25.95%的受访者认为文化产品种类少、选择范围小，29.75%的受访者认为产品一般、质量不好，30.38%的受访者认为产品比较丰富但是价格太高，仅有13.92%的受访者表示湖北文化产品丰富、价格灵活适中。

三　推动湖北文化市场发展的举措

一是深入学习宣传贯彻党的十九大精神和习近平总书记关于繁荣文化市场系列重要讲话精神，贯彻落实湖北省第十一次党代会精神，进一步坚定文化自信，以建立健全现代文化市场体系为目的，以培育新型文化业态、推进文化市场转型升级、建设事中事后监管体系为工作重点，促进全省文化市场繁荣兴盛，不断满足人民群众对美好生活的向往。

二是认真贯彻全面深化改革的基本方略，进一步深化文化市场综合执法改革。坚持问题导向，着力破解改革重点难题。充分发挥全省文化市场管理工作领导小组成员单位职能作用，加大对市、县级政府贯彻落实文化市场综合执法改革措施的协调、指导、督办力度，以重点解决经费落实问题和人员编制、参公管理的身份问题为重要抓手，有效推进湖北省文化市场综合执法改革。

三是以人民群众对美好生活的向往为奋斗目标，坚持新发展理念，进一步深化文化市场行业转型升级，在深化供给侧结构性改革中发挥文化担当、文化作用。以新时代、新业态、新供给、新发展为工作目标，继续组织开展上网服务行业和娱乐行业转型升级示范场所评选活动。在既有基础上，继续探索"互联网＋文化＋娱乐＋电子竞技"模式，培育新型文化业态。支持中国文化娱乐行业协会在武汉举办以中国电子游戏超级联赛总决赛（CGL）等系列活动为代表的湖北省文化市场行业转型升级电子竞技大赛等活动，搭建市场转型升级合作共赢平台。按照"放管服"要求，落实"证照分离""多证合一"政策，指导各地规范文化市场审批。

四是进一步建立健全文化市场事中事后监管体系。全面落实文化市场执法责任制，完善网格化管理机制，完善综合执法评价工作机制。以维护国家文化安全和意识形态安全为目的，健全以内容监管为重点、信用监管为核心的文化市场事中事后监管体系。针对不同门类文化市场，分类施策，进一步完善各类文化市场内容监管体系，进一步完善全省文化市场信用数据汇集系统，持续开展文化市场"暑期集中行动"等专项治理行动。运用"双随机一公开"机制，深入开展全省文化市场随机交叉执法检查和暗访抽查，严厉打击文化市场违法违规经营行为，健全完善文化市场行政执法和刑事司法衔接机制，营造和谐社会文化环境。

五是进一步提升文化市场综合执法能力。以组织开展湖北省文化市场综合执法技能大赛为抓手，提升全省文化市场综合执法人员的业务素质和专业能力。举办全省文化市场管理与综合执法培训班，创新交流培训模式，深入开展省内外文化市场综合执法对口交流协作、重大案件以案施训、执法案卷评查和重大案件评审活动。大力推行"互联网＋文化市场综合执法"模式，升级上网服务营业场所监管平台，研发移动执法系统，探索移动执法模式，不断提高文化市场综合执法专业化、规范化、信息化水平。

湖北文化站建设情况调研报告（2017）

孙晓敏　殷旺来*

摘　要： 2017年湖北文化站工作取得长足进步，基层文化阵地得到进一步巩固，文化队伍得到补充，开展了丰富多彩的文化活动，满足基层群众对文化生活的需求，积极发挥文化职能，服务地方政府的中心工作。但在社会快速发展的新时代，依然存在地方政府文化自觉性不强、经费投入机制不健全、基础设施薄弱以及公共服务效能不高等制约湖北文化站发展的因素，使基层文化建设成为文化发展中的最大"短板"。本报告通过分析湖北文化站2017年的建设成效、存在的问题以及发展趋势，提出了湖北文化站工作的提认识、强建设、抓改革、升效能、顺机制五大举措建议。

关键词： 湖北文化站　文化阵地　服务效能

文化站是政府部门开展文化工作的基本单元，是基层文化建设的主要阵地，承担着社会主义核心价值观宣传教育、文化活动组织和公共文化服务供给、指导基层文化工作等重要职能，建好文化站并充分发挥其作用，对满足广大人民群众基本文化需求具有重要作用。

---

* 孙晓敏，女，湖北大学知行学院教师；殷旺来，湖北大学政法与公共管理学院硕士研究生。

一 近年来文化站建设的总体成效

党的十八大以来，在省委省政府领导下，在相关部门和各地党委政府的支持下，针对文化站的实际问题，湖北省文化部门充分发挥部门职能，积极争取政策支持，大力推进机制创新，切实加强检查督办，推动文化站建设取得新的成绩。

（一）加大建设力度，基层文化阵地进一步巩固

截至 2017 年 12 月 31 日，全省共有文化站 1264 个（其中乡镇、街道文化站 1238 个，农场、开发区、管委会等文化站 26 个），实际使用总建筑面积 67.15 万平方米，平均每站实际使用建筑面积 531.25 平方米，与 2013 年的实际使用总建筑面积 54.28 万平方米、平均每站实际使用建筑面积 430.78 平方米相比，分别增加了 23.7% 和 23.3%。其中，部分文化站公共服务实际使用建筑面积大、各种配套设施完善。如当阳市育溪镇文化站实际使用建筑面积 6000 平方米，除具备"三室一厅"基本服务功能外，还建有图书馆、民俗博物馆、美术馆、电影院等设施。加大配套设施建设力度。2016 年以来省财政每年下拨 2000 万元文体广场建设专项资金，补助各地建设文体广场 108.69 万平方米，基本上每个乡镇（街道）都有 1~2 个面积不等的文体广场、每个行政村（社区）都有 1 个文体广场，有的文体广场面积为 1 万多平方米，大部分文体广场配有文化宣传栏和体育设施，少数文体广场建有"百姓舞台"。这些文体广场深受广大群众欢迎，成为群众使用率最高的文体设施。

（二）加大改革力度，基层文化队伍进一步稳定

针对文化站工作人员待遇偏低、人心不稳的实际问题，加大改革力度，在实行"以钱养事"机制基础上，省两办出台《关于加快构建现代公共文化服务体系的实施意见》（鄂办发〔2015〕62 号），提出通过"县聘乡用""派出制"等形式加强乡镇文化工作力量的政策。政策出台以来，省文化厅大力督办，目前有宜昌市点军区、宜昌市夷陵区、宜都市、保康县、竹溪县、孝

昌县、云梦县、应城市、红安县、嘉鱼县、利川市、仙桃市、天门市13个县（市、区）176乡镇共320人实行了"县聘乡用"机制。秭归、长阳、咸丰、硚口区、丹江口、郧阳区、茅箭区、通城、钟祥等地党委政府正在研究之中。在实行"县聘乡用"机制上，各地也有不同的做法。如宜都市在不改变文化站单位性质的基础上，为10个文化站配备23个事业编制，文化站由市文化局和当地党委政府双重管理；竹溪县将15个乡镇文化站明确为县文化新闻出版广电局直属的"股级公益一类事业单位，核定全额事业编制15名"；夷陵区将区图书馆、文化馆与12个乡镇（街道）文化站整合在一起，成立"公共文化服务中心"，作为区文化局的副科级直属事业单位，配备事业编制98个（其中46个编制用于文化站）。竹溪县和夷陵区两个地区的做法，不仅改变了文化站工作人员的身份，而且改变了文化站的单位性质。目前，全省将文化站改变为事业单位性质的乡镇有27个，占全省乡镇的2.18%。

在重点推进"县聘乡用"机制的基础上，指导各地结合实际，积极采取其他形式充实和加强文化站工作人员队伍。如镇委宣传委员兼任文化站站长，如竹山县、西陵区；参照事业单位待遇配备文化站工作人员，即对工作人员职称评定和工资核算等同事业编制人员执行，如恩施州各县市；聘用临时人员弥补工作人员不足，如公安县、监利县；发展志愿者参与服务，如咸安区；等等。

目前，全省文化站工作人员身份共有公务员编制、事业编制、享受事业编制待遇、"以钱养事"、临时聘用、志愿者6类，共2769人，其中公务员编制、事业编制、享受事业编制待遇3类人员共849人，占总人数的30.7%，突破了以前只有"以钱养事"工作人员的状况。这些人员身份的改变，直接促进了其待遇的改变。具体情况如表1所示。

表1 文化站工作人员平均年收入情况

人员性质	总人数（人）	平均年收入（万元）
公务员编制	114	7.64
事业编制	441	8.95
享受事业编制待遇	294	6.70
"以钱养事"	1276	3.74
临时聘用	644	2.32

从以上数据可以看出，通过近几年的努力，全省文化站工作人员的待遇在逐渐提升，30.7%的工作人员待遇已经有了明显改善，促进了全省文化站工作人员队伍的稳定。与前几年相比，文化站工作人员上访、信访事件明显减少。在2017年文化部通报的全国文化站工作人员到文化部上访、信访事件中，湖北没有发生一起事件。同时，通过以上6种形式配备，文化站工作人员数量得到充实，有61个县（市、区）714个乡镇（街道）文化站的工作人员在2人以上，占全省文化站的56.5%。

（三）大力开展文化活动，基层群众文化生活进一步丰富

指导各地文化站在做好免费开放的基础上，结合当地资源和群众需求，积极开展各种文化活动。调查统计，平均每个文化站每年组织举办4次以上超千人参加的大型综合文化活动，12次以上数百人参加的单项小型文化活动，开展6次以上农技科技、党员教育、文化艺术、卫生健康等培训。具体情况如表2所示。

表2　湖北省文化站2017年举办活动情况

活动类别	平均举办场次（次）	平均服务人次（人）
大型综合文化活动	4.98	5940
单项小型文化活动	12.42	8415
面向群众的培训班	6.56	3177

在各地举办的活动中，有大部分乡镇的大型综合文化活动，是多年来连续举办的、具有一定特色的、在当地有一定影响的品牌活动。如利川市建南镇针对外来避暑人群举办的"候鸟文化节"、恩施市龙凤镇举办的"山民歌比赛"、郧西县上津镇举办的"火龙灯会"、竹溪县蒋家堰镇举办的"农民读书节"、孝昌县季店乡举办的"留守儿童阅读比赛"、蕲春县漕河镇举办的"蕲艾文化节"、麻城市福田河镇举办的"映山红节"等，具有浓厚的乡土气息和地方特色，深受当地群众欢迎。

同时，湖北省文化厅依托各地文化站，在全省范围内组织举办了各种示

范性群众文化活动。如近年来组织举办了湖北艺术节群众文艺展演、全省社会文艺团队展演、全省群众广场舞展演、全省群文系统业务技能展演等，从村到省层层选拔参加展演，在全省发挥了较好的示范带动作用。

（四）加大引导力度，社会力量参与基层文化建设的积极性进一步提高

加强政策引导，省委办公厅、省政府办公厅转发《关于做好政府向社会力量购买公共文化服务工作的意见》，71% 地市级和 50% 县级党委政府出台了配套文件，引导社会力量参与公共文化建设。在省文化厅的指导和推动下，各地探索出一些利用社会力量开展基层文化建设的好做法。如竹溪县敖家坝镇与企业共建的文化大院；利川市白鹊山村引进企业投资建设的白鹊山书舍和灯歌口述博物馆；黄石市阳新县利用民间祠堂，按照"自愿、自建、自管、自用"的原则，支持农民建设的集阅读学习、政策宣传、科普普法、健身休闲、棋牌娱乐、婚丧喜庆、村民自治等一堂多能的文化礼堂；等等。社会力量的参与，弥补了基层文化建设投入不足，拓展了基层文化产品和服务的供给渠道。

大力引导基层群众参与。出台《省文化厅关于进一步加强全省社会文艺团队建设的意见》，2017 年划拨 400 万元专项资金购买社会文艺团队服务，并通过开展全省社会文艺团队普查、百佳社会文艺团队评选、社会文艺骨干培训等活动，组织文化站对各地社会文艺团队发展进行培育和指导，发挥文化站的凝聚作用。经过近几年的努力推动，目前平均每个文化站指导社会文艺团队 10 余支，并为他们免费提供文化器材和活动、排练场地等；每个行政村（社区）一般都建立了 2～3 支有一定规模的社会文艺团队，他们经常自发开展活动，积极参与文化站组织的活动，体现了人民群众的主体地位，保障了基层群众参与文化活动的基本权益。

（五）积极发挥职能作用，服务了党委政府中心工作

各地文化站发挥文化职能作用，积极参与精准扶贫、综合治理、乡村建

设、活动组织、宣传报道等工作，认真完成党委政府交办的工作任务，有力服务了当地党委政府中心工作。如恩施市沐抚镇文化站通过组织群众开展活动、建立各种理事会，改善了当地乡风民俗。在调查中，该镇党委书记介绍，他们通过抓文化建设来促进乡村治理，起到了事半功倍的效果；钟祥市客店镇充分挖掘利用当地文化资源，将文化站和村文化室建成"旅客驿站"，打造乡村文化旅游，每年吸引游客20多万人次，促进了当地经济发展。

二 当前制约文化站发展的突出问题

近年来，虽然全省文化站建设取得了很多新的成绩，但总体来看，与党和国家对基层文化工作的要求、广大基层群众对美好生活的需求相比还有很大差距，基层文化建设仍然是文化发展中的最大"短板"。突出问题主要表现在以下几个方面。

（一）部分党委政府的文化自觉不够

文化发展受经济发展的影响，但经济对文化的影响并不是直接的因果关系。调研中发现，湖北部分贫困地区的文化发展指标，比非贫困地区的文化发展指标还要高（见表3）。

表3　湖北省贫困地区与非贫困地区文化站建设重要指标比较

地区＼指标	人员配备（人）	实际使用面积（平方米）	本级财政经费投入（万元）	活动次数/服务人次（次/人）
贫困地区	2.21	489.71	24.24	20.07/16198
非贫困地区	1.94	579.59	8.62	14.04/9831

根据以上数据，与其说文化发展取决于经济发展，不如说文化发展取决于当地党委政府的文化自觉。部分地区党委政府文化自觉不够，主要表现在两个方面。

一是政策落实力度不够。湖北省两办出台《关于加快构建现代公共文化服务体系的实施意见》以来，省委将相关指标纳入了对市县党委政府的考核指标，省政府召开了多次现场会，有关部门开展了多次检查督办、印发了多期督查通报，大力推进政策落实，但目前仍有部分县市没有很好地落实政策文件。

二是改革推进力度不够。实践证明，实行"县聘乡用"机制的文化站与实行"以钱养事"机制的文化站相比，在阵地建设、活动开展、服务效能、人员队伍、经费保障等各个方面，均得到了很大改善，整体工作水平得到显著提升。可以说，进一步深化改革，大力推进"县聘乡用"机制，是符合当前文化站实际、破解文化站发展难题的好办法，虽然有关部门一直在大力督办，但目前只有20%的县（市、区）已经实施或正在推进之中。

（二）经费投入保障机制不完善

在现有的体制下，财政对文化站的经费投入，主要有专项资金和活动经费两个方面，但均没有形成稳定的保障机制。

一是落实专项资金没有保障机制。目前财政对文化站的专项资金有"以钱养事"和"免费开放"两个专项。调查发现，"以钱养事"专项资金落实的主要问题是：没有实行动态调整。2007年，《省委办公厅省人民政府办公厅关于巩固完善农村公益性服务"以钱养事"新机制的若干意见》（鄂办发〔2007〕17号）规定，"省财政从2007年起按农村人口人平10元的标准安排'以钱养事'补助资金，其中10%用于文化体育和广播电视"；"县（市、区）财政按照文化体育每人不低于0.5元，落实本级'以钱养事'经费预算"。2008年，省财政将"按农村人口人平10元的标准"提升到15元，以后再也没有根据经济社会的发展进行动态调整。

二是开展活动经费没有保障机制。实行"以钱养事"机制的文化站是"民办非企业组织"，不是财政预算单位，日常活动没有经费预算，根据制度设计开展活动的经费在"以钱养事"专项经费中。但据统计，实行"以钱养事"机制的文化站，平均每站每年经费为7.48万元，基本只能用于"养人"。为了履行文化工作职责，满足基层群众文化需求，文化站日常组织开展活动的经费来源，主要是"三个一点"，即县（市、区）文化局补贴一点、乡镇政府补贴一点、社会力量赞助一点，大多数情况下先由文化站垫付经费，再凭相关票据"实报实销"。活动经费没有保障，直接影响了活动的次数和质量。

（三）基础设施建设不完善

虽然近年来对基层文化设施建设的力度不断加大，通过新建、改建、扩建、合建、租赁、划拨等方式，解决了一部分文化站公共文化服务场地的问题，但仍然有一部分文化站公共文化服务场地面积不达标，开展公共文化服务的"三室一厅"的基本要求不能满足。

（四）公共服务效能不高

文化站公共文化服务效能不高主要体现在两个方面。一是现有设施利用率不高。部分文化站没有很好地利用现有场地开展阵地服务；部分文化站被挤占挪用；部分文化站机关化。二是公共文化服务供需关系不平衡。在新的时代环境下，基层群众的精神文化需求更加呈现多层次、多方面、多样化的特点，对公共文化服务提出了亲民化、优质化、个性化的新要求。但目前向基层群众提供的公共文化服务内容不够丰富、手段不够新颖，大部分文化站提供的公共文化服务主要还是读书、看报、上网等传统服务项目，像广场舞这样深受广大群众欢迎的服务项目还不多，运用现代化技术提供公共文化服务的手段不多。基层公共文化服务的供给侧和需求侧，都需要深入改革创新。

三　新时代文化站建设的工作举措

（一）提高思想认识，切实增强文化自觉

文化站建设的主体是地方党委政府，文化站建设的成效关键在于各级党

委政府的重视程度。在新的形势下，各级党委政府要从三个方面提高思想认识。

一是要从党的宗旨上提高思想认识。坚持以人民为中心的工作导向是我们党的宗旨，保障人民群众的文化权益、满足人民群众对美好文化生活的需求是践行党的宗旨的重要内容。当前，随着国家经济水平的显著提升，广大基层群众对文化生活的需求空前旺盛，各级党委政府必须认真践行党的宗旨，积极回应群众需求。

二是要从国家战略上提高思想认识。党的十九大立足于我国社会主要矛盾的转化、着眼于全体人民共同富裕的必然要求，提出了"实施乡村振兴战略"，并对乡村振兴提出了"产业兴旺、生态宜居、乡风文明、治理有效、生活富裕"的总体要求，文化振兴是乡村振兴的一部分，而文化作为一种更基本、更深沉、更持久的力量，以其先导性、战略性为乡村振兴提供了精神激励、智慧支持和道德滋养。所以，各级党委政府要从实施乡村振兴战略的高度，切实加强对乡村文化建设的重视。

三是要从法律法规上提高思想认识。2016 年 12 月 25 日全国人大常委会颁布的《公共文化服务保障法》，将相关政策措施上升到了法律的高度，为公共文化服务提供了坚强的法律保障，其中对文化站的建设从人员配备、设施建设、经费保障、政府责任等方面做出了具体规定，并且明确提出公共文化建设的主体是各级人民政府。所以，各级党委政府要从贯彻执行法律的角度，切实加强对基层文化建设的重视。

（二）进一步加强建设力度，切实完善基层文化设施

基层文化设施是开展基层文化服务的主要依托，必须建立完善的设施体系。要按照 2020 年全面建成小康社会的时间节点，实现基层文化设施"三个全覆盖"。

一是文化站建设全覆盖。从调查情况来看，县、乡、村三级，最薄弱的环节在乡镇（街道）。要按照《湖北省基本公共文化服务实施标准》中规定的"3 万人以下，建筑面积不少于 300 平方米；3 万~5 万人，建筑面积不

少于 500 平方米；5 万人以上，建筑面积不少于 800 平方米"的要求，实施文化站提档升级工程，争取使全省文化站全部达标。

二是文化室建设全覆盖。主要依托党员群众服务中心，按照相关标准建设村（社区）文化室（综合文化服务中心），覆盖全省所有的行政村和社区。

三是文体广场建设全覆盖。文体广场是目前最受群众欢迎、群众最迫切需要的文化设施，虽然近年来发展很快，但仍需要加强。要按照"乡镇（街道）文体广场不少于 600 平方米、村（社区）文体广场不少于 500 平方米，配套建设宣传栏、基本灯光音响和群众体育活动器材等设备，有条件的可搭建戏台舞台"的要求建设文体广场，尽快覆盖全省所有乡镇（街道）和村（社区）。

（三）进一步加大改革力度，大力推进"县聘乡用"机制

全省已经实施"县聘乡用"机制的实践证明，实行"县聘乡用"机制更能够调动基层文化工作队伍的积极性，更能够巩固基层文化阵地，更能够提升基层文化服务效能（见表 4）。

表 4 "以钱养事"和"县聘乡用"机制比较

主要指标	以钱养事	县聘乡用
人员待遇	平均 3.74 万元/人/年	平均 8.95 万元/人/年
	不能评职称、不能晋升	可以评职称、可以晋升
开展活动	23.33 次/年	71.25 次/年
服务人次	13285 人次	122138 人次
管理方式	文化站人、财、物由乡镇（街道）政府管理	文化站人、财、物由文化局管理，或由文化局和乡镇（街道）政府双重管理

所以，要在"以钱养事"的基础上，进一步深化基层文化管理机制改革，大力推进"县聘乡用"机制。同时，要进一步完善文化志愿者工作机制，力争通过多种形式，使每个文化站公益性服务岗位工作人员在 2 名以上。

（四）大力推进基层综合文化服务中心建设，切实提升文化站服务效能

基层综合文化服务中心建设是党的十八届三中全会确定的改革项目，是省深化文化体制改革的重点项目，其改革的重点是在"综合"二字上做文章，如果这篇"文章"做得好，就可以统筹解决文化站当前存在的人员不够、经费不足、设施不全、活动不多、人气不旺、效能不高等一揽子问题。该项工作自 2016 年年底启动以来，目前已经取得了初步成绩，出台了《全省基层综合性文化服务中心建设三年行动计划（2017—2019）》，制定了《全省基层综合性文化服务中心标准化建设方案》，并探索了整合行业资源、整合社会资源的建设模式。下一步，要继续大力推进基层综合文化服务中心建设，积极探索各种有利于发挥文化站效能的建设模式，在合法合规的情况下，只要能够更加有利于提高基层公共文化服务效能，都可以去尝试，推动形成"小中心"整合"大文化"的基层文化工作生动局面。

（五）进一步理顺管理机制，切实加强对文化站的监督管理

目前，乡镇（街道）文化站管理机制还没有完全理顺，下一步，要从三个方面加强管理。

一是要纳入考核体系。要将文化站建设和运行情况纳入县、乡党委政府和相关部门的年度目标考核内容，加大考核力度，形成齐抓共管的工作合力。

二是要建立监管机制。各级文化部门要围绕文化站的功能定位、运行方式、服务规范、人员管理、经费投入、绩效考核、奖惩措施等重点环节，建立一系列规章制度，形成长效监管机制。特别是在依托文化站建设基层综合文化服务中心的过程中，将宣传文化、党员教育、科学普及、普法教育、体育健身等基本项目，以及其他部门和社会力量的服务项目整合进来以后，要针对与这些项目有关的人、财、物的管理进行认真研究，制定科学的管理规

范，确保资源整合以后能够高效运行。

三是要加强督办问责。要对地方党委政府和相关部门贯彻落实《公共文化服务保障法》和省委、省政府相关文件进行检查督办，组织开展执法检查，树立先进典型，处罚反面典型，切实整改问题。要严格实施追责问责，依法对相关单位和人员进行追责问责，形成威慑效力。

B.12
湖北省博物馆协会发展报告（2017）

黄　敏*

摘　要： 当前，在全国博物馆事业蓬勃发展的大背景下，依托深厚文
化底蕴和丰富的文物资源，湖北省博物馆协会发展进入快车
道，在发挥博物馆行业组织功能、搭建交流平台、组织学术
活动、编辑出版学术刊物、提供会员服务、加强自身建设等
方面取得了显著成绩，并为湖北省博物馆事业的可持续发展
积累了宝贵的经验，奠定了坚实的基础。本报告立足于湖北
场域，从文博中心作用、博物馆学术研究以及制度建设等方
面对 2017 年湖北省博物馆协会发展现状进行梳理和分析，并
进一步提出突出陈列、强化科研和完善制度等推动博物馆协
会可持续发展的建议。

关键词： 博物馆协会　可持续发展　文博产业

博物馆作为公共文化服务机构之一，以其丰富的藏品和蕴含的历史文化
内涵可以在丰富人民群众精神文化生活，传承中华优秀传统文化，弘扬社会
主义核心价值观，增强文化自信，促进中国特色社会主义文化繁荣发展，提
高全民族文明素质等方面发挥重要的作用。当前，我国博物馆事业健康发
展，博物馆数量快速增长，公共文化服务水平显著提升。截至目前，全国博

---

* 黄敏，女，湖北省博物馆助理馆员，湖北省博物馆协会秘书。从事文博工作近三年，参编各
类刊物十余本。

物馆数量近 5000 家，免费开放的博物馆占 87%，博物馆在社会生活和社会教育中的作用更加突出。

湖北省博物馆协会于 2010 年 10 月成立，至今已有 7 年。截至 2017 年年底，湖北省登记备案各级各类博物馆 211 家。其中，国有博物馆 154 家，非国有博物馆 57 家。国家一、二、三级博物馆 39 家，位居中部省份第一，全国第四。初步形成以省直博物馆为龙头，以市州级博物馆为骨干，以县级博物馆为基础，以非国有博物馆为补充的门类齐全、特色鲜明、分布广泛的博物馆体系和发展新格局。全省博物馆、纪念馆馆藏文物藏品及标本总量达 153.1877 万件（套），一级文物 2679 件（套），三级以上珍贵文物 9.4887 万件（套）。2017 年全省博物馆举办基本陈列和临时展览近 2000 个，开展各类社会教育活动 3000 多场次，接待观众 3100 余万人次，其中未成年人超过 1000 万人次，超过 90% 的博物馆对公众免费开放，取得良好社会效益。

湖北省博物馆协会作为全省博物馆行业的服务者，2017 年，坚持以习近平中国特色社会主义思想为指导，认真贯彻习近平总书记关于文物工作的重要指示批示，在湖北省文物局的领导及中国博物馆协会的指导下，在社会各界领导、朋友的关心支持下，在理事会及各专业委员会、协会秘书处和全体会员的共同努力下，顺应我国博物馆事业发展的新形势，积极发挥博物馆行业组织功能，紧密团结和联系全省博物馆工作者以及广大关心、支持博物馆事业的高校、科研院所、企业等社会各界，充分发挥行业优势，抢抓机遇，锐意进取，在搭建交流平台、组织学术活动、编辑出版学术刊物、提供会员服务、加强自身建设等方面，做了大量的、富有成效的工作，取得了显著成绩，并为湖北省博物馆事业的可持续发展积累了宝贵的经验，奠定了坚实的基础。

一 围绕文博中心，突出陈列展览和社会教育重点工作

协会组织申报第十四届（2016 年度）全国博物馆十大陈列展览精品推介的推荐工作。全国博物馆十大陈列展览精品奖为中国博物馆协会等单位主

办，是全国博物馆陈列展览的最高荣誉。自 1997 年起已举办 14 届，每年选出最优秀的 10 个博物馆陈展。2017 年 4 月，湖北省博协组织省内部分博物馆申报第十四届（2016 年度）全国博物馆十大陈列展览精品推介，其中推荐的长江文明馆基本陈列《长江之歌　文明之旅》获全国十大陈列展览精品奖，江汉关博物馆的基本陈列《江汉朝宗——武汉城市现代化历程》获全国十大陈列展览精品优胜奖。

协会组织 2017 年"中国故事——全国博物馆优秀讲解案例展示推介活动"（湖北赛区）的复赛。受省文物局委托，协会组织了 2017 年"中国故事——全国博物馆优秀讲解案例展示推介活动"（湖北赛区）的复赛，从湖北省博物馆、辛亥革命武昌起义纪念馆、武汉革命博物馆、八路军武汉办事处旧址纪念馆及黄冈、荆州、十堰、宜昌市博物馆选送的 20 名专业讲解员、志愿者中通过选拔，推荐了 2 名专业讲解员、1 名成年志愿者、1 名 18 岁以下学生志愿者，参加了 5 月 16 日在北京举办的 2017 年"中国故事——全国博物馆优秀讲解案例展示推介活动"，其中荆州博物馆的陶娅获得"中国故事——全国博物馆优秀讲解案例展示推介活动"十佳案例，武汉革命博物馆的周全获得了第十一名的好成绩，湖北省博物馆志愿者吴春芸、吴臻喆分获志愿者组、学生志愿者组"优秀讲解员"，既展示了湖北讲解员和志愿者的风采，也宣传弘扬了荆楚文化。

协会组织第一届（2016 年度）湖北省博物馆六大陈列展览精品奖评选。2017 年年初，为提升博物馆陈列展览水平，经理事长会议研究，决定从 2017 年开始，每年举办一届博物馆六大精品陈列展览推介活动，对上一年度全省博物馆、纪念馆举办的基本陈列、连续展期 90 天的专题陈列进行评选。3 月，评选活动正式启动，湖北省博物馆协会编制了《全省博物馆六大陈列展览精品推介评选办法》，4 月初下发通知，4 月底收集汇总了各地上报的六大陈列展览精品申报材料。5 月 13 日，湖北省博物馆协会组织专家对申报材料进行了评审。最终，长江文明馆的《长江之歌　文明之旅》、江汉关博物馆的《江汉朝宗——武汉城市现代化历程》、鄂州市博物馆的《以武而昌——三国吴都历史文化陈列》、武汉博物馆的《南土遗珍——商代盘龙城遗址出土文物特展》、辛亥革命博物馆的《武汉上空的鹰——纪念苏联空军志愿队特展》、宜昌市博物馆的《宜昌记忆——三峡·宜昌民俗文物展》获得湖北省六大精品陈列；武汉革命博物馆的《党之元老·人民公仆——董必武诞辰130周年生平展》、湖北省博物馆的《丝绸之路与俄罗斯民族文物》、襄阳市博物馆的《诸葛亮躬耕襄阳时期的历史记忆——襄阳樊城大型三国墓》获优胜奖。

博物馆社会影响进一步拓展。配合湖北省文物局，2017年"5·18国际博物馆日"协会在黄冈市举办了主场城市活动，专题展览、专家鉴宝、讲解员大赛等多项活动全面展示湖北省博物馆事业发展成果，扩大了博物馆社会影响。

协会组织举办了2017年湖北省文博系统"讲好中国故事"优秀案例推介活动。在省文物局的指导下，首次以省博协为主体，于5月12～14日在黄冈举办了2017年湖北省文博系统"讲好中国故事"优秀案例推介活动。77名来自湖北省博物馆协会的各个会员单位、高校专委会的优秀讲解员及志愿者参赛，经过两天的复赛、半决赛、决赛，本次活动共决出了一、二、三等奖20名，特别奖2名，优胜奖20名，最佳单项奖6个，团体奖15个，其中10人获得湖北省十佳，6人分别获得最佳风采等单项奖项。这些活动，以赛代训，加强了讲解员队伍建设，提高了讲解员的业务水平，推动了湖北省博物馆业务工作的发展。

二　秉承学术为本，促进博物馆学术研究水平的提高

2017年，协会继续秉承和发扬优良的学术传统，倡导、举办和协调了一系列学术活动。

协会组织《2017年湖北省博物馆协会学术研讨会论文集》编撰。2017年，湖北省博物馆协会（以下简称"省博协"）以"博物馆与弘扬中华传统文化"为主题，组织开展了年度学术研讨会论文征集活动。此次论文的征集，得到了全省会员的积极响应，共提交论文150余篇。省博协组织专

家对收集的每篇论文进行点评，经过专家匿名评审，共收录论文 111 篇，涉及博物馆与弘扬中华优秀文化、藏品研究、陈列展览、社会教育、互联网＋、文创开发、文化遗产保护、交流合作等诸多方面，或是理论思考，或是实践案例，为博物馆弘扬中华优秀传统文化提供了一定的借鉴。此外，论文集还特别编录了获得全国十大陈列精品、全省六大陈列精品，以及全国讲好中国故事优秀案例的材料，既有一定的理论高度，又具有很强的鉴赏性。

协会组织对 2017 年学术研讨会论文进行评奖。为鼓励从业人员积极主动开展学术研究，提高各馆论文撰写水平，湖北省博协继续开展所征集论文的评奖工作。11 月初，在初评入选论文集论文专家评审意见的基础上，再次组织专家对候选论文进行评审，评出一等奖 6 名，二等奖 12 名，三等奖 22 名。部分获奖论文在省博协的学术研讨会上进行了交流。

协会组织《湖北博物馆年鉴 2016》的编撰。博物馆年鉴既是各博物馆年度工作的总结，又是博物馆相关信息提供的平台，还是博物馆工作经验交流的载体，省博协继续推进湖北省年鉴的编撰工作。省博协在汇总各博物馆年鉴资料后，经过审核，并增加了《中华人民共和国公共文化服务保障法》《国务院关于进一步加强文物工作的指导意见》等相关法律、法规、文件与讲话，形成了《湖北博物馆年鉴 2016》终稿。

省博物馆协会自成立以来，已连续六年出版了论文集和年鉴。从 2011 年至今，提交的论文一年比一年多，撰写的论文质量一年比一年好。论文集和年鉴的出版，将促进文博单位之间的交流，推进湖北省文博事业的发展。

协会参与主办首届鄂王城历史文化高端论坛。2017 年 9 月 28 日，由湖北省博物馆协会参与主办的"首届鄂王城历史文化高端论坛"在大冶市金牛镇举行，来自北京科技大学科技史与遗产学院、北京建筑大学建筑遗产研究院、华中师范大学历史学院、湖北大学高等人文研究院、湖北省荆楚文化研究会、湖北省考古研究所、湖北省社会科学院楚文化研究所等多家单位的领导和专家就鄂王城的考古研究、历史文化价值等问题进行了深入探讨，为鄂王城的保护和深入研究提供了智力支持。

三 以制度建设为基础，不断加强自身建设

进一步规范协会管理。自 2016 年 8 月湖北省博物馆协会换届特别是2017 年以来，协会严格按照行业协会清理整顿的要求，进一步加强规范管理，取消了独立的秘书处，由省博物馆办公室负责日常事务，并不再向会员收取会费，严格落实协会领导、理事零取酬制度。

建立学术评估制度。为发挥博物馆协会的专家指导作用，提升博物馆协会相关学术水平，协会决定组建专家库，从全省各博物馆具备副研究馆员以上职称的专业技术人员中遴选了 20 余名专家组建专家库，初步建立了学术评估制度，为博物馆评估、年度研讨会论文评奖、六大精品陈列展览推介相关学术活动把关。

成立社教专委会。当前，社会教育已成为博物馆的一项主要职能，为进一步提升博物馆社会教育人员的能力和水平，促进全省博物馆、纪念馆社会教育工作的交流与合作，并推动其发展，经湖北省博物馆协会理事会研究，决定成立社教专委会。目前，社教专委会成立的相关准备工作已经完成，即将在 12 月初湖北省博物馆志愿者 10 周年纪念活动时正式成立。

2017 年，湖北省博物馆协会在社会各界的关心支持下，在理事会和广大会员的共同努力下，在组织协调、学术研究、规范行为、行业自律等方面所做的大量工作，取得了可喜的成绩。协会服务会员与行业的质量和水平明显提升，为协会带来更大的凝聚力和向心力；多种多样的学术活动空前活跃，很好地坚持了协会"学术为本"的优良传统，促进了湖北省博物馆学术研究水平的提高；完成多项协会自发项目，行业指导和行业自律方面的作用得到了更好的发挥；科学规范的内部管理与争取广泛社会力量支持并举，协会活动开展的基础条件得到进一步改善。

2018 年是全面决胜建成小康社会的关键之年，党的十九大报告给我们指明了前进的方向，湖北省博物馆协会将深入学习贯彻党的十九大精神，紧

紧围绕"满腔热情地提供行业服务，真心实意地反映行业诉求，自觉严格地抓好行业自律"的指导思想，始终坚持突出"学术性、服务性、民主性、创新性"的工作重点；继承和发扬优良传统，加强创新性，激发协会活力；加强学术性，提高协会学术水平；加强服务性，牢固树立服务宗旨；加强开放性，促进交流合作，为推动中华优秀传统文化创造性转化、创新性发展贡献力量。

B.13
湖北省城乡基层公共文化服务
差异化调研报告（2017）

李协萍*

摘　要：　近年来，湖北城乡公共文化建设取得跨越式发展，取得了举世瞩目的成绩。随着全面建成小康社会步伐的加快以及人民群众日益增长的对文化需求的新形势，湖北公共文化服务面临城乡差异化的挑战。如何采取有效措施，减少服务差距，实现城乡公共文化均等化，成为新时代湖北公共文化建设必须解决的问题。本报告在实地调研的基础上对湖北城乡公共文化服务差异化进行实地分析，研究发现城乡公共文化服务差异化主要表现在设备、服务均等化和服务效能方面。基于此，本报告提出政府主导、全面参与、保障完善、因地制宜和数字化战略的湖北城乡公共文化发展之路。

关键词：　湖北城乡　基层公共文化服务　差异化

近年来，随着我国深入推进"文化大国"建设以及"文化惠民"工程，一系列覆盖城乡的文化事业发展政策措施相继实施，我国公共文化建设取得长足进步，人民群众的文化生活日趋丰富多彩，初步形成了覆

---

* 李协萍，女，湖北省群众文艺馆馆员。

盖城乡、便捷高效、保基本、促公平的公共文化服务体系。但是在发展过程中，由于各种历史和现实因素的交织，我国城乡基本公共文化服务能力呈现较大的差异性，影响了文化建设的相对均衡发展。湖北省经济发展也极不平衡，大城市带动作用明显，县域及农村经济发展滞后。截至 2017 年，湖北省还有 25 个国家级贫困县。在公共文化的建设上，虽然从"九五"末到"十一五"前期，湖北省连续 13 年对每个乡镇文化站投入 20 万元开展乡镇文化站基层设施建设，但是街道文化站没有投入建设资金，其后新建乡镇也没有另行投资建设。社区（村）没有全面推进公共文化服务基础设施建设。乡镇和社区（村）综合文化活动广场也没有全面推进。基层文化的工作人员历经 2004 年开展的乡镇综合配套改革，很多地方都出现了人员流失现象，有些地方甚至连文化阵地都没有了，这加剧了城乡文化上的差异。城市与乡村是一个有机体，只有二者相互支撑，才能实现全社会的可持续发展。在当前的社会环境下，科学认识城乡间基本公共文化服务能力的空间差异性，为实现基本公共文化服务的均等化指引方向变得尤为重要。基于此背景，城乡基层公共文化服务差异化调查研究组从 2018 年 4 月 23 日到 4 月 28 日分成三个小队分别深入湖北的利川、黄冈、汉阳三地的 7 个社区和 10 个村庄进行了实地调研，对每个地方的文化活动中心进行了现场查看，随机发放调查问卷和进行简单的现场访谈。在此过程中，公共文化服务的城乡差异随处可见，但是也有一些地方积极探索公共文化服务的途径，涌现出一些值得学习的经验。

本次调研共发放调查问卷 150 份，回收 150 份，根据填写情况，实际有效问卷 136 份，其中城市问卷 62 份，农村问卷 74 份，有效率为 90.7%。在问卷的设计上，涉及被访者的年龄、性别、享受公共文化服务的情况、影响享受公共文化服务的因素、获取公共文化服务的途径以及对公共文化服务的期望等。同时，基层公共文化服务机构在传承和发展文化中的作用也在调查范围之内。在地方的选择上，有国家级贫困县利川、团风等，也有经济情况较好的省会城市武汉。具体调研情况如下。

一　城乡基层公共文化服务的设施设备差异化

基层公共文化基础设施是基层群众开展各类文化活动的物质载体。市、县、乡、村各级各类公共文化设施是基层群众开展各类文化活动的重要阵地和场所，对丰富群众精神文化生活发挥着不可替代的作用。加强基层公共文化设施建设是完善基层现代公共文化服务体系的核心内容。党的十八届三中全会将"构建现代公共文化服务体系"作为全面深化改革的重要任务之一。

2015 年，中共中央办公厅、国务院办公厅印发了《关于加快构建现代公共文化服务体系的意见》（中办发〔2015〕2 号），提出到 2020 年，基本建成覆盖城乡、便捷高效、保基本、促公平的现代公共文化服务体系，其中要求公共文化设施网络全面覆盖、互联互通。为贯彻落实中央文件精神，省委办公厅、省政府办公厅印发了《关于加快构建现代公共文化服务体系的实施意见》（鄂办发〔2015〕62 号），对进一步完善湖北省各级公共文化设施提出了明确要求。为进一步提升基层公共文化设施服务水平，2016 年 6 月底，省文化厅、省财政厅联合印发了推进基层公共文化设施建设的指导性文件《湖北省"十三五"时期基层公共文化设施建设实施办法》。

尽管有国家政策和各级政府的政策支撑，全省在公共文化设施方面的城乡差异依然非常显著。课题组通过实地查看，了解到大部分地区的公共文化设施建设已基本完善，有些地方尤其是城市社区基础设施建设甚至已经达到了相当高的水平；但是，还有一些农村贫困地区公共文化设施普遍比较匮乏，有些村子连起码的公共文化设施和场地都没有，如利川市毛坝镇的人头山村和双溪村。人头山村和双溪村都仅有一间办公室和图书室，没有广场，没有别的任何文化配套设施，村民们仅有的娱乐活动是在马路上跟着手机视频跳广场舞，"车来的时候就停，车走了再接着跳"，他们想有活动场地和设施的愿望非常强烈。

基础设施的差距不仅存在于城乡，村子与村子之间的差别也非常大。同属于利川市毛坝镇的田坝村，因为茶产业的支撑，村里的文化设施非常齐全，有标准化的篮球场和完备的健身设备，有各类文化娱乐设施、文化大舞台、各种培训室和排练厅。另一种差别的出现则取决于政府的支持力度。如团风镇安阳村、团风镇郧阳村是南水北调工程的两个移民村，文化设施和文化场地都非常完备，体育娱乐设施也很齐全，条件优于其他的大部分村子。

二　公共文化服务均等化的城乡差异化

对公共文化服务的完善和发展来说，均等化是我们应该长期坚守的一个基本原则，在城乡二元结构的我国，尤其是一个值得关注的问题。但是，均等化不是平均主义。在公共文化服务体系的建设和完善的领域内，通过调研也发现，各地、各部门都存在不均衡的局面，地区之间和部门之间、人群之间存在很多差距。均等化不是说要消灭这些差距，而是在这样的前提下，去保证每个人都有享受公共文化服务的权益和机会，提供的公共文化服务能激活他们的文化享有热情和文化创造、文化消费等行为。具体调研中发现，均等化的差异在城乡公共文化服务中也普遍存在。

均等化首先是保证每一个人都有享受公共文化服务的权利。但调查发现，69.3%的享受公共文化服务的城市人群和59.4%的享受公共文化服务的农村人群集中在36~60岁这个年龄阶段；18岁以下的在本次调研中一个也没有接触到，他们以接受学校教育为主；19~35岁这个年龄群城市里的比例为12.9%，农村为14.9%；60岁以上人群城市为17.7%，农村为24.3%。从以上数据可以看出，在公共文化服务的对象上城乡差异并不算大，笔者甚至注意到，在男女比例上，城乡差异也不大，虽然城市里参与公共文化服务的男性略微高于女性；真正的差异在于享受公共文化服务的人群年龄的差异化。这种差异会导致文化内容的提供偏向于某一方面，而另外的区域则出现了越来越少甚至空白的局面，不利于均等化的实现。人群均等化真正的城乡差异在对特殊人群的服务上。在走访过的农村，所有的村子都没有任何针对特殊人群，如残疾人、留守儿童之类的公共文化服务;城市社区里则有不少地方提供此类活动或者有相应的器材。

另外,公共文化服务的均等化,也不是政府的"全能化"。在促进公共文化服务均等化的过程中,并不意味着政府"大包大揽"地提供所有文化服务。在市场经济条件下,政府仅仅提供一般化、保障性、基本性、标准化的各种文化服务项目,特殊化、较高层次的文化服务只能通过市场机制、文化产业机构或其他途径获得。个人如果有足够的购买力,也可以不享受由政府提供的公共文化服务,而是自己通过文化市场来选择、购买更为合适的文化服务。所以在此次调研中,我们设计了在文化艺术方面的消费类题目。通过调查问卷的数据,我们列了表1这一表格(因城乡受访人数的不同,取年平均花费)。

表1   湖北省城乡文化支出对比

单位:元

项 目	看电影方面	看文艺演出方面	买报纸杂志书籍方面	购买绘画、摄影、书法等方面	其他文艺爱好(抖空竹、打陀螺、练武术等)
城市平均年花费	223.7	170.5	316.97	198.5	195.97
农村平均年花费	62.57	75.3	74.7	47.2	70.7

农村的自主文化消费情况数据远远落后于城市的自主文化消费情况。而且根据问卷的实际情况,农村的数据是由受访者中的少数文化爱好分子支撑的,超过90%的受访者在文化消费支出方面都是空白。这么巨大的差异虽然有农村经济落后的因素,但是从另一个侧面可以反映出农村居民在公共文化服务中自主意识不够,这也直接影响了公共文化服务的效能。

三 城乡基层公共文化服务的服务效能差异化

本次受访者在家庭年收入和受教育程度上也有很明显的差异。农村54.1%的受访者家庭年收入都在3万元以下,而这一比例在城市是29%。另一非常显著的差异是受教育程度：58.1%的农村受访者只有初中及以下水平，城市里这一数据是9%。经济水平和受教育程度直接决定了人们在享受公共文化服务时的文化意识和接受能力、审美水平、重视程度等。事实上，大部分的农村受访者在访谈中也都提到了对享受与不享受公共文化服务这个事情无所谓，认为不影响日常生活就可以，不影响打牌之类的娱乐就行。还有的农村受访者对公共文化服务一脸茫然，完全没有享受公共文化服务的意识，对自己的文化权利也一概不知。这一方面跟受教育程度有关系，另一方面也因为《中华人民共和国公共文化服务保障法》实施时间不长，基层的宣传和普及工作还远远不到位。这样的情况在城市里几乎不存在，虽然也有人对《中华人民共和国公共文化服务保障法》不了解，但是都认为享受公共文化服务是自己应有的权利。

调查问卷的数据显示，人们对体育设施的利用率较高。在体育设施齐备的地方，农村有超过72%的比例、城市有超过90%的比例使用频率非常高，他们用"经常""N次""每天""无数次"等词语描绘对体育设施的使用。可见，城乡居民对自身的健康关注度普遍较高；体育设施的普及在很大程度上也提高了居民对健康的重视。一个引人注意的现象是，与之相关联的广场舞在各个村子和社区的接受度和普及率也相当高，没有文化设施的地方人们也会自发地跳广场舞。由此推及的话，跟健康、健身、健身舞蹈相关的活动如果有的话，人们的重视程度显然不会低，但是现实情况是，大部分的村子并没有根据村民的实际需求来因人制宜地选择和设计相关文化活动，因此文化效能也打了折扣。

只有2.7%的人表示自己会"经常"去文化馆（站），除此之外，样本中的农村居民2017年人均去文化馆（站）2.2次，城市居民15.7次，反差很大。去各种文化活动场馆的数据比较如表2所示。

表2 湖北省城乡居民"场站"消费情况

单位：次

项　目	图书馆	歌舞剧场	展览馆	文化馆（站）
城市年平均次数	7.8	7.14	3.5	15.7
农村年平均次数	9.0	1.5	0.9	2.2

可以看出，湖北省的公共文化效能普遍较低，城市与农村的差距也很大。农村与城市差距相对小一些的是图书馆，但总体数值都非常小。实地调查也发现，农家书屋的利用率非常低，有很多村子的农家书屋基本无人光顾，情况相对稍微好一点的毛坝镇夹壁村 2017 年的借阅量也只有 16 次。对此当地人的解释是：农家书屋的书籍配置根本没有从农村实际出发，对老百姓不构成吸引力。如以茶为支柱产业的地方，实际上没有几本书是跟茶有关的。另外，则与人们的公共文化服务观念、受教育程度、科技发展导致人们阅读方式的变化有关系。城市里的情况就更是如此，但是城市里在自主消费方面，如看电影、看演出等方面要远远好于农村。还有一个值得注意的现象是，图书馆的数据支撑也是来自少部分人。也就是说，越爱读书的人去图书馆的次数也就越多，而不去和去的次数小于 5 的，超过 60% 的受访人群。这从一个侧面说明了我们在公共文化服务的工作上面还有很多的事情要做，尤其是农村。

调研组还考察了人们在过去一年里实际接受的公共文化服务数量，具体情况如表 3 所示。

表 3   湖北省城乡居民 2017 年实际接受的公共文化服务数量

单位：次

项目	培训次数	得到的辅导和指导次数	文艺观赏次数
城市(62 人)	12.7	8.2	9.5
农村(74 人)	2.5	3.1	5.6

也能看出，人们在实际获得的公共文化服务中，城乡之间的差异也是非常大的，城市里能获得培训的次数年均为 12.7 次，而农村只有 2.5 次；城市里人均能看到 9.5 次演出，而农村只有 5.6 次。就算如此，文艺观赏也是农村人口所能获得的最多的公共文化服务。那么，是什么因素影响了人们接受公共文化服务呢？城乡之间的影响因素也有一些差别。在去公共文化场地的影响因素中，具体情况统计如表 4 所示。

表4　制约城乡居民公共文化服务消费的因素

单位：人，%

项目	场所的提示标识清晰（占比）	设备使用便捷（占比）	申请服务的程序方便（占比）	服务人员热情周到（占比）	服务内容有吸引力（占比）	其他（占比）
城市（62人）	37（60）	36（58）	41（66）	31（50）	30（48）	7（11）
农村（74人）	38（51）	35（47）	55（74）	30（41）	45（61）	5（6.7）

可以看到，城市社区居民中，申请服务的程序方便、场所的提示标识清晰、设备使用便捷占据前三位，分别是66%、60%、58%；农村居民中，申请服务的程序方便、服务内容有吸引力、场所的提示标识清晰占据前三位，分别是74%、61%、51%。可见程序简便是影响大多数人享有公共文化服务的重要因素。此外，离家近、内容有吸引力也有着非常关键的影响力。农村居民甚至更重视活动内容的吸引力，这大约与他们更接受自己的本地文化有关。超过一大半的受访者认为，假如自己熟悉的人去演出，并且是自己熟悉的、看得懂的事情，他们更愿意主动参与。从这些影响因素也可以看出老百姓对公共文化服务各方面的期待，作为参考，公共文化服务提供者应充分考虑这些因素，从而在工作中进行改进。

基层公共文化服务中心不仅是构建现代公共文化服务体系的重要力量，是使广大人民群众充分享有文化权益的重要渠道，同时对于弘扬和发展民族文化、建设社会主义文化也有着重要的意义。在此维度上，我们从群众对自己传统文化的认知方面了解了一下实际情况。所有的受访者对春节、元宵节、端午节、中秋节这种重要传统文化节日还是非常熟悉的，对相关的民俗活动也有了解，但是并不深入。比如说，只知道端午节要包粽子，但是具体是怎么来的很少人能说清楚。这种情况在城市社区居民中则好很多，不少人对节日的意义和价值都可以说清楚。这说明基层公共文化服务中心在文化传承方面起到了很大的作用，但是在内容的深度和广度方面有待加强。

四　缩小城乡基层公共文化服务差异的建议

本次采样数据可能有较大的偶然性，但是基本上勾勒了湖北省目前在公共文化服务方面的大致情况，城乡差异方面尤其明显。基层是文化建设的根基，湖北省文化建设的薄弱环节在农村，最艰巨、最繁重的任务在农村，重点也在农村。没有农村文化繁荣发展就谈不上全省文化的大发展大繁荣，农村文化建设和农村文化服务应该摆在更加突出的位置。在此，结合本次调研的实际情况，提出以下建议。

（一）要充分发挥各级政府的主导职能

要适应形势变化和顺应群众期盼，增强文化惠民的渗透力，坚持眼光向下、重心下移，让文化资源更多地向基层倾斜、向农村倾斜、向普通百姓倾斜，进一步完善农村公共文化服务体系建设，确保文化发展的成果真正惠及全民，尤其是农民。

（二）要充分发挥群众的首创精神

要不断探索贴近群众、服务群众的新形式、新途径，增强针对性和实效性，充分发挥群众的首创精神，通过民办公助、政策扶持，激发农村群众参与文化建设的积极性，鼓励农民自办文化。中国社会是乡土社会，人与人之间拥有一种地方性共识，这种地方性共识包含价值与规范，是农民行为的释义和规范系统。农民如果能有自己熟悉的文化，能创造出属于自己的文化，他们会更有认同感，也能增加心理层面的归属感、被尊重感和幸福感。在此基础上，公共文化服务可以对村民的不同思维方式和意识形态进行整合，进而形成村落的集体意识，增进村民彼此间的信任，从而达成对乡土的文化认同。调研组实地调研的毛坝镇积极培育本土文化，凝聚百姓力量，充分利用当地的红茶文化特色，尊重群众的首创精神，激发乡贤力量，连续几年自办乡村"村晚"，取得了非常好的效果。2018年的

"村晚"以"乡村·乡土·乡贤"为主题，节目共21个，有展现原始人民生活情境的《狂欢鼓乐》威风锣鼓，婀娜曼妙的古典舞《落花》《采薇》；反映传统文化的《肉连响》与非遗穿花舞《醉梦土司》；响应时代主旋律、宣传新政策的歌曲《撸起袖子加油干》，快板《优生优育赢在起跑线》，小品《脱贫攻坚 健康在前》，内容丰富、形式多样。所有节目的创作人员与演出人员均为毛坝镇各村村民。2017年，毛坝镇也举办了"乡音、乡情、乡愁"百姓"村晚"，以文化为载体，节目和参与人员也都来自百姓，获得了社会各界和老百姓的好评，获得从中央到地方各级媒体的关注和现场直播。

（三）各级政府应积极寻求解决"最后一公里"的人员问题和经费问题

此次在调研过程中发现，有些地方如移民村在硬件设施方面非常完善，但是文化活动的开展很有限，成了典型的"空心设施"，这就必须重视文化服务内容的打造。而文化服务内容的打造，离不开人才。走访发现，虽然几乎每个社区和每个村子都配备有文化专干或者文化指导员，城市里基本可以做到专职专用，也有专门的经费，但是在农村几乎全是兼职，平日里别的工作已经忙不过来，根本无暇顾及文化工作。另外一个因素是待遇问题，就调研组的了解，全省超过60%的地方文化专干的年报酬都只在3000元左右，为了生活他们也得经常出门打工，所谓的"专干"也都是空话，严重打击了文化专干抓文化工作的积极性。农村里的文化专干是打通公共文化服务"最后一公里"的关键性力量，通过他们培育农村文化人才，壮大农村业余文化队伍，扶持农村文化经纪人队伍，再通过农村文化人才队伍建设，强化农村文化建设，促进农村文化发展。各级政府应积极出台相关政策和措施保障他们的正当权益，激发他们工作的积极性从而促进农村公共文化服务的正常发展。目前与文化专干工作相对接的乡镇文化站的人才和待遇问题也应该认真督促抓落实，否则文化专干的工作也会像一盘散沙。

（四）积极探索适合当地特点的公共文化服务方式

本次调研中有两个村子在公共文化服务方式的探索上给人留下了深刻的印象：利川毛坝镇的五一村和利川西郊的羊子岭村。五一村有完备的公共文化设施，文化活动开展也较丰富，村民的认知度和满意度都较高。调研的当天是个雨天，文化活动中心聚集了很多因下雨而暂时农闲的人，有的打牌（当地的一个非遗项目），有的下棋，有的跳舞……热闹非凡。经过了解，这个村子的文化活动中心使用率常年都较高，村民们没事把这儿当家一样。村子里一位将近70岁的老人也是其中的活跃分子，他带着本村的文艺队伍到全国各地去参加比赛，对于自己的文化享受非常满意。这个村子的村民对文化活动都很热衷，基本上可以做到"一呼百应"。实地感受之后，发现这个村子在探索当地的公共文化服务途径上有一些非常符合当地特色的做法。五一村比较偏僻，村子所辖的几个村民小组也比较分散，有的地方到村子文化活动中心超过一个小时的路程。为了解决村民们在文化活动过程中的各种问题，村子文化活动中心为大家提供了食堂。当村民们在这儿参加活动的时候，通过自筹资金、自出厨师、一起帮忙，然后一起其乐融融地吃饭，既解决了村民们的路途奔波问题，又增进了邻里感情，增加了村民们的凝聚力，公共文化互动也更好开展。羊子岭村因民宿旅游发展良好，当地根据这个情况自筹资金226万元，建立了4200平方米的文体活动广场，各类文化设施和体育设施配备齐全，还有一个小型的剧场。针对民宿里外地客人较多，特意准备了相应的文化活动和节目，因此无论是图书馆的利用率还是在活动的开展上，比大多数的村子要好。每个村子的情况千差万别，发展公共文化服务的方式也不尽相同，不能千篇一律地用一个模式。事实证明，在政府提供的基本公共设施齐全的基础上，只有勇于探索适合自己的方式，才是公共文化服务发展的出路。

（五）大力发展城乡数字化建设

近年来，我国公共文化数字化进程日益加快，以全国文化信息资源共享工程为代表的框架基本搭建完成。湖北省目前在文化数字化建设方面相对滞后，甚至落后于西部很多地区，这也进一步拉大了城乡公共文化服务的差异。从对人们平时获取文化服务途径的数据分析来看，在被调查的 136 人中，有 109 人是通过手机等移动端来获取文化服务的，占比超过 80%。手机移动端是城市居民获取文化服务的第一大途径，占比 87%；仅次于手机的是电脑，占比 70%。农村居民获取公共文化服务的途径中，广播电视占第一位，占比 77%；占第二位的就是手机移动端，占比 74%。无论是手机移动端还是广播电视、电脑等，都是文化数字化环节的重要一环，远远超过通过传统途径（比如报纸书籍，占比 58%）享受公共文化服务的人群。而且在调查数据中一个很明显的事实是，36 岁以下的人群通过手机移动端、电脑等获取文化服务的比例超过 96%，这意味着年青一代的生活方式和对数字化文化建设更接受，也意味着文化数字化是未来的发展趋势。另一个事实是，截至 2017 年 12 月，我国手机网民规模达 7.53 亿人，其中使用手机上网人群的占比由 2016 年的 95.1% 提升至 97.5%，而农村网民占比为 27.0%，规模为 2.09 亿人，较 2016 年年底增加了 793 万人，增幅为 0.04%；城镇网民占比 73.0%，规模为 5.63 亿人，较 2016 年年底增加了 3281 万人，增幅为 0.06%。这一结果也显示，移动终端对于农村地区和流动人口更加便捷实用。对于中国广阔的农村地区以及庞大的流动人口来说，由于廉价和简便的优势，通过手机终端接入移动互联网是这些人群享受公共文化数字资源更加现实的方式，也是缩小公共文化服务差异的有效途径。

B.14
湖北省公共图书馆评估定级
分析与研究报告（2017）

李 红　王锦东*

摘　要： 2017 年国家对全国公共图书馆开展了第六次评估定级，这次评估中湖北省图书馆在经费投入、设施完善，服务效能提高、品牌影响力不断提升，基础业务夯实、特色资源建设加强，数字技术和新媒体广泛应用，创新流动图书馆形式等方面取得的显著成绩受到肯定。但在这个过程中也发现湖北省公共图书馆存在经费投入总量不足、分布不均衡，专业人员匮乏，品牌有待进一步挖掘等不足。为此，需要在明确主体责任、落实服务指导标准、加强体系建设、创新服务方式以及吸引社会力量参与和强化人才队伍建设等方面采取有效措施，进一步推动湖北省公共图书馆行业发展。

关键词： 湖北省　公共图书馆　评估定级

　　2017 年 6 月至 8 月，湖北省文化部门组成省、市两级评估检查组，分别对 12 个地市级图书馆、93 个县级、3 个少儿图书馆共计 108 个图书馆进行了评估。此次评估，是文化部组织实施的全国公共图书馆第六次评估定级，是公共图书馆规范化建设的重要举措，也是对湖北省公共图书馆事业的

---

* 李红，湖北省图书馆辅导部，副研究馆员；王锦东，湖北省图书馆辅导部副主任，副研究馆员。

一次大检阅。围绕以评促改、以评促建的目标，此次评估，在评估导向、评估体系、评估手段、评估机制等方面有较大变化，可以说是开启了公共图书馆评估的崭新模式。本报告就此次评估的方式和结果进行以下分析研究。

一　评估检查的基本情况

公共图书馆的评估定级是一种政府行为，这项活动的开展对政府掌握各级公共图书馆的家底情况，有针对性地采取措施促进公共图书馆发展具有重要的作用。2017 年 3 月，全国第六次公共图书馆评估定级工作正式启动，湖北省文化厅作为本次工作的负责部门，高度重视，成立了以分管副厅长为组长的湖北省文化厅评估定级工作领导小组，以厅公共文化处、湖北省图书馆、湖北省图书馆学会等相关负责人为副组长的评估专家小组。为了更加高效地开展工作，湖北省评估工作办公室利用现代化互联网技术，简化工作流程，先后建立了全省评估微信群、QQ 群、评估联络员群等沟通平台，实行联络员分片负责制，搭建畅通的联系网络。同时，各地文化局、图书馆积极响应，在做好自身迎评工作的同时，抓机遇促建设，积极争取地方党委政府的重视和支持，争取经费投入，改善办馆条件，不断提高业务水平和服务能力，努力推动当地图书馆事业的发展。

与前五次评估相比，本次评估的评估形式、评估内容、评估标准等都发生了巨大的变化，突出表现在从纸质评估转向数字化评估、从突出评硬件条件转为突出评服务效能等方面，这就增加了对评估标准理解和评估操作的难度。为统一评估工作指导思想，保证评估工作的顺利开展，提高评估工作的精准性和有效性，湖北省在评估正式开始前，组织多场各种层级专题培训会，让评估专家组提前介入，对各地公共图书馆相关责任人进行评估指标细则解读和评估方式辅导。主要培训活动包括：2017 年 4 月初，组织举办了由国家专家讲解，全省市县 230 多人参加的评估培训班；5 月上旬，集中全省评估专家在湖北省黄石市图书馆举办"解剖麻雀"似的实地以评代训培训班，以黄石、大冶的自评为案例，详细解读评估标准，并对各指标需上传的材料进行了示范，对评估期间严肃评估纪律、统一打分尺度等工作提出具体要求。随后，全省五个评估组分别对所评地区以市州为单位举办了实地以评代训培训班，帮助指导各基层馆准确对标，修正上报数据和资料。

实践证明，湖北省这种评估流程和办法是科学的，并取得了积极的成效。一是营造了浓厚的迎评氛围，对全省图书馆的基本情况进行了全面摸底。以评估为契机，各地对基础设施、业务建设和服务水平全方位自检自查，寻找差距，查漏补缺，并努力争取支持，认真整改提高，积极改善办馆条件，改进各项业务工作。二是锻炼了队伍，提升了业务管理水平。湖北省文化厅及时对全省图书馆馆员进行了全面的业务培训，本次培训参加人数是湖北省历届评估中最多的，几乎全员参加，提升了全省馆员的业务素质与管理水平。通过行业评估，营造了馆员们领会新知识、掌握新业态的学习风尚，引领了业界新一轮的业务研究高潮。在评估准备过程中，湖北省评估工作办公室和各县市图书馆工作人员努力认真，分块负责，分组整理，按照考评细则分门别类，明确各个项目得分点，突出重点，规范有序。全面收集上报资料，认真核查佐证材料，做好数据录入的规范性整理，然后科学有序上传。各级图书馆在评估定级过程中在做好佐证材料收集准备、凸显亮点的同时，做好数据录入的规范性整理，认真查找短板，并抢抓时间，有针对性地做好整改补充提高，真正达到了"以评促建、以评促管、以评促用"的目的。

截至2017年6月，全省共有公共图书馆111个，其中省级馆1个，副省级馆2个（武汉图书馆和武汉市少年儿童图书馆），地级馆12个，县级馆96个（含省直管市馆3个，林区馆1个）。湖北省图书馆、武汉图书馆、武汉市少年儿童图书馆3个馆由文化部直接评估，湖北省文化厅实际负责评估的图书馆为108个。根据本次评估标准，经过申报、初评、复评、终评统计，全省参评图书馆108个（不含3个省级、副省级馆），参评率100%，其中申报一级馆43个，占39.8%，申报二级馆36个，占33.3%，申报三级馆24个，占22.2%，等外馆5个，占4.6%。

二 湖北省公共图书馆工作的发展成绩

湖北省公共图书馆事业坚持以习近平新时代中国特色社会主义思想为指导，围绕文明湖北、文化强省建设，秉承"传承文明、服务社会"的宗旨，抓住发展机遇，坚持改革创新，大力实施"服务立馆、人才兴馆、科技强馆、特色亮馆"战略，整体发展水平不断提升，为满足人民群众精神文化需求做出了积极努力。

（一）财政投入稳步增长，办馆条件明显改善

近年来，在湖北省委、省政府的高度重视和各相关部门的大力支持下，全省各级公共图书馆的事业经费稳步增长。2017 年湖北省公共图书馆财政补贴收入为 67288.5 万元，与 2016 年相比有较大幅度的提升。全省各级公共图书馆文献总藏量为 3596.763 万册/件，比 2016 年新增藏量 296 万册/件，增长率为 8.9%；人均馆藏量从 2016 年的 0.56 册/人上升到 2017 年的 0.61 册/人，增长率为 8.9%。人均购书费从 2016 年的 1.467 元上升为 2017 年的 1.792 元，增长率为 22%。尽管投入一直在增加，但是湖北省公共图书馆财政补贴数量在全国的排名低于 GDP 排名增速，存在明显的滞后现象，与北广江浙沪地区公共图书馆财政拨款普遍高于 GDP 排名相比，湖北省差距明显，存在较大的提升空间。

此外，湖北省各地各级政府对文化事业的高度重视和财政经费的大力支持，促进了公共图书馆基础设施建设的快速发展。第六次评估期间，全省已新建成和开工在建图书馆 34 个。12 个地市级图书馆中，襄阳市、荆州市、孝感市、鄂州市已建成新馆并即将投入开放，荆门市已开工在建，黄冈市、随州市已争取政府立项。96 个县级图书馆中，黄冈地区的武穴、黄梅等，孝感地区的汉川、云梦已建新馆并即将投入使用；十堰地区竹山、竹溪已建新馆并对外开放；襄阳地区南漳已建成开放，谷城、保康新馆已在建设中；宜昌地区宜都市、枝江市图书馆已立项开工建新馆，五峰县、巴东县等已建新馆并投入使用。

（二）服务效能显著提高，品牌影响不断扩大

2017 年，湖北省各级公共图书馆书刊文献外借册次达 2136.347 万册次，流通总人数达 2388.27 万人次，为读者举办各类活动 5236 次。2016 年，全省各级公共图书馆书刊文献外借册次为 1760.52 万册次，流通总人数为 1748.98 万人次，为读者举办各类活动 4658 次。2017 年与 2016 年相比，年增长率分别为 21.3%、36.6%、12.4%，全省公共图书馆服务效能呈大幅上升态势，社会影响力不断扩大。全省各级公共图书馆切实履行职能，在做好"免费开放"的基础上，不断创新服务手段和方式，形成了一系列参与面广、影响范围大、社会效益好的文化活动品牌。如以湖北省图书馆"长江讲坛"为代表，全省已有 60 多家图书馆常年举办以本地特色文化为主要内容的公益性讲座，年举办讲座 2600 多场，形成了讲坛"鄂军"。省图书馆联合全省公共图书馆举办的"长江读书节"成为新的影响极大的品牌。各地开展的活动，如武汉市少年儿童图书馆的"马良杯"少儿书画大赛等少儿活动、荆州市图书馆举办的"小太阳读书节"、十堰市图书馆的"广场阅读"等一系列阅读推广品牌活动，武汉图书馆开展的"自助图书馆"等自助服务活动，都产生了良好的社会效益。

（三）基础业务继续夯实，特色资源建设加强

在第六次评估期间，全省各级公共图书馆文献入藏逐年增加，业务管理不断加强。各馆依托当地特色文化，加强文献特色馆藏及特色数字资源建设，打造地方特色图书馆。图书采购向地方文化相关文献资源倾斜；加强地方文献资源建设，每年向社会各界征集地方文献。如襄阳市图书馆已建立"汉水文化特色资源库""襄阳老照片数据库"等 7 个特色数据库，建设资源总量达到 20.38TB；十堰市图书馆建设了"本地作家文库""地方文史资料库""问道武当多媒体资源库""汉水民间曲艺（湖北篇）多媒体库"等数据库，向国家图书馆提交了两万页地方文献数字资源，完成了 1548 种地方文献数据加工。

（四）数字技术应用广泛，新媒体建设蓬勃发展

随着现代信息技术和网络通信技术的不断发展，读者对数字阅读的需求不断增加。先进的信息技术、现代化的设施设备成了图书馆开展服务的有力帮手。近年来，各馆在网络化设施设备、数字资源建设上投入了大量经费，并通过多样化的宣传推广活动，使数字阅读深入人心，成为读者利用图书馆服务的一个重要途径。如各馆都建设有自己的网站，开通了微信、微博及移动图书馆服务，在人流密集的公共场所投入数字阅读机，等等。通过这些服务新举措，吸引了大量读者，数字阅读量占比有了明显提升。2017 年全省各级公共图书馆共有电子图书 4166.0782 万册，相较 2016 年共增加 545.356 万册。

（五）探索馆外文献服务模式，完善公共服务体系

为满足远离图书馆的地方或不便于到馆的读者及潜在读者的阅读需求，解决因此而出现的不平衡问题，湖北省图书馆行业积极探索馆外文献服务新模式，先后研创了流动图书车和"总分馆"两种提供馆外文献服务的方式。流动图书车是公共图书馆网络设施的重要组成部分，是公共图书馆惠民服务的有效补充，它以汽车、大篷车为载体，提供图书阅读和文艺表演等文化内容，不仅大大满足了读者的阅读需求，更是当前解决人民日益增长的美好生活需要和不平衡不充分的发展之间的矛盾的民心工程，特别对于湖北省贫困山区的文化扶贫也有重要的作用。它进一步拓宽了图书馆的服务边际和服务半径，提升了服务效能，实现了图书资源共享，提高了图书利用率，特别是有效解决了农村群众看书难和获取信息资料难等问题，对于送书下基层运输难和填补基层图书室，实现文化服务全覆盖都发挥了十分重要的作用。此外，为推进湖北省公共文化服务体系建设，各地纷纷开始了公共图书馆总分馆体系、服务阵地延伸、区域性图书馆联盟等建设实践。各馆积极开展总分馆建设模式，充分发挥图书流动车的作用，各县、市、区馆对具备条件的乡镇文化站以分馆建设要求进行建设。全省有 89 个图书馆建成实施了总分馆制，建立分馆 874 个，在 48 个地区实现了区域内二级行政区分馆全覆盖。

三　湖北省公共图书馆工作存在的主要问题

尽管近年来，湖北省公共图书馆工作取得巨大的进步和成绩，但在全面推进图书馆事业发展中，仍存在一些亟待解决的困难和问题，主要表现在以下几个方面。

（一）事业经费投入存在总量不足、分布不均现象

经费投入不足依然是制约县（市、区）公共图书馆事业发展的瓶颈，全省人均新增入藏量仅 0.048 册。近年来，尽管各地政府对图书馆的总经费投入较往年有大幅度增长，但是年图书购置费跟不上书价的增长。图书购置费的短缺，直接导致图书馆为广大读者提供阅读的基础文献资源不能得到持续更新，在品种和数量上始终维系在较低的水平。从本轮评估来看，第六次公共图书馆评估标准变化较大，如"年财政拨款""建筑面积"等指标，比较第五次评估细则，标准提高幅度很大，整体指标增幅一倍有余，硬件的改善需要大量的资金投入，这使得各基层图书馆面临较大的压力，特别是对于一些国家级、省级贫困县而言，更是艰巨的挑战。部分地区的公共图书馆面临馆舍建设年代早、设计落后、功能欠缺、面积偏小等问题，这些因素制约了图书馆各项服务的开展和读者人气的提升，新馆建设迫在眉睫。但事业发展经费投入不均衡，如湖北省的西北地区恩施、十堰等西部欠发达地区经费远远不及东部发达地区。这些问题应引起相关部门高度重视，切实采取相关措施予以引导解决。

从公共图书馆数量来看，目前，湖北省已建设完成较为完善的县以上公共图书馆服务体系，其中建成公共图书馆 112 个，覆盖率超过 96%。因经济发展而新增设的市辖区级建制存在空缺，目前也正通过公共图书馆评估定级等手段加紧解决。但湖北省公共图书馆数量在中部六省中仅处于中等水平，并且明显落后于经济发达地区。湖南、江西、安徽等省，因在有条件的人口密集地区增设了公共图书馆，公共图书馆覆盖率已超过 100%，北京、

上海、江苏等经济发达地区表现更为明显。因此，湖北省尚需投入经费，加强和完善公共图书馆建制问题。

（二）专业人员严重匮乏，缺乏评估激励机制

公共图书馆馆员不仅需要做好文献资源采访、编目、流通工作，还肩负着为广大读者提供信息咨询、检索、阅读延伸等公共文化服务职能。新环境下，读者数字阅读需求猛增，数字资源建设、保存、推广成为公共图书馆的新课题。近年来，全国各地公共文化服务体系建设如火如荼，公共图书馆服务领域进一步拓展，公益讲座、展览、阅读推广、读书节等活动精彩纷呈，对图书馆馆员的数量和质量要求进一步提高。目前，湖北省各级公共图书馆普遍存在工作人员紧缺的情况，增编扩容需求非常迫切。首先，人员编制不足。普遍存在人员未满编情况。作为中等城市的孝感市馆、黄冈市馆在编人员皆为 23 人，有些县馆不足 10 人。较少的工作人员面临较多的工作任务，往往只能是"身兼数职""无法分身"。其次，专业技术人员缺乏，主要涉及数字化信息人才、新媒体宣传人才和图书馆科研人才等。目前，湖北省县（市、区）级公共图书馆人员的配备数量严重不达标，对于数字化信息、新媒体宣传等方面的技术型人才更是匮乏，人员缺口较大，直接影响图书馆业务开展与事业发展。另外，还存在人员年龄老化、青黄不接等问题。最后，人员激励机制不健全。尽管有公共图书馆评估等多种考核手段，这些手段对促进图书馆业务规范化、标准化建设也起到重要作用，但相应奖惩手段的缺乏，使这些考核手段并没能引起各级公共图书馆人员的重视。

（三）品牌活动有待推进，成果有待提升

近年来，湖北省公共图书馆组织了一系列参与面广、影响范围大、社会效益好的文化活动品牌，但相较于周边省份来说，影响较大的文化品牌不多，品牌包装策划不够，品牌活动还须提升，已创建的品牌还需要长期持之以恒地利用当地优势资源开展品牌活动。对数字化环境下的读者工作思考也不够，活动缺乏创新。同时品牌宣传不够，社会影响相对有限。此外，各地

图书馆每年积极组织员工参加中国图书馆学会征文、湖北省图书馆学会征文和各市图书馆学会征文等活动，论文数量和质量都不错，但课题研究相对缺乏。同时地市图书馆在承办省学会甚至全国性的学术会议和培训班方面的经验还存在不足。

四　湖北省公共图书馆工作建议与对策

（一）进一步强化地方政府的主体责任

湖北省公共图书馆事业发展存在不足最直接的原因在于"投入不足、总量不够"所导致的分配不均，最基本的途径在于加大投入。而公共图书馆的公共属性决定了它的投资主体在于政府，因此，政府作为公共图书馆的投资主体，其主体责任意识的强弱及投入的多少，是改善图书馆的关键。针对湖北省现状，应进一步强化地方政府的主体责任意识及自觉意识，加大62号文件的落实力度，由省政府牵头督办文件的落实；要将公共图书馆建设纳入各级政府的目标管理责任制，纳入文化强省（市/县）的建设及相关评价体系。

（二）全面落实地方公共文化服务指导标准

为贯彻落实《关于加快构建现代公共文化服务体系的意见》中提出的，按照一定标准推动实现基本公共文化服务均等化，促进城乡基本公共文化服务均等化，各地都结合实际制定了地方实施标准。湖北省各级政府及图书馆应全面落实地方实施标准所明确的图书馆服务的内容、种类、数量和水平，尤其是凸显公共文化服务均衡发展的重要指标，人均藏量及人均年新增藏量应达到甚至超越最低标准。

（三）以县级馆为中心，加强服务体系建设

近年来，湖北省公共图书馆在推进公共文化服务体系建设，探索总分馆

发展模式方面不断实践，取得了一定经验，但与全国具有一定代表性的总分馆模式，如浙江"嘉兴模式"、东莞"图书馆集群""佛山联合图书馆"、总分馆"长沙模式"相比，还存在明显不足。

湖北省公共图书馆可在借鉴各地推进公共图书馆服务体系建设的措施的基础上，进一步加大政府扶持力度，完善建设制度，继续强化县域总分馆建设，积极探索建立适应本地区发展的总分馆模式，推动公共图书馆体系化发展，力争将政府财政投入效益最大化。

（四）创新服务方式、打通公共文化服务的"最后一公里"

为提高公共图书馆服务均等化水平，全省各级公共图书馆应创新服务方式、借助科技手段搭建覆盖城乡的公共文化服务网络，借助互联网以及各种移动通信手段，全面增加图书馆服务的覆盖面，打通公共图书馆文化服务的"最后一公里"。同时，应努力整合资源，将农家书屋的图书与县级图书馆藏书相结合，形成合力，深入了解并掌握群众文化需求，加强群众文化需求的发掘与培育，实现"最后一公里"服务精准对接群众需求。同时，应出台相应的考核激励制度，促使图书馆工作人员更好地为读者服务。

（五）引入社会力量参与，增强图书馆发展的动力

中共中央办公厅和国务院办公厅出台的《关于加快构建现代公共文化服务体系的意见》要求促进公共文化服务社会化发展，增强公共文化发展动力。立足湖北省经济社会以及公共图书馆事业的发展现状，需要进一步加大政府引导和鼓励的力度，吸引更多的社会资金、社会资源参与公共图书馆服务；要成立公共图书馆新馆建设规划专家小组，并举办新馆建设培训班，指导引领新馆建设符合标准、外观现代、功能齐全、节约实用。各图书馆在建设新馆时也应组织专家对馆舍功能布局设计进行指导；加大政府购买公共图书馆服务的力度，引入市场机制和市场手段配置资源和服务；积极推进乡镇社区图书馆由社会组织管理运营方式，降低服务成本，提高服务效益。形成政府、社会、市场共同参与公共图书馆服务体系建设

的格局，既是走出"中部洼地"所必需，也是构建现代公共图书馆服务体系的重要任务。

（六）增加公共图书馆人员编制，扩充专业人才队伍

为适应公共图书馆蓬勃发展的总体态势，更好地为广大人民群众提供更加均等化的公共文化服务，各级公共图书馆在人员编制上应当得到有力的补充。进一步加强业务规范管理，建立一个自上而下的图书馆业务知识分层逐级培训机制，短期定岗定员培训和长期专业培训相结合，采取定期办培训班、以干代训、请专家深入基层辅导等形式提高公共图书馆的人员专业素质，并不定期检查培训效果。加强图书馆业内人才交流及业务推广平台的建设。可采取在同级或上下级图书馆中交换、上挂、下派专业人员的方式，开展学习借鉴与沟通交流。同时还可拓展多种人才引进机制，通过新馆建设增编、购买服务等方式，打造专业、稳定的人才队伍。各级政府应制定相关政策予以支持，鼓励文化行政部门与人社部门协调解决编制问题，多途径补充和优化人员招募渠道，建立增编扩容长效机制，着力解决目前公共图书馆编制少、任务重、人员素质参差不齐的现状。

B.15
湖北省文学评论队伍建设
发展报告（2017）

刘天琪*

摘　要：　2017 年湖北省文学评论队伍建设稳中有增，在阵地建设、评论队伍建设以及平台建设方面都取得了不俗的成绩。但也存在评论队伍松散、人数偏少，文学评论动力不足、评论资源分散以及评论投入经费不足等问题。为进一步促进湖北省文学评论队伍建设，建议从建立人才成长机制、实施签约评论家制度、加强评论阵地建设、注重网络文学评论以及增加经费投入等方面入手，采取有效措施。

关键词：　湖北　文学评论　队伍建设

习近平总书记指出，文艺评论是文艺创作的一面镜子，一剂良药，是引导创作、多出精品、提高审美、引领风尚的重要力量。中共中央《关于繁荣发展社会主义文艺的意见》指出，要高度重视和加强文艺理论和评论工作。文艺理论和评论的基础工作是队伍建设。为了解湖北的文艺理论和评论队伍状况，湖北省作协组织力量对此进行了调查，并以此为课题进行了研究。

一　湖北文学评论队伍的现状

新时期以来，湖北涌现出了一支学养丰厚、治学严谨的文学评论队伍，

---

* 刘天琪，女，湖北省作协理论研究室三级主任科员。

如老一辈文学评论家王先霈、陈美兰、於可训等在全国享有盛名。中年评论家江岳、樊星、刘川鄂、李鲁平、昌切、王又平、李俊国、蔚蓝、杨彬、吴艳等在评论界颇有影响。以李遇春、刘保昌、周新民、叶立文、荣光启、陈国和、叶李、梅兰、刘波为代表的青年评论家正脱颖而出，崭露头角。

在队伍建设方面，湖北省拥有一支以武汉高校为依托的力量雄厚的文学评论队伍。20 世纪 80 年代湖北省作协就成立了文学评论委员会，设立了专门负责文学评论工作的理论研究室，负责组织、联络、服务湖北文学评论家，并通过多种渠道组织开展文学评论活动，发现培养文学评论新人。

在阵地建设方面，湖北省是期刊大省。据不完全统计，全省公开发行的设有文学评论栏目或板块的期刊有 22 种。市州等地方报纸也都设有文学评论版，发表一些篇幅较短的文学时评文章。湖北省作协理论室主编的文学评论内刊《当代文学研究》，创刊于 20 世纪 80 年代，每年出版 2 期，从未中断。此外还有《长江丛刊·湖北文学批评特刊》，每年 2 期，公开发行，是展示湖北省文学评论成果的重要阵地。

在平台搭建方面，一方面，倡导各高校成立文学研究组织；另一方面，湖北省作协定期或不定期组织作品研讨会、座谈会。目前，在鄂高校文学院系都设立有当代文学研究机构，如华中师范大学有中国新文学学会、湖北文学理论与批评研究中心、刘醒龙当代文学研究中心；江汉大学有武汉作家作品研究资料中心；湖北大学有当代湖北文学研究中心等。这些机构十分注重将理论教学与湖北文学创作的实际相结合，培养了一大批有较高文学素养的青年评论人才。此外，湖北省屈原文学奖、湖北文学奖等省级奖项也都设有文学评论奖，成为激励、引导健康文学评论的有效手段。近年来，湖北省作协坚持每年策划几个专题，选择重点作品和作家召开研讨会，通过面对面交流，为作家和评论家搭建桥梁，使其有效沟通，催生精品，增强文学评论的引导力。

二　湖北文学评论队伍建设面临的问题

面对社会转型、文学观念和文学实践的深刻变化，新的文学类型、文学群体和文学组织不断涌现，文学评论面临许多崭新的课题，文学评论队伍的建设也出现了一些不可忽视的新问题。

（一）文学评论队伍松散，人数偏少

1. 评论队伍人数偏少

虽然湖北省不断有青年文学评论人才涌现，但人数依然偏少，且大都分布在武汉高校。湖北省作协现有省级会员3000多人，绝大部分从事小说、诗歌、散文、报告文学创作，从事文学评论的人员不到5%。此外，湖北省每年创作发表（出版）的长篇小说（不含网络作品）、诗歌、散文、报告文学作品数以千计，纸质出版的长篇和结集出版的作品也在100部以上，而被评论家关注的作家作品仍然较少，这与当前评论力量不足有一定的关系。

有限的评论力量在面对日益壮大的网络文学时也显得力不从心。近年来，湖北省网络作家和网络文学爱好者成倍增长，并出现了一批在全国有广泛影响的网络作家，如匪我思存、凌嘉、爱尚平等，但没有出现与网络文学繁荣相对应的网络文学评论。同全国各省区市一样，大部分以纸质文学批评为主的评论家对网络文学关注度有限，且与网络文学创作实践较为疏远，缺乏对网络文学现场的深刻洞察。回收的多所高校评论家调查问卷表明，只有20%的评论家经常关注网络文学作品。然而，处于转型期的网络文学，急需更多、更专业的网络文学评论家为其指引方向、辨别优劣、规范秩序。面对网络文学繁荣之势，现有的网络文学评论队伍人数显然不足。

2. 评论队伍年龄、地域结构不合理

从湖北省现有的文学评论队伍来看，20世纪50~60年代的中年评论家居多，"70后""80后"青年评论家较少。调查统计表明，50岁以上评论家占57%，40~50岁评论家约为32%，40岁以下评论家只有11%，文学评论人才断档现象存在且日益凸显。以高校教师为主的中年评论家，其评论方式、观念都有了相对固定的模式，对文学作品敏感度也有所下降。一方面，长期在高校进行静态文学理论研究的评论家很难抽出大量时间阅读海量文学作品，从中分辨优劣，予以引导。尤其在面对时下流行的作品时，往往会显

得力不从心，如网络文学、类型文学、青春文学等。另一方面，以高校教师为主体的评论队伍结构也使得评论离殿堂较近，而离实践较远，与地方文学创作没有形成互动，文学批评理论指引文学创作实践的引领作用显然发挥不够。

此外，评论家地域分布不均，武汉居多，市州很少，县一级几乎没有，而武汉也主要集中在高校。调查发现，从事市州文学评论的大多数为地方文联、作协的工作者或本地高校个别从事当代文学研究的教师，他们即便是关注基层文学创作，也是单打独斗、默默无闻，很难引起注意和重视。

3. 专业文学评论人才缺失

20 世纪 80 年代，湖北省作协理论室还有 3 名专门从事当代文学研究的人员，而随着市场经济发展、社会转型、机关改革编制缩减，以前从事专业评论的人员或调离岗位或已退休。由于专业评论家的缺失，对全省文学创作态势的把握显然不够，在及时发现、推介湖北作家作品方面还存在滞后性。

（二）文学评论动力不足，耗时费力

湖北省文学评论工作者基本上都是兼职的，主要为高校文学院教授。文学评论与一般的文体不同，需要丰厚的学养、大量的阅读，现行的高校学术体制和理论期刊较低的报酬难以形成吸引力。

1. 文学时评难以算作科研成果

现行的高校学术体制是项目、成果、奖励三位一体，把论文定为权威、重要核心、核心、一般四个级别，由于文学评论的即时性、当下性等特征，评论文章多发在创作类报刊或创作研究类报刊，而此类报刊在高校学术体制中级别很低，各级社科类项目和奖励也是难以惠顾到时评。因此，不少教授将文学史和文艺理论研究称作"铁饭碗"，而从事当代文学批评则是"泥饭碗"，个中原因，直接影响到从事当代文学研究的评论者关注本地作家创作的积极性。

2. 文学评论稿酬偏低

相较于文学创作，文学评论付出的阅读量多但是稿酬低，且文学理论刊物的受众面有限，影响力也有限。往往是写一个长篇的评论，花了很多精力看书、做笔记、写作，最后只有少量稿费和较少的社会关注度。投入大量时间精力，却不能算作科研成果，得到的稿酬又低，使得不少文学评论家缺乏评论动力，最后转而从事其他项目研究。评论队伍的弱化和分流，凸显出文学评论的危机。除此以外，高校评论家还肩负着教学、科研等其他任务，时间、精力有限。问卷结果表明，阅读量大、活动多、任务重是评论家工作常态。部分评论家表示，至少三天看一本书，还要做笔记、分析好坏、写评论文章，有时任务来了就只有应付，不可能也难以静下心来打磨出精品。

（三）文学评论资源分散，尚需整合

湖北省作协理论室，虽然负责文学评论工作，但在组织高校、社会评论人才队伍时力量有限，难以形成一个规范化、制度化的管理体系，整合评论资源尚需要由文学评论委员会来承担职能。

作为推介文学作品、打造地域评论品牌、培养评论新人的重要平台，文学评论刊物是不可或缺的阵地资源。近年来，国家十分重视文学评论阵地建设，创立了一批诸如《中国文艺评论》《中国文学批评》等国家级评论刊物，但省级层面没有出现影响力较大的评论刊物。湖北省文学评论同样存在这个问题。虽然已创办了诸如《长江文艺评论》《长江丛刊》（文学评论版）等评论刊物，一些文艺期刊和学术刊物也刊发文学理论批评文章，但还没有一本在全国有影响力的文学评论刊物，不仅在面对重大文学现象时不能及时发声，而且也不利于发掘和培养文学评论人才。

（四）文学评论经费不足，亟待解决

长期以来，用于文学评论方面的经费偏少，虽然近两年有一定的增加，但仍然与用于文学创作的经费不成比例，特别是用于文学评论办刊的经费更少，如湖北省作协主办的《长江丛刊》（文学评论版），每年出版 6 期，其经费也不充足，有限的运营经费下刊物很难做大做强。此外，用于文学评论活动的经费，如作家作品推介、研讨等，虽然湖北省作协每年也有部分活动

预算，但依然不能满足繁荣文学评论工作的需要。从全省情况来看，除武汉市外，其他市州用于文学评论的经费几乎为零。经费偏少，是阻碍文学评论繁荣发展的重要因素。

三 湖北文学评论队伍壮大发展的举措

文学评论工作者将党的文艺主张融入学理评论中，对于指导创作、引领思潮，发挥着不可替代的作用。我们必须从观念上高度重视文学评论工作和文学评论队伍建设，采取积极有效措施进一步壮大文学评论队伍。

（一）建立人才成长机制，加强评论队伍梯队建设

文学评论，关键在人。人才的培养，关键在于建立一个有利于人才成长的机制。就湖北省实际而言，目前亟须建立起以下机制。

一是建立奖励机制。要把文学评论作品与文学作品一视同仁，参与屈原文学奖、湖北文学奖的评奖。同时设置单独的评论奖项，对本年度优秀的文学评论作品实行奖励。此外，可以学习借鉴四川省对发表在核心报刊、期刊的文学评论文章予以补助的方式，改善文学评论工作量大、报酬偏低的问题。

二是建立评论作品的认可机制。针对高校不把文学评论作品视为研究成果的现象，恳请上级领导部门与高校沟通，建立文学评论作品评价机制，对于评论作品，视其发表刊物级别和质量，确定研究成果，获得相应评分，以调动高校教师的积极性。

三是建立课题研究机制。湖北省作协根据实际情况，确定年度的研究课题，通过招标形式，吸纳评论家特别是青年评论工作者参与，使其既出研究成果，又培养评论新人。

四是建立人才培训机制。作协定期举办或者选送评论家培训、进修，鼓励年轻评论家、基层评论家参与，并采取一对一的方式跟踪培养，鼓励师从名师。

（二）实施签约评论家制度，引进专业文学评论家

继中国现代文学馆设立客座研究员机制后，各省区市相继探索了一些文学评论队伍建设的体制机制。2016年7月湖北省作协组织了一批文学评论家赴山东省学习考察，考察的主要内容是学习山东省实行签约文学评论家制度的经验。经过参观学习，我们认为要想发挥文学评论"鄂军"的品牌效应，建立签约文学评论家制度十分重要。

此后，湖北省作协研究通过了"签约文学评论家制度"，三年一届，每届10人，设定年度研究任务，每年发放研究补贴，届满按照考核发放奖励。

设立文学评论专项基金，凝聚文学评论力量。同时，湖北省作协可积极创造条件，引进少量专业文学评论家，通过专业带动业余，共同形成合力。

（三）加强阵地建设，打造文学评论交流平台

阵地建设是文学评论发展的重要保证。湖北省亟须创办一本权威的评论刊物，利用刊物紧密团结文学评论工作者，激发他们的评论热情，改善文学评论风气，引导文学评论健康发展。同时，明确办刊宗旨和目标，形成活跃、开放的评论氛围；定期组织多样化的评刊会，分主题进行交流、研讨；加大对评论刊物的资金支持，保证较高的、有吸引力的稿酬水平。

（四）关注网络文学评论，建立多元人才培养渠道

网络文学已经成为当代文学的重要组成部分，拥有广泛的受众，对大众的精神影响作用不容小觑，需要积极引导。一方面，湖北省宣传部门必须形成合力，加大对网络文学的关注力度；另一方面，湖北省作协有积极引导湖北省中青年评论家关注网络文学，加强网络文学评论和研究的职责。同时，要鼓励各地成立网络作协，为网络作家尤其是活跃在基层的网络作家与评论家之间建立纽带，加强交流，共同打造网络文学精品。要建立多种形式的人才引进渠道，在人才培养、学术交流、评奖等活动中将网络文学及网络文学评论家纳入其中。

（五）增加资金投入，推动文学评论持续发展

文学评论是引领文学创作、提升读者鉴赏力、带有研究性质的工作，其特征决定了它的社会效益远远大于经济效益。因此，必须以长远眼光加大对评论活动及刊物的资金投入。这些投入应包括文学评论刊物的基本办刊经费；研究、推介湖北作家作品等活动的经费；文学评论人才，特别是青年文学评论人才的培养经费。实践证明，没有资金政策的倾斜与投入，就不可能有文学评论的持续发展与繁荣。

繁荣文学评论，构建一支结构合理、勇于担当、实事求是、褒优贬劣、激浊扬清的评论队伍，营造风清气正、科学健康、宽松和谐的评论氛围，是一项紧迫而艰巨的系统工程，必须依靠省委宣传部的高度重视、省财政的着力扶持、湖北省作协的正确引导、评论家的鼎力支持。加强文学评论队伍建设，响应时代的呼唤和人民的期待，为实现"文明湖北"和跨越式发展提供思想保证、舆论支持、精神动力和智力支撑。

湖北省古籍保护工作报告（2017）

刘晓林*

摘　要： 2017年湖北省古籍保护工作在增加收藏单位、收藏品，古籍修复以及人才培养等方面取得较大成绩，但在这个过程中依然存在古籍保护主体责任不明，指导协调全省工作上乏力，古籍保护经费不足尤其是各市县缺乏古籍保护专项经费，专业技术人才不足、省级古籍研究缺乏领军人物、基层从业人才缺乏，古籍整理研究和申报命名力度不够等问题。为此要在制度保障、机制建设、人才培养、阵地建设等方面采取有效措施，进一步促进湖北古籍保护工作的开展。

关键词： 湖北省　古籍保护　古籍修复

2007年，国务院办公厅印发《国务院办公厅关于进一步加强古籍保护工作的意见》，部署全国古籍保护工作，湖北省随即全面启动全省古籍保护工作。经十余年努力，湖北省古籍资源状况逐步厘清，古籍保护工作取得初步成效。2012年，全国古籍整理出版规划领导小组办公室表彰编纂出版《中国古籍总目》的9家单位和31位个人中，湖北省有1家单位和1位个人获此殊荣。目前，湖北省拥有一个国家级古籍修复技艺传习中心湖北传习所，这也是中部地区首家；一个省级古籍保护协会，是全国第一家省级古籍保护协会。

---

* 刘晓林，男，武汉大学2015级行政管理系硕士研究生，湖北省文化厅公共文化处副处长。

一　湖北省古籍保护工作现状

截至 2017 年，湖北省已知古籍收藏单位 50 个，收藏线装书 170 万册，加上未知的公私收藏，预计全省古籍线装书约 200 万册。按照古籍定义，剔除民国年间线装书后，全省收藏古籍约 150 万册。全省入选国家珍贵古籍名录 226 部，全国古籍重点保护单位 8 家；公布省珍贵古籍名录 264 部，省古籍重点保护单位 7 家。

从全国排名来看，目前，全国古籍普查工作尚未完成，各省（区、市）古籍藏量尚未公布，因此，难以准确排定湖北古籍资源在全国的位次。据各省多年来外宣数据，湖北古籍资源基本位于全国中上游。就中部六省而言，湖北省总量最多，但入选国家、省级珍贵古籍名录和重点保护单位的数量居中下游。主要指标如下。古籍藏量湖北约 150 万册，居中部六省第一。其中，国家珍贵古籍名录 226 部，位居第四，逊于湖南、山西和安徽；国家古籍重点保护单位 8 家，位居第三，逊于安徽和河南；省珍贵古籍名录 264部，位居第五；省古籍重点保护单位 7 家，位居第四。湖北省馆古籍藏量约 38 万册，在全国约居第 14 位，在中部六省排第二，逊于湖南省馆。从馆藏古籍中的善本［清乾隆六十年（1795）以前的古籍］数量来看，湖北省馆约 5 万册，在全国约排第 11 位，在中部六省与湖南、山西省馆并列居首。从馆藏国家珍贵古籍名录数量来看，湖北省馆有 90 部，中部六省中仅强于山西省。古籍保护工作因各省（区、市）古籍普查、古籍修复、古籍数字化、古籍研究和整理出版等多方面数据尚未公布，暂无法排列具体位次。从国家古籍保护中心反馈信息来看，湖北古籍整体工作位于全国中上游，其中古籍研究工作位于全国上游。中部六省中，湖北略逊于湖南。

为进一步促进古籍保护工作向深层次发展，湖北省古籍保护部门积极探求有效措施，多举措推进古籍保护工作。

1. 组织申报或评审古籍重点保护单位和珍贵古籍名录

截至 2017 年，国务院共发布五批全国古籍重点保护单位和国家珍贵古籍名录。湖北省 8 家单位入选全国古籍重点保护单位，226 部古籍（含简牍）入选《国家珍贵古籍名录》。随着全省古籍普查工作的推进，各馆尤其是武汉图书馆、武汉大学图书馆和湖北省图书馆入选《国家珍贵古籍名录》数量必将增加。同时，湖北省也开始省级层面保护单位的遴选工作，2017 年共有 10 家单位入选第一批湖北省古籍重点保护单位，384 部古籍入选第一批湖北省珍贵古籍名录。以此为基础，湖北省编辑出版了《湖北省国家珍贵古籍名录图录》《第一批湖北省珍贵古籍名录图录》。

2. 开展古籍修复工作

湖北省长期以来能够开展古籍修复的单位仅 3 家，即湖北省图书馆（5 人）、武汉图书馆（3 人）和武汉大学图书馆（3 人）。古籍修复是专业技艺，人才培养周期长，从业人员严重匮乏，修复本身是手工活，目前仍是按部就班缓慢推进。为此，湖北省古籍保护单位积极筹措，努力培养古籍修复人员。先后组织浠水县博物馆、襄阳市图书馆、宜昌市图书馆、湖北省博物馆、湖北省图书馆等单位人员参加国家古籍保护中心举办的古籍修复培训班近 20 人次，内容涉及古籍修复、西文文献修复、碑帖拓片等。自行组织古籍修复培训班 1 期，学员 7 名。为社会各界抢救性修复重要文献，为长江航道局抢救修复珍贵档案十余册；抗战胜利 70 周年之际为抗战老兵修复委任状；为民间修复严重破损的家谱多部。

3. 人才培养

湖北省古籍保护部门每年派员参加国家中心和省中心的各种培训，先后派员 100 余人次参加国家中心举办的 30 多次培训。湖北省古籍保护中心承办国家古籍保护中心主办的培训班 2 期，自行组织辖区相关培训 13 次，培训 355 人次。同时，在国家古籍保护中心的帮助和指导下，2015 年湖北省建立了中部地区第一个国家级古籍修复技艺传习中心，并聘请国家图书馆张平、上海图书馆张品芳为古籍修复技艺传习导师。2015～2017 年两位老师先后来湖北省授课多次，并录制《名家公开课》2 期。和国家古籍保护中心合办古籍修复培训班 1 期，学员 14 人。

4. 古籍保护宣传

2017 年，湖北省古籍保护部门创新工作方式，采取多样化多形式对古籍保护工作进行宣传，取得较好的效果。

一是编制湖北省古籍保护中心工作简报 24 期，宣传扩大古籍保护工作的影响力。二是积极组织全省古籍收藏单位征集抗战时期抢救保护古籍重要事例，上报稿件 3 篇，均收入国家古籍保护中心编纂的《抗战时期古籍抢救保护史迹文集》。这类稿件，不仅事关古籍保护，更系家国情怀。三是湖北典籍博物馆落成并对公众开放，"荆楚宝典——湖北省图书馆藏珍贵古籍展"同步展出。本次共计展出古籍 60 部，包括宋写本 1 部、元刻本 3 部、明版书 31 部、清版书 17 部、稿本和钞本各 4 部。这是截至目前湖北省图书馆规模最大的一次馆藏珍籍展示，宋写本《华严经》也在展示之列。四是通过湖北省图书馆外出俄罗斯、韩国等展览机会，用古籍书影制作展板，宣传湖北收藏之富美，弘扬我民族文化之深厚底蕴。

5. 对基层图书馆古籍保护工作的督导与支持

组织专家到省内各地督导工作。利用审核国家级和省级古籍重点保护单位和珍贵古籍名录申报材料机会，多次派员到恩施、建始、利川、宜昌、黄冈、浠水、襄阳、十堰、大冶、阳新、谷城、竹山、竹溪、孝感、荆州等收藏单位督导，同时鉴定版本，现场集中解答古籍普查中的疑难问题，多种手段帮助地方政府改善古籍收藏条件。同时，积极发挥省古籍保护中心的协调作用。2011 年之前，建始县古籍分藏于档案馆、文管所和图书馆，前二者保存条件极差。经省古籍保护中心协调，该县文体局努力，在图书馆新建县古籍保护中心特藏室，添置书柜，将近 2 万册古籍集中保管，古籍生存环境大为改观。指导各单位按照《图书馆古籍书库基本要求》（GB/T 30227 - 2013）建设古籍书库。

二 湖北省古籍保护工作成绩

（一）湖北古籍资源的三个特色

一是方志丰富。源于新中国成立初期购得著名学者张国淦旧藏方志

1698部18696册，一举奠定雄厚基础，又经多年积累搜藏，现已增至3600种5800多部5.8万册。二是家谱收藏异军突起。近年来，家谱收集和数字化取得突出成绩，谱牒分会、晒谱节等工作赢得社会广泛赞誉。馆藏家谱数量由200余部增加到2000余部，且以每年新增200部的速度增加。三是抄稿本众多。抄稿本与刻本相比，历史文化价值更高，更为稀有。湖北省有1159部之多。

（二）湖北古籍保护工作主要绩效

一是吸引社会各界捐赠众多。得益于对古籍保护的大力宣传，许多民间古籍收藏家将古籍捐赠给图书馆。仅湖北省图书馆2007年以来接受捐赠共五批次，主要包括朱九如先生旧藏捐赠，计拓片71张、拓本125种127册、线装书33种52册、新书67种74册；朱大鉴先生捐赠古籍线装书27种192册；汉川石高厚老人捐赠清末至民国间书籍3种3册；台湾同胞范延中、范廻中、范鲛、范雷4位先生捐赠范熙壬旧藏明版书2种20册；潘迪东先生捐赠清光绪三十四年（1908）石印本《陈修园七十种》26册；徐嘉女士捐赠清道光七年（1827）《康熙字典》一部40册。共计拓片71张、拓本125种127册、线装书66种293册。捐赠方来自大冶、汉川、武汉以及台湾，其中台湾4位先生捐赠的范熙壬旧藏两部明版书《周易经传》《朱文公校昌黎先生集》尤为珍贵。

二是古籍整理和研究成果不断。近年来，省古籍保护中心先后编纂出版《湖北省国家珍贵古籍名录图录》《第一批湖北省珍贵古籍名录图录》《湖北官书局版刻图录》《现存湖北著作总录》《中国古籍总目·丛书部》，与崇文书局合作出版《崇文书局版刻丛刊》，委托华宝斋影印出版《方元长印谱》《童蒙训佚文》《南宋四家律选》等珍贵古籍。这些成果，有助于揭示历代湖北学人著述之富，展示当今湖北收藏之盛况。同时，湖北省古籍保护部门和炎黄文化会谱牒研究分会合作，每年组织晒谱节，借新闻媒体之力，征集民间家谱，力求建设湖北省家谱收藏中心。多年来，免费为民间修复家谱的同时，以多种方式征集家谱。馆藏家谱数量由原200余部增加到2000余部

（其中纸质家谱 1300 余部、数字资源 600 余部、家谱缩微胶片 100 余部），并且以每年新增 200 余部的速度增加。

三　湖北古籍保护存在的问题

尽管近年来，湖北省古籍保护工作取得了初步成效，但毕竟该项工作起步较晚，仍存在一些困难和问题，集中表现在以下四个方面。

1. 工作机制不健全，主体责任不明

作为湖北省古籍保护工作的主要负责单位——湖北省古籍保护中心，其对于湖北省内古籍收藏单位，仅存在松散的业务关系。古籍收藏单位是否履行主体责任，是否对古籍保护和利用尽职尽责，湖北省古籍保护中心没有执法手段和法定强制力。如何明晰全省古籍保护的主体责任，并佐以明确相应的奖惩机制，将成为影响湖北省古籍保护工作的关键点。

2. 湖北省古籍保护中心作用发挥不够

2008 年 8 月，经湖北省人民政府同意，成立了"湖北省古籍保护中心"。该中心是湖北省古籍保护的主体单位，负责全省的古籍保护工作，并负责全省古籍普查登记、业务指导、业务培训，组织在全省范围内组织开展古籍普查登记工作。自成立以来，湖北省古籍保护中心主动出击的专项古籍督导工作，仅发生于 2008～2009 年。此后多年的古籍督导，或借实地考察古籍重点保护单位和核查珍贵古籍名录的机会，或受邀前往解决古籍普查疑难问题。由于经费等现实条件的限制，湖北省古籍保护中心的督导计划并未得到有效的执行。

3. 专业人才匮乏

古籍保护是一项专业技术要求比较高的职业，需要有专门的人才。一是当前湖北古籍保护缺乏专职工作人员。所有工作，由湖北省图书馆特藏与地方文献部部门主任（3 人）和从事古籍编目人员（5 人）兼任。该部门虽有30 人，但工作面广，头绪多，任务重，难以有效协调指导全省工作。二是从全省角度来看，古籍工作后继无人，出现严重的人才断层现象。以湖北省图书馆为例，现有编目人员 5 人，五年内 4 人达退休年龄，但一直没有补充新的人才。三是古籍研究工作缺乏领军人物。现有古籍从业人员，湖北省公共图书馆界罕见研究馆员。即使湖北省图书馆从事古籍编目审核多年的工作人员，亦因各种因素，多数仍为副研究馆员。即使有所积累，想有所撰述，亦因超负荷工作量而难以抽身。

四　加强湖北古籍保护的对策建议

一是加大全省古籍保护工作督导力度。完成全省公共图书馆古籍普查，争取与湖北省民宗委联合启动宗教场所古籍普查工作，并建设古籍普查数据库。

二是加大古籍保护工作谋划攻坚力度。打造亮点、补齐短板，力争2020 年湖北省工作位次进入全国第一方阵。

三是加大国家、省级申报命名力度。提请省政府公布第二批湖北省珍贵古籍名录和古籍重点保护单位，积极梳理、推荐古籍和古籍公藏单位申报国家级名录和重点保护单位。

四是加大古籍整理研究力度。尽快出版《湖北省图书馆藏徐行可捐赠善本图录》，整理完成《荆楚文库·方志编》100～150 部方志，完成古籍数字化扫描 100 种以上。

五是加大古籍研究展示阵地建设力度。筹建湖北省典籍博物馆，充分发挥徐行可纪念馆作用，加强古籍保护宣传力度，吸引全社会关注、重视古籍保护。

六是加大古籍保护人才队伍建设力度。形成基层古籍保护队伍轮训工作机制；以全省古籍普查志愿者服务行动为契机，在全省公共图书馆古籍工作队伍中选拔、跟踪培养一批优秀业务骨干。

案　　例

Cases

B.17
湖北省承办大型文化活动案例分析

——以 2017 全国地方戏曲南方会演为例

刘成璐*

摘　要：　本报告以 2017 年在武汉举办的全国地方戏曲南方会演为例，探讨政府举办大型文化活动的意义和特点。尝试从文化活动与媒体推广、文化活动与城市推介之间互动关系的角度分析影响文化互动影响力的因素，并依此提出扩大文化活动影响力的加强活动策划与政府推介、整合多方媒体资源注重创新形式、发挥新媒体优势、丰富活动吸引多元主体参与等策略建议，以更好地打造品牌文化活动，传递核心价值，弘扬优秀传统文化。

---

* 刘成璐，女，湖北广播电视台新闻广播部时政报道主管。

关键词： 大型文化活动　地方戏曲　传播策略

　　举办大型文化活动和重要赛事，扩大一个地区的影响力，是一个地区加快发展的重要策略。近年来，文化活动举办日益受到全国各地政府的青睐，"文化搭台、经贸唱戏"已经成为各地发展经济的重要手段，各地文化活动呈现一片繁荣景象。在文化活动中，媒体和主办方推广、受众参与互动，能够极大展示地域魅力和文化的丰富内涵。湖北位于中部地区，长江与汉江汇聚于此。九省通衢的地理位置让东西南北的文化形态相互交融，有利于各种文化的融合、交流与借鉴，充分展示文化资源的多样与丰富。把湖北建设成为中部崛起的重要战略支点，是党中央和习近平总书记对湖北发展提出的新方向和新要求。为了实现这一战略目标，着力培育和打造中部乃至全国区域经济新的增长极，带动和支撑中部地区提前全面建成小康社会，湖北审时度势、顶层谋划，提出构建长江中游城市群战略。这一战略性的定位，离不开文化的认同感和凝聚力。湖北省应更好地发掘和利用自身丰富的文化资源特色，把握文化传播特点，有效地吸引受众参与，打造品牌节事活动，传递核心价值成为影响湖北文化社会与经济发展和城市群交流的非常重要的课题。

一　文化活动与活动品牌

　　广义上的文化活动，是指一定地域、一定群体的成员在一定条件下共同创造的精神财富和物质形态。长期以来，对精神文化生活实践产物的追求等活动也被视为精神文化建设的范畴，包括文化观念、价值观念、精神道德规范和行为标准等。我们现在谈论的文化活动，大多是经过主办方策划、组织、运营、管理等环节，融入了地域文化和特色资源，给参与者带来感官体验，促进当地社会和文化发展，弘扬文化精髓，传递核心价值的活动。

　　"全国地方戏曲南方会演"是我国南方片戏曲艺术最高水平的盛会。2017 年 8 月，文化部办公厅印发关于举办全国地方戏曲南方会演的通知，要求湖北、上海、浙江、安徽、福建、湖南、广东、四川、贵州、云南、西藏等 16 个省区市推荐演出歌剧,演出地点设在湖北省。在为期 20 多天的会演中,15 个地方戏曲艺术种类、14 位梅花奖艺术家、近 2000 名文艺工作者齐聚江城"戏码头",首次以"南方片"的形式"集结",交流和展示我国戏曲艺术创作成果。据多位老艺术家回忆,从 20 世纪五六十年代起,分"南北片"的戏曲展演活动几乎没有出现过,此次会演名家荟萃、"梅花"灿烂,集中展现了南方各地戏曲发展的新成就、新风貌,特别是党的十八大以来,我国地方戏曲艺术繁荣发展和创作演出的最新成果。

作为党的十九大召开前夕举办的一场重要的文化活动,南方会演引起了国内许多媒体的关注。在百度新闻,以"地方戏曲""武汉""戏曲会演"为关键词进行搜索,显示结果 92 条,其中湖北广电、荆楚网、汉网和其他省级网站以及新华社、中国新闻、人民网和中国文明网都有报道。同时,新浪、腾讯、搜狐等商业网站也转载了相关消息,"南方会演"成为受众群体关注的热门话题。

二 影响文化活动影响力的因素

(一)文化活动与媒体的互动

通常而言文化活动具有较强的艺术聚集效应和影响力等特性,这些特性与媒体的关注点高度契合,所以文化活动很容易成为媒体关注的焦点。通过媒体的传播,受众与文化活动产生联系。文化活动在成为媒体的热点议题的同时,也不断推动着媒体的发展。在"地方戏曲南方会演"中,媒体宣传是活动的重要组成部分,为了更好地展现会演全貌和各剧目特色,参与报道的媒体不断地在技术和角度上寻求创新突破。文化活动与媒体之间的互动可以表述为:文化活动为媒体提供信息来源和报道素材,媒体的报道活动和议程设置又可以间接对文化活动的发展和传播起到引导作用。大众传播学中的议程设置理论表明,受众从媒体对某个话题的重复推广中意识到事件的重要性，而后受众利用如今发展迅猛的自媒体，如微信、朋友圈、微博等，去设置自己的议程，进一步推动这一事件的发展与传播。因此，媒体设定了公共议程，成为关注、反思乃至行动的焦点。

在南方会演前期，媒体的关注与传播就为会演营造了积极的舆论导向。在活动开始之前，人民网在9月12号刊发报道，"2017全国地方戏曲南方会演将于9月19日至10月12日在湖北武汉举办。届时，全国南方片区的17家地方戏曲院团的近2000名文艺工作者将齐聚江城武汉，开展戏曲艺术交流演出"，为活动营造良好氛围。在此期间，多家媒体对节会的关注，主要集中在活动预热，引导受众关注文化节会，如CCTV-3播发新闻《17台剧目将亮相全国地方戏曲南方会演》、新华网刊发《全国地方戏曲南方会演将在武汉举行》、湖北广播电视台长江云推送《2017全国地方戏曲南方会演9月19日将在汉举办》、《湖北日报》刊发《全国地方戏曲南方会演花落武汉》等。

2017年9月中旬，随着南方会演具体方案的出台，相关报道更加关注具体的信息，如票价如何、惠民演出安排、演出场次和场地等，《楚天读书报》连续两天，刊发《全国地方戏曲南方会演开幕免费门票等你抢》《全国地方戏曲南方会演20元至100元低票价惠民》等，中国新闻网在报道中写道："此次会演活动还将采取政府补贴与市场运作、观众培育与文化惠民、戏曲艺术普及推广和戏曲进校园相结合的办节方式，确保低票价惠民售票60%以上，观众上座率80%以上。"这些报道贴近民生，拉近了戏曲这一传统艺术与百姓的距离，吸引了戏迷和受众的目光。

随着活动的开幕，媒体开始向观众展示精彩的活动。在此期间，不仅文字消息占据了湖北乃至中央媒体的重要组成部分，活动现场图像也在中央电视台等权威媒体上播出。东道主湖北的开幕演出《妹娃要过河》精彩剧照图片，不仅出现在大众媒体的报道中，戏迷和观众们更是通过微信、微博转载，形成二次乃至多次传播的效果。

正如莱利夫妇在大众传播与社会系统中提出的，传播者和接受者都可以看作一个个体系统。个体系统与其他个体系统相互联结以形成人际交流。个体系统不是孤立的，而是属于不同的群体。群体系统的运行是在更大的社会结构和整个社会系统中进行的，与社会的政治、经济、文化和思想环境保持着互动关系。在文化活动中，通过媒体的报道，引导受众的注意力、思考甚至行动，最终把新闻媒体的受众变成文化节的消费者。同时，文化活动的受众也受到活动的吸引，从受众逐渐成为信息的传播者。

（二）文化活动与城市推介的互动

城市推介是指一个城市为了提高自身的名誉和知名度，以获取更多的社会治理资源而基于自身整体功能和特点，采取适当方式进行的自我宣传。文化活动与城市推介之间的互动可以从以下两方面进行考量。一是举办大型文化活动可以增加城市特色和创造城市品牌，大型活动的强烈吸引力可以使所在城市短时间内吸引大量的媒体关注，在短时间内获得"爆炸性"的推广，宣传效果显著。同时，活动现场还可以直接吸引观众的参与，铺天盖地的宣传和互动式的参与可以提高观众对文化、城市的关注和理解，进而推动相关行业和产业的发展。二是节会活动也是树立城市形象的重要组成内容，全国地方戏曲南方会演花落武汉，正是中宣部、文化部打造全国戏曲三大码头（京津、上海、武汉）大格局中的一项重要工作部署和具体举措。戏曲大码头也是城市形象和城市文化的体现，通过节会活动，对戏迷培养、剧团交流和剧院场地等基础设施建设起到一定的促进作用。

从 2011 年 11 月，第六届中国京剧艺术节在武汉举行，到 2017 年 9 月，中国地方戏曲南方会演在武汉举办，湖北复兴戏曲大码头的脚步从未停歇。《长江日报》发表的一篇报道《精彩戏码头的前世今生》中介绍，"无论是哪个级别的演出，都有人欣赏，所以说在武汉什么艺术都可以落地生根，就连扬剧这种听起来很遥远的剧种，都能在武汉连演一个月"，"来了京剧受欢迎，来了汉剧也受欢迎，来了豫剧也是，就是来一个'蹦蹦戏'，也有人去追捧它，武汉人的心态是很开放的"。有关戏曲的回忆和节会成为构成湖北和武汉形象的重要组成部分，节会的宣传报道也为城市推介注入了更为生动而丰富的文化内涵。

三　扩大文化活动影响力的策略分析

受众的参与度是文化活动是否成功的重要评价指标，如何有效地吸引更多受众参与，在如今众多的文化活动中凸显品牌力量，探索文化活动的传播策略具有十分重要的意义。

（一）加强活动策划和政府推介

在文化活动的传播策略中，首先要加大活动本身的信息吸引力度，以活动核心本质吸引受众关注。以 2017 中国地方戏曲南方会演为例，要明确文化活动的根本是精神享受，是一种满足人们精神需求的愉悦体验，也是优秀传统艺术和文化的集中感受。只有丰富活动内涵，根据参与者的实际需要，不断创新活动内容和形式，才能使文化活动的组织者得到更好的关注和重视。

在传播文化活动的过程中，政府推介具有非常强大的作用。近年来，成功举办的上海世博会、杭州 G20 峰会等国际大型活动，之所以万众瞩目，都与政府的积极推动密切相关。

在政府推介方面，湖北也做出了有益探索。2017 年 9 月 5 日，全国地方戏曲南方会演前站会在武汉举行，湖北省委宣传部副部长、2017 全国地方戏曲南方会演办公室主任邓务贵正式对外宣布：为迎接党的十九大胜利召开，弘扬中华优秀传统文化，发展地方戏曲事业，振兴武汉戏曲大码头，全国地方戏曲南方会演将于 9 月 19 日至 10 月 12 日在武汉召开。湖北省委、省政府高度重视振兴武汉戏曲大码头工作，9 月 12 日上午，省政府新闻办又召开新闻发布会，湖北省演艺集团党委书记、董事长肖伟池受会演组委会委托，发布了 2017 全国地方戏曲南方会演筹办和安排情况。从新闻检索量可以看出，这两个时间节点，也成为新闻宣传较为集中的时间，政府和相关部门的积极推介，可以快速提升活动的曝光率和关注度。

（二）整合多方媒体，注重创新形式

媒介是文化活动信息到达受众的传输渠道，媒体的引导有助于推动受众将关注转变为参与。因此，在媒介传播过程中，既要重视传统媒介与新媒介的整合与创新，又要提高媒介传播的有效性和范围，更好地树立戏曲大码头的品牌定位。

全国地方戏曲南方会演共计 17 家地方戏曲院团参与，17 台优秀剧目接连上演，在戏曲爱好者和传统艺术的受众群体中，传统媒体仍旧有着巨大的影响力，但每一台优秀剧目单独播发广播电视报道，较为零散，不能形成强大的聚合效应，所以，有效地整合传统媒体对于活动推广来说意义重大。除了传统广播电视报道外，还应当建立专业活动网站。

上海世博会期间，官方网站建立的"虚拟活动网站"——网上世博会，利用无国界、无时限的网络优势，让全世界的人们都能够了解上海世博会，在虚拟世界里立体、直观、便捷、愉悦地游览和体验世博。网上世博会是世博会历史上首次实现网络与活动现场的联动，全面反映世博会的盛况，传递实时信息，并与远程观众进行互动，吸引了受众广泛关注。湖北的文化活动可借鉴这一做法，提升活动的参与度与娱乐性。

同时，在整合宣传推广方面，除建立平台整合广播电视和纸媒报道外，可进一步整合活动素材和现场音频、视频，利用戏曲艺术好听好看的优势特点，制作宣传片，在主流媒体滚动播放，助力戏曲大码头的品牌推广。

（三）发挥新媒体优势，拓展人际传播

要重视发挥新媒体在文化活动中的宣传作用，不能仅将其作为传统媒体的一种补充。新媒体宣传以其方式灵活、内容多样、互动性强等特点可以吸引广大年轻人参与到文化活动，尤其是戏曲活动中。大型文化活动组织者可以充分利用新媒体的强大参与和互动功能，丰富传播形式，利用网络直播、短视频直播以及微博热搜等形式积极调动参与者传播的积极性，使公众从受众走向传播者。人际交往在文化活动中起着非常重要的作用，如现在商家营

销常用的"朋友圈点赞赢门票或者折扣"等手法,实际上是利用了朋友圈的人际关系进行宣传推广,值得借鉴。体验者通过分享对文化活动的生动的感受,将自己的感受传达给周围的人,吸引更多的消费者参与文化活动。基于传播者与传播者在人际交往中的关系和信任,传播者更容易增加对传播信息里文化活动的信任。因此,扩大人际传播,可以有效地提升节日活动的知名度,为文化品牌建设奠定基础。

基于以上传播规律,文化节会特别是戏曲艺术盛会可以增加体验式传播,例如,开展手机摄影比赛"我和名角合张影",利用斗鱼等直播网站开展滚动直播,利用抖音等短视频网站进行唱段短视频比赛等让参与者完成对文化活动的传播。另外,开展微博热搜、微信摇一摇红包、支付宝现场中奖等活动,可以激发观众获取活动信息的欲望,加快和扩大文化活动的传播。

(四)丰富活动内容,增加互动传播

通过相关配套活动宣传来进行主体文化活动传播,可以使受众与主体活动产生较高的关联度,拉近距离,得到较好的传播效果。围绕地方戏曲艺术这一主题,组织者可以组织丰富多彩的论坛和戏曲文化展览来宣传和普及中国戏曲艺术,也可以通过惠民演出、送戏下基层等大众化的方式扩大宣传。例如,在南方会演活动中设置戏迷见面会,利用"梅花奖"获得者的影响力进行传播,努力将南方会演与湖北的戏曲表演艺术产业相结合,关注年轻戏曲演员成长的杰出代表。整合优秀的品牌剧目和地方戏曲剧目,培养一批有特色、有影响的表演和戏曲作品,鼓励完全市场化的戏曲表演和其他表演活动,通过演出活动传播优秀传统文化。这些相关的活动,可以利用微信、微博、抖音等短视频 App 进行传播,以"短平快"的形式"刷屏",让受众在零散的时间里接受宣传刺激,以加深印象。

(五)政府主导,多元参与

文化活动的繁荣发展离不开政府政策的支持。中央高度重视振兴武汉戏

曲"大码头",湖北主动作为、积极担当——省委将"振兴武汉戏曲大码头"写入党代会报告,作为全面建设现代化强省的重点工作内容。省委办公厅、省政府办公厅印发《关于振兴武汉戏曲"大码头"的意见》,提出积极争取"建设全国戏曲演出中心、中国戏曲'像音像'工程武汉基地、全国青年京剧人才培养基地、戏曲传承发展研究中心"四个"国字头桂冠"。《关于繁荣发展湖北文艺的实施意见》《关于支持湖北戏曲传承发展的实施意见》相继出台,未来,将有越来越多的大型传统戏曲和文化节会落户湖北。

适当的赞助活动是保障大型文化活动成功举办的重要环节。奥林匹克全球伙伴计划使奥运会组委会摆脱了金融危机,为奥运会的发展做出了重要贡献。文化活动组织者应注意在传播核心价值观和中华优秀传统文化这一主题下,在规则允许的前提下,适当选择商业合作,赞助单位的选择可以更倾向于公益而非商业。全国地方戏曲南方会演的活动赞助,可选择乐器、服饰等与传统文化相关联的企业,或者对戏曲文化有着浓厚情结与情怀的企业,主办单位应创新与赞助商的合作模式,在双方友好协商的基础上实现共赢。随着文化活动传播和推广架构的不断完善,湖北的文化节会品牌持续推广,文化湖北将有新的闪亮名片!

B.18

湖北少数民族地区公共文化服务
模式创新研究报告（2017）

——以利川市为例

陈泽华　全素*

摘　要：　加快构建现代公共文化服务体系，是实现"文化小康"、提升文化软实力的重要举措。利川市充分发挥其非遗文化丰富、民族特色浓郁等优势，推动文化的传统与现代融合、政府与社会融合，不断夯实公共文化发展的人才基础和物质保障，从服务理念、服务机制、政府职能、文化功能不断探索公共文化服务的新路径、新机制、新模式，在实践中摸索出一条独具代表性的利川公共文化服务之路。现时代，利川市将从大力推进文化供给侧改革、培育壮大文化市场主体、促进文化消费以及健全文化融资渠道等方面采取有效措施，继续完善和发展公共文化服务体系，满足全体市民的文化需求。

关键词：　民族地区　公共文化服务　模式创新

　　加快构建现代公共文化服务体系，是实现"文化小康"、提升文化软实力的重要举措。县域公共文化服务体系是国家公共文化服务体系的"基

---

* 陈泽华，男，华中师范大学政治与国际关系学院博士研究生；全素，男，华中师范大学政治与国家关系学院硕士研究生。

石"，只有构建了县域公共文化服务体系才能真正把公共文化服务体系建设"落地"，延伸到基层、深入农村，切实保障广大农民群众的基本文化权利，县域公共文化建设发展过程中既要考虑其特殊历史背景，又要兼顾文化发展的地域性。根据政府"他组织"力量和乡村"自组织"力量在公共文化服务建设中的偏重，可以把各地已有的"种文化"探索分为三种类型：一是以"自组织"力量为主的农民自办文化，如山西的文化大院、江苏的网格文化员以及深圳的文化志愿者，都强调社会力量和基层文化自发力量在文化发展中的作用；二是以"他组织"力量为主的政府"种文化"，如安徽文化乐园；三是两者结合的混合型"种文化"，其效果最为明显，如浙江省通过政府和媒体引导的"结对子、种文化"模式，通过在政府机构与特定县市建立对口帮扶机制，扶植基层文化发展，使得浙江省公共文化服务建设走在全国前列。

然而，在我国中西部地区，很多地区面临着县域有限财力与强大公共文化服务供给之间的突出矛盾。如何破解"小财政大服务"困局，解决政府"送文化"所产生的阶段性困境，促进城乡基本公共文化服务均等化，成为困扰广大中西部县城的难题。

利川市位于湖北省西南边陲，是中西部典型的少数民族聚居、地理条件相对较差的山区，与全国大多数地区一样，公共文化服务大都面临着上述困境。近年来，利川市充分发挥其非遗文化丰富、民族特色浓郁等优势，不断探索公共文化服务的新路径、新机制、新模式，在实践中摸索出一条独具代表性的利川公共文化服务之路——"种文化"模式。这种内生型公共文化服务体系构建模式从调整政府财政投入方式、搭建方便群众和业余社团参与的基层平台载体、引入内生激励协调机制、培育乡土文化人才等具体方面入手，充分激发乡村文化活力和乡村居民文化创造性。建立了"资源内生、人才内生、机制内生、平台自建、产品自足"，市、镇（乡）、村三级阶梯公共文化服务构建体系。完成了从服务理念、服务机制、政府职能、文化功能四个方面的转型。本报告尝试对这种公共文化服务体系构建模式进行总结和凝练，以期为我国县域公共文化服务体系建设提供路径借鉴。

一 利川公共文化服务建设取得的成绩

利川市地处偏远山区、经济发展较为落后，其公共文化发展面临文化经费不足、基础设施滞后，供需矛盾突出、服务效能不高，专业人才缺乏、人才队伍不稳，文化活力不足、依赖程度较高等问题。如何在现有经济发展水平下，利用有限的政府资源，实现从文化扶贫到文化自信深化价值理念、从包办到引导转变政府职能、从多予到激活创新服务机制；如何提高政府公共文化服务和治理能力，丰富公共文化服务供给，提升公共文化服务效能，满足人民群众日益增长的精神文化需求，从而实现公共文化服务标准化、均等化、便利化，建立现代公共文化服务体系，实现文化小康成为利川市公共文化服务建设长期探索的问题。

2006 年国家"一号文件"明确提出鼓励"农民自办文化"，2014 年中央宣传部、中央文明办、文化部等 9 部门联合下发《关于广泛开展文明共建、文化共享"结对子、种文化"活动的通知》，2015 年，中办、国办联合印发《关于加快构建现代公共文化服务体系的意见》（中办发〔2015〕2号），明确提出推进城乡"结对子、种文化"。三个文件的下发，以扶持农民自办文化为出发点，以加强城市对农村文化建设的帮扶、形成常态化工作机制为举措，全国各地纷纷开展"结对子、种文化"活动。

利川市以"传承、创新、融合、发展"为目标，以唤醒沉寂优秀传统文化，融合现代先进文化为目标，破解贫困山区存在的"文化供给产品单调，文化服务方式单一，文化人才匮乏，群众文化享受乏味"的瓶颈问题，以孵化民族文化种子、培育本土文化人才为抓手，从顶层进行设计，制定相应政策，探索市、乡、村三级阶梯"种文化"服务体制、机制与模式，打造公共文化服务的"利川模式"。

（一）唤醒优秀传统文化

一是传承优秀传统文化，挖掘传统文化新亮点。利川市拥有可移动文物

264 处，古遗址 16 处、古墓葬 14 处、古建筑 18 处、古石刻 9 处、革命遗址及革命纪念地 14 处，还有 10 处国家级传统村落，拥有非遗保护名录 61 项，其中肉连响、利川灯歌被公布为国家级保护名录，利川小曲等 6 项被公布为省级名录。丰富的文化底蕴和民族特色是利川市宝贵的财富。利川市在提供公共文化服务、构建公共文化服务新模式的过程中十分注重传承优秀传统文化，挖掘传统文化新亮点，重视文化内涵的挖掘，加大对非物质文化遗产的保护传承力度。积极争取专项资金，对大水井古建筑群、鱼木寨等 94 处国家、省、州、市级文物保护单位进行修复保护，谋道镇鱼木村、忠路镇老屋基村等 10 个村落被列为国家级传统村落；成功申报肉连响、利川灯歌等国家、省、州级非遗保护项目 61 项，成功申报省、州、市非遗传承人 54 人。目前，利川已初步形成一个艺术节、一系列丛书、一台精品文艺节目、一个文化网站、一本期刊、一张光碟、一系列民歌传唱大赛、一个主题公园、一条龙船天街、一系列文化产品的"十个一"龙船调文化品牌体系，在湖北"文化产业跨越发展"系列评选活动中，龙船调文化品牌荣登"全省十大特色文化品牌"榜。

二是加强文物保护。首先积极争取保护资金。利川市共申报了鱼木寨防雷工程、大水井古建筑群堡坎修缮及边坡治理工程、防雷工程 3 个 2016 年文物保护项目，申报总金额达 2713 万元。其次严格工程管理。目前，鱼木寨上老房子及六吉堂维修工程已全部完成，正在准备进行预验收，鱼木寨新湾民居维修工程也已基本完工，张凤坪民居维修已完成 50%。而大水井古建筑群消防工程、鱼木寨重点遗存修缮工程、鱼木寨传统村落环境整治工程设计方案分别获得省文物局核准，完成了财政投资评审及公开招标，并已正式动工。最后强化日常维护。为了加大隐患整改力度，提高安全防范能力，筹集了 5 万余元对三元堂蓄水池进行了整修，对阶沿堡坎进行加固，对大水井古建筑群进行了白蚁、木蜂防治。同时加强日常巡查维护，坚持对重点文物保护单位进行不定期安全检查和专项检查行动，落实安全责任。

三是加大非遗传承保护力度。利川市公布了"利川竹编"等 22 项非遗代表性名录为第四批非物质文化遗产代表性名录。整理、编辑出版非遗专著——《利川戏剧曲艺》《利川民间歌曲》，并积极开展传承人培训工作，复排利川小曲、肉连响、利川灯歌等非遗剧目。加大非遗宣传推介力度，开展非遗传承保护专题研讨会、"文化遗产日"专题活动等，进一步增强民众对文化遗产保护的认识和全社会的保护意识。每年6～7月，都要到武汉开展"悦凉越利川"旅游推介演出，把最好听的利川民歌和最具利川特色的舞蹈带到武汉，把文艺演出和旅游产品推介进行有效融合，把利川精品旅游景点、利川民宿旅游介绍给武汉市民，受到了当地群众的一致好评，有效宣传了利川的民族文化，推介了旅游资源。

（二）传承特色地域文化

一是品牌活动丰富多彩。利川市经常性举办乡镇民族民间文艺会演、"龙船调"杯山民歌传唱大赛等全市性文化体育系列活动，为人民群众提供了丰富多彩的精神文化食粮。2015～2017年夏天，连续三年举办了"凉城利川·欢乐一家亲"系列文化体育活动，内容包括纳凉京剧演唱会、群众广场舞大赛、送文化进"候鸟"基地、青年歌手大赛、全市第二届运动会等，持续3个多月时间，吸引了大批外来游客和本地群众的踊跃参与。2017年，利川市以建市30周年为契机，举办"凉城利川"民宿欢乐汇、"利川记忆"怀旧老物件老照片大汇展、中国山地马拉松系列赛利川站、中国迷笛音乐节利川站等大型文化体育活动。社区文化活动的蓬勃开展，催生了夷水丽川歌舞团、老干部艺术团、轻音乐团、"时代之声"合唱团、夕阳红健身队、山茶花艺术团、柏杨坝农民艺术团等500多支群众性社会文艺团体。这些文艺团体常年借助城镇广场、社区文化活动室等阵地，开展广场舞大赛、工间操比赛、美术书法摄影展、全民阅读等广场文化活动，逐步成为繁荣全市群众文化的生力军。

二是民族特色完美呈现。利川市境内十多个民族聚居，民族文化活跃，利川灯歌、肉连响、利川小曲、绕棺等多项国家级、省级非物质文化遗产以及其他未发掘的地域特色文化，构成利川市文化种子的丰富来源。利川市立足其拥有的文化特色优势，自发传承传统生产生活方式和技艺，使文化活动展现了民间文化丰富的生命活力，并将文化进一步"精雕细琢"加工使全市甚至更大范围传习共享该市文化艺术精品，有力丰富了公共文化产品。

三是坚持以人民为中心的创作导向，繁荣本土文艺创作。利川市以自身为创作背景的文艺作品越来越多，如小说《盐大路》《打工奇遇》，诗歌散文《苏马荡的水杉树》《今夕何夕》《山之歌》，让群众更深刻地看到了利川的历史文化。摄影作品《大美利川美术作品集》《光影作证》《秋林》《神游毛坝》，专题片《雪染的风采》《六感凉城大利之川》，影视剧《1980年代的爱情》《大水井风云》《血誓》等，充分展现了利川的自然和人文风貌，得到了社会各界的广泛认可。

（三）融合先进现代文化

近年来，利川市着力培育"文化+"模式，丰富文体活动内涵，完善公共文化服务体系建设，大力实施文化惠民工程，打造特色文化品牌，以文化丰富百姓生活，以文化凝聚发展力量，文化事业呈现大发展、大繁荣局面。

一是"文化+体育"开启全民健身新时代。利川市促进文化与体育相结合，将现代的健身理念与利川独有的文化传承方式相融合，赋予体育赛事更多文化内涵。成功举办 2017 中国山地马拉松系列赛（利川站）、2017CBSA 中式台球中国冠军赛、"凉城利川邀您爽，康养胜地苏马荡"暨"中国龙胄最美乡村门球邀请赛"、"民体杯"全国高脚竞速比赛、湖北省第二十七届毽球锦标赛、"我是好演员系列之首届狮王争霸赛"、第二届"南滨新天地"杯湖北利川旅游城市民族体育舞蹈《国际标准舞》邀请赛、州青运会、元旦万人徒步、全民健身联赛等体育赛事。

二是"文化+平台"。利川市通过将文化与网络平台相结合，建立了市、乡镇、村三级"文化种子孵化园"，形成覆盖全市的平台网络。在市级层面，以市文化馆、公共图书馆、非物质文化遗产传承馆为基础建立文化种子孵化服务中心。乡镇一级，以综合文化站为基础，建立文化种子孵化站；在有条件、文化活跃的行政村，建立文化种子孵化服务点。孵化中心、孵化站、孵化点之间双向交流，长期孵化推广群众喜闻乐见的文化产品和服务。

（四）创新民间产业文化

一是打造旅游城市新名片。加快促进文化旅游创新发展，挖掘旅游资源所内含的文化意义，丰富旅游项目文化内涵，提升城市知名度和影响力。提档升级大水井、龙船水乡、佛宝山漂流等4A级景区，引进宜影古镇休闲度假中心、22°夷城影视文化产业园、中华"土家部落第一村"民族风情观光园、利川灵岩峡谷旅游区、南坪云上花田景区、丽森生态园、王母城、小溪河、齐岳山生态旅游示范区等项目。近年来，相继获得"国家优秀旅游城市""湖北省旅游发展突出贡献县（市）""中国最具民俗文化特色旅游目的地""我最喜爱的中国西部名城""百佳深呼吸小城"等称号。

二是文化与体育旅游相融合。利川市连续两年举办了中国山地马拉松系列赛利川分站赛，借力山马赛，有机融合精准扶贫、城市品牌、民族文化、体育赛事、民宿旅游等元素，成功展示了"文化＋旅游＋体育"发展模式。激发了赛道沿线村民的创业激情，白鹊山、交椅台、长堰等5个村的村民纷纷发展民宿，开农家乐，吃上了旅游饭。每到夏天，来自全国各地的游客慕名前来这些地方避暑度假，民宿旅游十分火爆，一房难求，村民收入也相当可观。汪营镇苏家桥村利用梨花连片盛开和交通便利优势，连续举办两届"梨花节"，以农促收，吸引了数万人赏花、旅游。目前，汪营镇已有58家农家乐，4家民宿公司，每年接待休闲旅游的人数都在10万人以上，乡村旅游综合收入突破2000万元。

（五）发展专业人才队伍

一是强化改革创新，助力加强文化人才队伍建设。按照十八届三中全会关于深化文化体制改革的总体要求，利川市加大收入分配制度改革力度，已基本形成文化单位干部能上能下、职工能进能出、分配能高能低的用人机制。

二是加强文化人才队伍建设，文化人才队伍不断壮大。近年来，利川市认真落实公益性文化单位人员编制和收入待遇，大胆探索基层文化专干聘用制和岗位管理制度，在全市条件相对成熟的村（社区）选拔聘任政治素质好、具有一定文艺特长、热心文体工作、乐于组织基层文体活动的业余文艺骨干担任"文化专干"，专门负责辖区内的文体工作。在年底由文体部门和当地政府组织考核，并根据考核情况予以一定的经费补助奖励。确保了基层文化工作有人抓、有人管、有人做，促进了农村文化活动蓬勃开展，目前全市已聘用文化专干280多名。2017年，利川市采取"市聘乡用"的办法，每个乡镇解决了1名文化工作人员编制，加上文体、广电机构改革时充实到乡镇中心的人员，目前利川市每个乡镇综合文化服务中心能确保2~3人。此外，利川市还解决了市图书馆、文化馆人员编制紧缺问题，全市文化人才队伍不断发展壮大。此外，全市还有兼职文化工作者2000余人，业余文化工作者1万余人，文化队伍已形成一定规模。全市广大文化工作者在公共文化建设中扮演着各种重要角色，在推动文化强市建设中发挥了主力军、生力军作用。

三是培育乡土文化人才队伍，建立利川文化人才库。"留得下、用得上、靠得住、离不开"的文化人才队伍是推进现代公共文化服务体系建设的重要抓手。以人才队伍培育为切入点，通过组织非物质文化遗产传承人队伍、文化志愿者队伍、文化社团以及文化管理员、专干队伍，通过市、乡镇、村分级孵化的方式，在全市范围内开展辅导培训，逐级推进，培育自身组织过硬、业务能力强的文化种子人才队伍。建立利川文化人才库，逐步实现每村至少1名文化种子人才的目标，改善现阶段公共文化服务人才匮乏现状。

（六）建设基础设施网络

一是统筹推进公共文化服务体系示范区创建工作。利川市积极落实省委、省政府文件精神，通过了《利川市推进现代公共文化服务体系建设实施方案》（利办发〔2016〕19号），并以"两办"名义发文。为确保创建工作顺利推进，组建了工作专班，制定了建设规划、时间进度表、任务分解表，聘请了指导专家，并确定研究课题，全力推进示范区创建工作。利川是文化大市，2012年，利川又提出了建设文化强市的奋斗目标。2012年秋，利川市召开全市文化工作大会，专题部署文化强市建设工作，并命名表彰了6位"利川市首届文化名人"。从2013年起，市政府每年拿出50万元对优秀宣传文化体育人才、优秀文化产品、优秀文化体育企业给予奖励。2016～2018年，市级财政拨付800万元，作为利川市创建省级公共文化服务体系示范区专项经费。

二是积极完善文化体育基础设施建设。截至2017年年底，利川市修建文化广场260余个，新建、改建村级综合文化服务中心280个，全市585个行政村拥有410个达标的村级综合文化服务中心，重点向民宿旅游示范村、精准扶贫村、党建示范村倾斜。同时，打造了以建南镇黄金村、仙祠村、蔬菜村，忠路镇主坝村、田湾村，柏杨坝镇栏堰村为重点的30分钟文化圈示范点；以羊子岭村、木栈社区、大塘社区、龙潭村、桃花社区为重点的社区15分钟文化圈示范点。

三是阵地建设卓有成效，免费开放工作稳步推进。市文化馆对舞蹈培训厅和多功能培训室进行装修升级并更换了音响设备，开设了包括培训（讲座）、演出、展览、视听等在内的10多个类别免费开放项目。举办常年免费培训班12个，增设了成人钢琴培训班，新招收学员100余名，涵盖了老、中、青年龄阶段层次的群众，大幅提升了服务水平和质量。市文化馆建起了9个分馆。市图书馆进一步完善自动化管理系统，新安装了2台FRID图书自助借还机，建立读者信息库，实现了借、阅、询一体化服务，外借图书2万余册。为提升大型体育场馆运营管理能力和公共服务水平，利川市将体育场馆委托管理与开放服务项目进行市场化运作，为人民群众体育锻炼提供更好的保障。市图书馆建起了14个分馆，实现了通借通还。

二　利川模式凝练及地区比较特色

（一）模式凝练

利川市以政府为主导，以人民为主体，以满足基本公共文化服务需求为宗旨，有效整合利川市现有文化资源，多方探索实践，不断授之以渔，以求实现现代化公共文化服务体系构建。该市深入推进省级公共文化服务体系示范区创建工作，加快文化供给侧结构性改革，激发乡村文化活力和村民文化创造内生动力，建立起市、乡、村三级公共文化服务体系，将文化"种"在基层，促进了文化及相关产业融合发展。并以启动乡村内生力量、整合利用乡村文化元素为突破点，充分整合资金、人才、政策、设施等资源，激发乡村文化活力和村民文化创造性。建立"资源内生、人才内生、机制内生、平台自建、产品自足"的"种文化"模式，让文化在基层生根发芽、开花结果。

同时，利川市以建设文化种子孵化园为切入点，围绕培养文化骨干、文化专业管理人才和乡土文化精英为重点，根据各乡镇特色，有针对性地打包符合当地居民口味的"种子"文化产品，由文化骨干将文化"种子"带回乡镇。各乡镇在经营管理好本级中心的同时，对所辖行政村文艺爱好者开展培训。村级在提高农家书屋、文艺辅导基地等服务效能的同时，组织村民传习从乡镇带回来的文化"种子"，或成立业余文化团体加以推广，实现梯级孵化，层次服务。

利川市还出台政府购买公共文化服务政策，开展文化服务"菜单式""订单式"服务，激发全社会参与文化建设的热情。政府部门根据需要向业余文化社团、文化企业以及其他社会组织购买公共文化产品和服务，择优录用优秀作品；所购买的文化产品和服务，层层向基层延伸，进一步丰富了公共文化产品供给，提升了服务效能。该市不断发掘基层文化精英，扶持"草根"文化项目，激活并链接农村文化要素，使其具有浓郁民族特色、地域特色和基层特色的利川文化茁壮成长，让利川"种"出了文化自信。①

1. 服务理念：文化扶贫到文化自信，激发基层文化活力

20 世纪末，由于我国发展滞后以及受城乡二元结构的影响，为了缩小

---

① 《文化"种"进土苗山乡——利川市创建公共文化服务体系示范区纪实》，转引自恩施新闻网，http://www.enshi.cn/20150717/ca355400.htm。

城乡差距，政府在文化领域采取"送文化下乡"，并且基于文化扶贫理念，始终只将文化看作经济发展的工具，以文化扶贫促进经济发展，认为经济发展比文化繁荣更重要。伴随着国家的发展，文化作为软实力的作用日益凸显，文化兴则国运兴、文化强则民族强的意识也日益深入人心。以习近平总书记为核心的党中央多次对文化自信的重要意义做出指示和科学论断，认为文化自信是四个自信的核心和根本坚持，是一个国家，一个民族发展中更基本、更深沉、更持久的力量。没有高度的文化自信，就没有文化的繁荣兴盛，就没有中华民族的伟大复兴。

利川市在文化示范区创建中也转变以往固守的文化扶贫理念，不再把文化放在经济发展的从属地位，改变以往通过政府自上而下的行政任务式"送文化"来建设农村公共文化服务。利川市主动站在文化自信的角度，肯定乡土文化的活力和潜力，充分挖掘其本身拥有的丰富特色民族文化，发挥人民在文化创造中的主体作用，发扬优秀传统文化，践行着具有利川特色的文化自信。基于文化自信理念，利川市通过扩大教育投入，修建综合文化站等阵地设施，自主培育文化种子，外部引入文化产业等措施来提高乡村居民文化素质，调动乡村居民参与公共文化建设的积极性，并在 2015 年成功申请创建湖北省公共文化示范区，让全国乃至世界感受利川文化的魅力。

2. 服务机制："送文化"到"种文化"，实现自我服务满足

我国农村，地域广袤、历史悠久、底蕴丰富，基层文化富有活力和潜力，农村居民不仅是文化的受惠者和消费者，更是文化的建设者和生产者。过去农村公共文化供给主要采取"送文化"方式，通过加大政府财政投入，把图书报刊、文体设施、文艺活动等公共文化产品"一厢情愿"地送到基层，强调政府"多予"的供给机制，政府成为公共文化服务的供给主体，忽略了基层文化的活力和乡村居民的能动性。近年来，各地纷纷创新文化供给的方式，由"送文化"转变为"种文化"，希望通过服务机制的改变，让文化扎根于乡村大地。

利川市也积极探索文化服务机制，改变以往的文化供给方式，通过建立"政府购买""菜单式""订单式"服务、人才培训、"结对子、种文化"、

鼓励社会力量参与等多项机制，促进农村公共文化服务建设，公共文化服务机制更加多元化。利川市以了解并满足群众需求为基础，采取政府提供必要的政策、工具、技术和物质等形式"授之以渔"，发掘基层文化潜力，发挥本身具有的文化土壤优势和人才优势，激活农村活力，创造农民喜欢的文化。通过方式的转变既降低了政府以往从外部引进"先进"文化的成本，又满足了群众多样化多层次的文化需求，而且激发了群众自主创作、参与的积极性，营造了浓厚的文化氛围。

3. 政府职能：包办管制到引导服务，保障群众文化权益

党的十七大正式提出"建设服务型政府""着力转变职能"的要求，政府职能转变成为我国政府新一轮改革的着力点。公共文化建设是政府职能的重要方面，党的十八届三中全会明确提出全面深化文化体制改革，加快构建现代公共文化服务体系，推动公共文化服务社会化发展。2015年文化部、财政部联合颁发《关于做好政府向社会力量购买公共文化服务工作的意见》，通过建立政府购买机制将公共文化服务社会化落到实处，操作化规程得以明确，政府职能由包办到引导转变的要求日益凸显。

利川市以往更注重为公民提供公共文化产品，侧重保障政府文化成果拥有权，公民在服务内容、方式及数量方面自主性不强。但政府发展公共文化服务的价值基础就在于保障公民的文化成果拥有权、文化方式选择权、文化活动参与权以及文化利益分配权等基本文化权益。因此，利川市转变政府文化职能，在提供公共文化服务过程中不仅注重文化产品的提供，还注重对群众公共文化需求的回应与保障，为群众提供参与文化活动的必要保障和条件，充分调动了群众的文化参与积极性和文化创造热情。在转变政府文化职能过程中，利川市文化事业发展得到政府的积极引导，群众的各项文化权益得到合理保障。

4. 文化功能：文化管理到文化治理，协调文化供需矛盾

当前，不少学者将国外文化治理的理念引入我国公共文化建设之中，一方面强调政府治理的有效性，另一方面注重降低政府治理成本，对我国公共文化服务体系建设的影响逐渐扩大。公共文化服务从实质上而言既是文化治

理的一种形式，也是文化治理的一项内容。将文化功能由文化管理转向文化治理十分必要。

利川市在提供公共文化服务的过程中改变以往把公共文化服务仅仅视作"文化福利"或"文化权利"的做法，积极引导民众必要的民主参与，防止公共文化服务与民众公共文化需求相脱节，并且建立一定的公共意识和公共精神规约，防止文化成为一种公共性的消解力量，与公共文化生活的主旨相背离。在构建公共文化服务体系过程中，利川市注重协调各个机构之间的功能与运作，引导社会力量参与到公共文化服务中，由文化管理转向文化治理。

（二）模式比较

要更为准确地认识利川市目前公共文化服务发展的水平，不仅要从历史性的角度进行纵向比较，而且要同全国其他城市进行横向比较，才能更清晰地反映利川市目前公共文化服务建设在全省甚至在全国的发展水平及存在的差距。下面即以"种文化"过程中成就明显的浙江省临安市[①]和河南省焦作市与利川市做一对比。

1. 注重调动群众主体积极性，充分发挥群众自主创造力

河南焦作通过开展文化先进县、先进乡镇、星级农村文化中心、民间艺术之乡等活动，以政府支持业余文化团队发展的方式"种"文化。河南焦作的"种文化"模式中，强调政府对民间艺术文化的认同，不仅不再把农村文化看作落后腐朽的文化，还通过政府扶持业余团队和通过开展文化先进县、文化先进乡镇、星级文化中心等评比活动，对业余团队和民间文化进行激励，挖掘发展民间艺术、民间文化，有效激发乡村文化活力。

利川市更加注重人民群众主体性的发挥，相继举办了中国民歌艺术节、中国·利川经济文化交流会、中国龙船调艺术节等全国性文化活动，经常性

---

① 临安的数据来自《新时代浙江艺术创新与文化产业管理白皮书》，载《2017 年中国创意设计峰会论文集》，2017。

举办乡镇民族民间文艺会演、"龙船调"杯山民歌传唱大赛等全市性文化体育系列活动，使人民群众拥有丰富多彩的精神文化食粮。鼓励人民群众积极主动开展文化活动，利川市的民众活跃在文化广场、文化馆等文化场所，毛坝镇夹壁村、团堡镇野猫水村、忠路镇龙渠村等地村民每年组织"村晚"，自编自导自演文艺节目，人民群众在创造文化的同时也享受着文化的乐趣。

2. 文化政策支持力度大，文化财政投入多

临安市相继出台《关于深入开展"结对子、种文化、育文明"活动的通知》《文化、服务、培训"三进礼堂"你点我送活动的实施意见》《群众文化团队补助专项经费管理办法》《推进基本公共文化服务标准化均等化实施方案》等政策文件。从2016年起试点推进结对省、杭州市文艺团队，每年经费支持1万元；结对临安市文联各协会的，每年经费支持5000元；有特殊贡献的，再给予激励支持。

2015年，焦作市印发了《焦作市实施"农民文化超市"惠民工程的指导意见》，开始在全市实施"农民文化超市"惠民工程，并以武陟县作为试点，探索工作经验。2016年，焦作市将"百姓文化超市"列入重点民生工程，拿出409万元财政资金，在市、县、乡、村设立联络平台，打通"百姓文化超市"网站、微信公众号和App手机客户端等主渠道，实现问需于民、以需定供、按需配送。

利川市先后出台了《关于加快建设文化强市推动利川文化大发展大繁荣的实施意见》《利川市推进现代公共文化服务体系建设实施方案》《利川市基本公共文化服务实施标准》《利川市公共文化服务体系建设专项资金管理办法》《利川市乡镇（街道）综合文化站工作人员"市聘乡用"工作实施方案》《利川市"文化种子孵化园"建设方案》《利川市"文化能人"奖励办法》等文件，对文化建设的发展规划、建设标准、经费投入、人员编制、服务供给、奖励激励等制度的方式加以规范。五年来，全市累计投入5亿多元，着力加强公共文化基础设施建设，并积极引入社会资金支持文化产业发展，为公共文化服务的发展提供强大的财政支持。

3. 结合当地民族特色，培育具有代表性的民族文化

浙江省临安市自己发掘其文化特色，摒弃政府"喂食"式文化植入，开展多层面的文化交流活动。通过"走出去、引进来"等多种方式，以设立工作室、笔会、采风等形式，邀请市内外文艺家深入基层，开展常态化的柔性结对走亲活动，带动了农村文化的发展。该市注重让文化与发展密切结合，让文化活在老百姓的日常生产生活中，使传统优秀文化更有生命力、感召力和影响力。

利川市充分发挥其少数民族聚居区，拥有丰富民族特色文化遗产资源的优势，在文化创造过程中十分注重现代文化与传统民族文化的融合。强化其品牌意识，打造了众多具有强大竞争力，展示地方特色的文化名片。如《龙船调》民歌系列，以及由此衍生的一系列文化产业链，在传播民族特色文化的同时，带动了相关文化产业的发展，并推动了利川市经济的发展。

4. 注重调节供需矛盾，实现供需有效对接

临安市通过文化部门与乡镇以及村建立责任联系，文化馆业务老师在各乡镇及村建立辅导点和辅导团队，辅导后的各业余团队再去农村巡演，开展"文化走亲"。同时在媒体发动、宣传的助推下，浙江在全省范围内举办百村赛，打造"一村一品"。这一新的公共文化服务模式，不仅强调并提高了广大乡村文化产品的供给总量，丰富了文化产品的供给类型，同时还通过"结对子"帮扶的形式，建立辅导点、组建业余团队，注重人才队伍的培养，形成了由政府主导、媒体发动、农民主动的富有浙江特色的"结对子、种文化"模式。

焦作市针对该市农村青壮年外出打工多，留守儿童、妇女和老人多的特点，通过建立需求反馈机制和精准配送机制，以分众化服务满足多元化需求，以精准化服务满足个性化需求。该市建立"百姓文化超市"，编制"文化套餐"总菜单。"拎清"供给菜单，将市县两级图书馆、文化馆、文艺院团等公共文化资源纳入其中。登记受理"文化订单"，以文化专干和文化志愿者为联络员，通过走访座谈、调查问卷等形式，将群众的文化需求以"订单"的形式，上传到"百姓文化超市"平台，转交文化行政职能部门。

进而开展服务配送，针对群众"订单"需求，文化部门和相关职能部门根据不同群体需求，实施分众化服务，实现供需有效对接。

利川市改变以往"送文化"的单一文化供给方式，始终坚持为了人民、依靠人民、共建共享，尊重群众的主体地位，认真研究群众多样化的文化需求，建立"自下而上、以需定供"的公共文化服务模式。并建立"群众点单、政府购买"的服务机制，积极推动建立文化种子孵化园，力争把文化种子孵化园建成培育、提供优秀民族民间文化和社会主义先进文化的重要阵地，发挥文化引领风尚、教育人民、服务社会、推动发展的作用。截至目前，已建立市级孵化中心1个，乡镇孵化站14个，村级孵化点30个。2017年，各级孵化园培训孵化业余文艺骨干近4万人次。通过供需对接，有效缓解了公共文化服务供需矛盾突出的问题，使基层参与文化生活的活跃度大大提升。

5. 文化人才队伍规模大，并创新聘用甄选机制

临安市为让农民真正成为文化的"主角"，在"送文化"的基础上，2008年开始在农村"种文化"，实施农村文化队伍素质提升工程，分级分批分类对基层文化干部、业余文艺骨干、村级文化管理员进行培训。如今，全市85%以上的建制村都建有一支以上的业余文化活动队伍，全市有近2670支由农民担纲的文化队伍活跃在农村舞台。

焦作市出台《关于实施"焦作市521青年人才工程"的意见》，组织开展焦作市文化带头人培养工作。建立基层文化人才的培养和成长机制，着力在基层培养一支"带不走的文化队伍"。

利川市积极推行人员聘用制度和岗位管理制度改革，加大收入分配制度改革力度，已初步形成干部能上能下、职工能进能出、待遇能高能低的用人机制。在各乡镇办事处推行"文化专干"聘用制，即在所辖社区聘用政治素质好、有一定组织能力、热爱文化体育工作的人员担任文化专干，主抓村（社区）文化体育工作，年底由文体部门和当地政府组织考核，对于合格以上等次的予以一定的经济奖励，不合格的予以解聘。2017年，该市出台了《利川市文化专（兼）职管理员管理暂行办法》，每个村明确1名村干部兼

任文化管理员，其职责、考核、待遇纳入"五有九零"村级年度奖励资金中统筹落实。

就以上几个方面比较，利川市在民族文化的融合，文化品牌、文化名片的打造以及人民群众主体积极性的发挥等方面更为突出。在调节公共文化服务供需矛盾时更加注重发挥人民群众的主体创造性和参与的积极性，注重引导群众充分结合本地区独有的民族特色，自己孵化群众喜闻乐见的优秀文化，真正体现"种文化"的目的。在人才队伍建设上聘用制更容易形成竞争意识，有助于文化人员快速提升自身的文化素养及工作能力，更有利于推动文化事业长远发展，具有一定优势。

三　完善利川市公共文化服务体系的政策建议

文化是一个国家、一个民族的灵魂。文化发展繁荣是中华民族伟大复兴的重要组成部分：文化发展繁荣支持、推动着中华民族伟大复兴的历史进程。建设文化强国，"强"的重要标志在于文化创新成果与人才阵容，加快民族地区公共文化服务发展，为此，要加大公共文化设施建设力度，推进基层综合性文化服务中心建设，完善公共文化设施网络。利川市在公共文化服务体系构建方面取得了巨大的成就，在新时代，尚需采取有效措施继续完善和发展公共文化服务体系。

总的来说，为更好地发挥地方特色，构建现代县域公共文化服务体系需要处理好以下两对关系。一是处理好传统文化与现代文化的关系。既要保护性开发文化遗产，弘扬传统优秀文化，也要站在现代文化发展的高度，发挥基层文化的价值引领和思想引领作用。这就要求实现传统文化与现代文化有机融合，体现中华民族文化独特魅力，提升我国文化软实力和综合国力。二是处理好政府与社会的关系。以"有限政府"的基调，坚持"政府主导"原则，通过适当的政策制度保障干预和"政府购买""菜单式"服务等机制，提升政府服务能力和文化治理能力。在充分把握群众文化需求，尊重文化发展规律，发动文化精英、文化骨干、普通村民的文化参与和创造活力的条件下，以有限的政府资源撬动整合地方资源、社会资源，推动公共文化服务社会化发展。

（一）推进"文化＋""互联网＋"，促进结构优化升级

推进"文化＋"和"互联网＋"战略，促进互联网等高新科技在文化创作、生产、传播、消费等各环节的应用，推动文化产业与制造、建筑、设计、信息、旅游、农业、体育、健康等相关产业融合发展。

一是促进转型升级。促进高新科技在文艺、娱乐、文化旅游、工艺美术等传统文化行业中的应用，推进传统文化行业在内容创作、传播方式和表现手段等方面创新，推动线上线下融合发展，提升传统文化行业发展活力。推动优秀传统文化资源数字化进程，积极促进共建共享。推动重点文化产业转型升级，提升市场化、专业化、国际化发展水平。

二是推动融合发展。推动文化与经济发展深度融合，提升产品附加价值。鼓励文化与建筑、地产等行业结合，注重文化建设与人居环境相协调，以文化创意为引领，加强文化传承与创新，建设有文化内涵的特色城镇，提升城市公共空间、文化街区、艺术园区等人文空间规划设计品质。促进文化产业与旅游业深度融合，以文化提升旅游的内涵，以旅游扩大文化的传播和消费。推动文化产业与农业有机结合，合理开发农业文化遗产，支持发展集农耕体验、田园观光、教育展示、文化创意于一体的特色农业。支持发展体育竞赛表演、电子竞技等新业态，鼓励地方依托当地自然人文资源举办特色体育活动。推动文化产业与健康养老产业结合。支持开发承载中医药文化的创意产品。

（二）培育壮大各类市场主体，增强发展内生动力

进一步完善文化市场准入和退出机制，培育和壮大各类文化市场主体，鼓励各类市场主体公平竞争、优胜劣汰，推动形成不同所有制文化企业共同发展、大中小微文化企业相互促进的文化产业格局。

一是培育骨干文化企业。培育一批核心竞争力强的骨干文化企业，鼓励

产业关联度高的文化企业以资本为纽带联合重组，推动跨地区、跨行业、跨所有制并购重组，提高文化产业规模化、集约化、专业化水平。鼓励和引导文化企业发展，引导非社会资本有序进入、规范经营，营造公平参与市场竞争、同等受到法律保护的环境。加强对文化产业示范基地的规范管理，进一步提升其示范、带动和辐射作用。

二是支持中小微文化企业发展。推动文化产业发展与"大众创业、万众创新"紧密结合，扶持文化领域创新创业，支持"专、精、特、新"中小微文化企业发展。鼓励社会各方面参与文化领域创新创业。支持文化企业孵化器、众创空间、公共服务平台建设，为文化领域创新创业和中小微文化企业发展提供生产经营场地和信息咨询、投融资、知识产权等各项服务。鼓励互联网创业平台、交易平台等新型创业载体发展，拓宽中小微文化企业创业发展渠道。加强对中小微文化企业经营管理的培训和辅导。

三是完善文化产业园区建设。加强对各级各类文化产业园区的规范管理，重点突出文化内涵、主导业态，引导特色发展、融合发展、创新发展，防止盲目投入和低水平、同质化建设。进一步完善文化产业示范园区创建工作，提升文化产业园区的引领示范效应。建立文化产业园区评价指标体系和评估机制，强化动态管理，完善退出机制。

（三）扩大有效供给，更好满足需求

扎实推进文化领域供给侧结构性改革，以创新供给带动需求扩展，创新文化产品和服务供给方式，优化文化产品和服务供给结构，提升文化产品和服务供给质量，扩大文化产品和服务的有效供给，满足人民群众日益增长、不断升级和个性化的精神文化需求。

一是加强对文化产品创作生产的引导。牢固树立以人民为中心的创作生产导向，坚持创造性转化、创新性发展，引导文化产业工作者和文化企业坚定文化自信，着力提升文化产品的内涵和质量。鼓励深入发掘地区优秀传统文化，培育精品意识，推出一批集思想性、艺术性、观赏性于一体，体现中华文化精髓、反映民众审美诉求、传播当代价值观念、符合时代进步潮流的文化精品。坚持把价值取向、艺术水准、受众反应、社会影响等作为主要评价指标，建立健全科学合理的文化产品评价体系。

二是推动文化创意产品开发。系统梳理传统文化资源，推动传统文化资源活起来，以中华美学精神引领创意设计，把传统元素与时尚元素、民族特色与世界潮流结合起来，创作生产更多优秀原创文化创意产品，扩大中高端文化供给。鼓励文化文物单位和社会力量深度合作，创作生产传承优秀传统文化、适应市场需要、满足现代消费需求的优秀文化创意产品。利用现代科技手段，推动文化内容形式、传播手段创新，提高文化创意产品原创能力和营销水平。加强数字文化创意内容创作与供给。

三是创新文化产品和服务供给方式。大力开发适宜互联网、移动终端等载体的数字文化产品，促进优秀文化产品多渠道供给、多平台展示、多终端推送。引导文化企业提供个性化、分众化的文化产品和服务。积极推广政府向社会力量购买文化服务模式。积极推动众创、众包、众扶、众筹，鼓励企业采用个性定制、精准营销、社群共生、网络共享等模式提供文化产品和服务。

四是加强文化品牌建设。鼓励和引导文化企业提升品牌培育意识及知识产权创造、运用、保护和管理能力，积极培育拥有较高知名度和美誉度的文化企业品牌和文化产品品牌。实施文化企业品牌建设行动计划，显著提升文化企业公共服务水平。加快文化品牌智库建设，推动建设一批文化品牌实验室，支持和规范有关机构研究发布相关文化产业品牌排行榜。

五是振兴传统工艺。鼓励传统工艺从业者、企业、行业组织和相关单位坚守工匠精神，加强质量意识、精品意识、品牌意识和市场意识，改进设计、改善材料、改良制作，全面提高传统工艺产品的整体品质和市场竞争力。鼓励和支持个人及相关单位激发创造活力，立足优秀传统文化，结合现代生活需求，丰富传统工艺的题材和产品门类，使传统工艺在现代生活中得到新的广泛应用。鼓励有条件的个人、单位和地方注册产品商标，培育有民族或地方特色的传统工艺知名品牌。鼓励各地搭建平台，将传统工艺品的设计、生产与文化创意产品开发、文化旅游等有机结合。

（四）扩大和引领文化消费，拓展发展空间

适应和引领个性化、多样化的文化消费发展趋势，稳步推进引导城乡居民扩大文化消费试点工作，改善文化消费条件，释放文化消费需求，挖掘文化消费潜力，建立扩大和引导文化消费的长效机制。

一是改善文化消费条件。加强文化消费场所建设，推动区域文化中心、文化街区、文化广场、小剧场、文艺演出院线等文化消费基础设施建设。支持建设文化娱乐综合体，鼓励把文化消费嵌入各类消费场所。鼓励社会力量通过政府购买服务、政府和社会资本合作等方式，参与文化设施的建设和运营，加强文化消费项目的拓展和创新。鼓励企业、机关、学校的文化设施通过合理方式面向社会开放。开发文化消费服务平台和文化消费信息数据库平台，完善文化消费综合信息服务，加强文化消费监测分析。积极开发新型文化消费金融支持和服务模式，创新文化消费信贷产品，进一步提高文化消费便利化水平。

二是释放文化消费需求。鼓励各地结合举办已有各类节庆、展览等活动，形成一批主题鲜明的文化消费活动品牌，营造积极健康的文化消费氛围。通过政府购买、税费补贴、积分奖励等多种手段，激发群众文化消费意愿，培育文化消费习惯，提高城乡居民文化消费能力。鼓励在商业演出中安排一定数量的低价场次或门票。鼓励网络文化运营商开发更多低收费业务和优质产品，促进数字文化消费。积极培育和发展农村文化消费市场。

（五）健全投融资体系，激发投资活力

进一步拓宽社会资本投资的领域和范围，激发社会投资活力，健全多层次、多元化、多渠道的文化产业投融资体系，完善金融支持文化产业发展的相关机制，着力解决金融服务有效供给与文化产业发展实际需求间的矛盾。

一是拓宽社会资本进入领域。积极推广文化领域政府和社会资本合作模式。鼓励社会资本参与公共文化设施的建设和运营、非物质文化遗产的保护和利用，参与重大文化项目和设施建设。用好各类型政府投资工具支持文化

产业。会同有关部门落实鼓励和引导社会资本进入文化领域的各项政策措施，社会资本投资符合国家重点扶持方向的文化行业门类和领域，可给予扶持。

二是创新融资方式。创新文化产业融资模式，推动文化产业资源与金融资本有效对接。鼓励金融机构加大产品和服务创新力度，开发适合文化产业特点的文化金融产品。积极探索文化资产管理、文化产业融资租赁、文化保险等业务创新。鼓励发展文化金融专营机构、特色支行、文化类小额贷款公司等专业化机构。支持符合条件的文化企业直接融资，进一步扩大文化企业上市融资、并购重组和债券融资规模。大力发展文化产业股权融资。引导面向文化领域的互联网金融业务规范发展。

三是优化融资服务。开展文化与金融合作示范区创建工作。支持建立文化金融服务中心。积极推进文化企业无形资产评估、确权、登记、托管、流转服务。鼓励金融机构针对文化产业特点创新产品和服务，推广无形资产评估、流转和抵质押融资，完善文化企业信用评价体系、融资风险补偿机制和融资信用担保体系。建立完善文化产业金融服务中介机构，建立文化产业融资担保、保险、版权质押等投融资服务体系，构建多层次文化企业投融资风险补偿分担机制。

武汉城市圈文化联合体建设
情况报告（2017）

李泽畅　陈一蕾*

摘　要： 本报告以武汉城市圈文化联合体建设为分析对象，对武汉城市圈文化联合体的历史由来、发展现状及取得的成果进行梳理和分析，在此基础上，从整合艺术资源、共享展演市场资源、加强文化设施建设、推进市场执法协作、扶持文化产业、强化博物馆特色分工等方面提出文化联合体后续发展的主要任务。据此，从机制体制改革、文化服务升级、文化产业转型以及人才培养等方面提出进一步推进武汉城市圈文化联合体发展的建议。

关键词： 武汉城市圈　文化联合体　产业转型

一　武汉城市圈文化联合体的提出

2002 年，湖北省第八次党代会报告提出建立武汉经济圈。2005 年，武汉城市圈被列为中部四大城市圈之首，上升到国家层面。2007 年，湖北省在深化省情认识的基础上，以武汉城市圈"两型"社会综合配套改革试验区设立为新起点，提出了以实现湖北跨越式发展、建设促进中部地区崛起重

---

* 李泽畅，华中师范大学公共管理学院硕士研究生；陈一蕾，女，湖北省图书馆馆员。

要战略支点为目标的"两圈一带"战略，武汉城市圈区域发展战略应运而生。武汉城市圈是以武汉市为中心，由武汉市和周边约100公里半径范围内的九市构成的区域经济联合体。2008年、2012年又相继吸收了四个县市作为观察员加入。武汉城市圈是中国中部最大的城市组团之一，集中了湖北省一半以上的人口、六成以上的GDP总量，是湖北经济发展的核心区域，是中部崛起的重要战略支点，其建设涉及工业、交通、教育、文化、金融、旅游等诸多领域。

为进一步整合武汉城市圈文化资源，增强城市圈内总体文化实力和文化竞争，实现城市圈内各城市文化资源互联互享，提升各城市文化供给的均等化水平，武汉城市圈内1+8城市以习近平新时代中国特色社会主义思想为指导，紧紧围绕"四个全面"战略布局、"五大发展"理念和"建成支点、走在前列"目标定位，坚持以人民为中心的工作导向，以努力满足人民群众日益增长的多层次、多方面、多样化精神文化需求为根本出发点，提出构建武汉城市圈文化联合体，用以整合艺术资源，共享展演市场资源，加强文化设施建设，推进市场执法协作，扶持文化产业，建立图书馆联盟，强化博物馆特色分工等。

二 武汉城市圈文化联合体建设的主要任务

武汉城市圈文化联合体构建的目标是：力争经过2~3年的努力，武汉城市圈构建与全面建成小康社会要求相适应的文化事业繁荣发展格局，覆盖城乡、便捷高效、保证基本、公平均等的现代公共文化服务体系基本建成，人民群众基本文化权益得到切实保障；艺术创作生产体系日益完善，精品力作不断涌现；优秀传统文化传承体系基本形成，实现文化遗产"活起来"和中华优秀传统文化创造性转化、创新性发展；统一开放、竞争有序、诚信守法、监管有力的现代文化市场体系不断健全，文化产业成为国民经济支柱性产业；文化交流水平逐步提高，荆楚文化作为中华文化的重要组成部分，世界影响力显著扩大；文化干部人才培养机制不断完善，建设一支政治强、业务精、纪律严、作风正的文化干部人才队伍；稳定增长的财政投入机制初步建立，人均文化事业稳步提高。为此要做好以下工作。

（一）整合艺术资源，推动展演活动联动共享

以参加中国艺术节，举办湖北艺术节、湖北楚剧艺术节、湖北黄梅戏艺术节，开展丝绸之路影视桥、丝路书香等重大文化活动为契机，在城市圈推出一批群众喜闻乐见的优秀艺术作品、图书出版和影视精品力作。推进戏曲进校园活动在武汉城市圈所有大中小学全覆盖。深入开展武汉城市圈艺术惠民活动，组织城市圈艺术院团深入开展百团上山下乡暨新春金秋巡回演出等活动，让人民群众在家门口欣赏高雅艺术。加强城市圈文化交流与合作，推动文化艺术资源共享和优势互补。加大城市圈地方戏曲保护力度，围绕重大题材、重大节庆、重大活动组织艺术创作，创作更好更多优秀舞台艺术作品。

（二）建立图书馆联盟，加强城市圈图书馆合作

建立武汉城市圈流动图书馆，实行总分馆制。统一采购、集中编目，建立城市圈总书库，共建数字资源库和服务平台，实施统一的业务管理系统，实行"一卡通"借阅服务，通借通还，资源共享。实施人力资源、管理资源共享，构建图书馆工作人员和读者培训基地，共同推进人才的培养计划，形成统一、规范的人才培训体系，实现人力资源和管理资源的共享。构建联盟数字化生产中心，建立馆藏数字化加工中心，扩大资源共享服务范围，集中技术力量、管理人才和优势设备进行数字化生产，实现馆藏数字化加工的共享服务。开展联合项目及可持续发展研究，开展图书馆联盟项目研究，联合申报课题，图书馆联盟可持续发展研究，制定图书馆联盟中长期发展规划。建立武汉城市圈联合目录，由圈域内文化、教育、科研系统图书馆共同建立武汉城市圈联合采编中心，实施联机编目，对中外文书刊、非书资料、电子文献等实行联机编目，建立网上资源联合目录。实施文献资源建设合理布局，利用有限的经费，增加文献资源量，增强城市圈文献信息资源保障力度。实现联合参考咨询服务，实现圈域内图书馆咨

询业务服务的共享。联合开展文献传递和馆际互借服务。构建城市圈数字资源服务平台，建立资源服务平台，为用户提供电子图书、电子期刊等全文数据库的网络资源服务。

（三）加强文化设施建设，构建现代公共文化服务体系

开展公共文化服务体系示范区创建活动，推进城市圈"四馆三场"（图书馆、文化馆、博物馆、非遗展示馆和剧场、剧团排练场、基层文体广场）建设。推进城市圈广播电视户户通、农村电影放映、农家书屋等重点文化惠民工程。加大"百姓舞台"农村文化广场建设工作力度，结合互联网＋，推进"智慧云广场"建设。通过 PPP 模式，推动社会资本在符合条件的农村文化广场架设免费 Wi-Fi。做好城市圈"三馆一站"免费开放工作。武汉市城市圈 56 个公共图书馆、58 个群众文艺馆（文化馆）、75 个博物馆、696 个乡镇综合文化站全部向社会免费开放。

（四）落实区域协作机制，加强文化市场执法和产业发展

深入推进武汉城市圈文化市场综合执法，搭建武汉城市圈文化市场行业转型升级展示交流平台，着力打造经济效益与社会效益俱佳的上网服务行业品牌。加强对文化市场执法人员培训力度，提升业务技能。创新文化市场技术监管模式，提升文化市场综合执法队伍素质和装备水平。加大新闻出版产业、文化产业基地支持力度，扶持 33 家文化产业示范园区和基地加强建设。办好文化艺术品博览会、大学生文化创意设计大赛和电子竞技大赛等活动，为文化产业发展搭建良好平台。实施"一县一品"工程，开展特色文化村创建。围绕"互联网＋文化"大力发展新型文化业态，推动文化与科技深度融合。

（五）推动博物馆特色分工，促进文物和非遗资源共享

加强城市圈博物馆体系建设，推进以省博物馆为龙头，武汉、鄂州、黄石、黄冈、咸宁、孝感等地市级博物馆为骨干，潜江、天门、云梦、浠水、

蕲春、大冶等文物资源丰富县市特色博物馆为补充的博物馆体系建设。推动社会力量兴办博物馆，支持行业博物馆和非国有博物馆发展。加强城市圈博物馆馆际交流、提高陈列展览质量和宣传教育水平。搞好文化遗产保护和利用，合理利用城市圈内的大遗址、古墓葬、古民居、近现代优秀历史建筑、重要革命史迹等文物资源优势，组织文化遗产日系列活动等重大展示活动，推动非遗保护成果全民共享。

三　武汉城市圈文化联合体建设取得的成效

近年来，武汉城市圈文化联合体建设以加快把武汉城市圈打造成长江中游城市群最重要的增长极为目标，围绕"中部领头、全国一流、湖北特色、世界影响"文化发展定位，不断探索，努力实践，攻坚克难，积极推进，取得了初步成效。目前，武汉城市圈文化事业、文化产业发展壮大，文化软实力明显上升。公共文化服务体系基本完备，精神文化产品更加丰富，出版发行资源进一步集约优化，广播电视一体化发展效益进一步提升，文化消费在城乡居民消费结构中的比例明显提高，人民群众基本文化权益得到有效保障；现代文化产业体系和市场体系基本建立，产业增加值占生产总值的比重在6%以上；文化创新能力进一步增强，人才队伍结构进一步优化，基本建立符合时代发展要求、充满生机活力的文化体制机制，形成有利于出精品、出人才、出效益的文化发展环境。武汉城市圈文化事业繁荣、文化产业发达、文化人才荟萃、文化实力雄厚的格局初步形成。

四　进一步推进城市圈文化联合体建设的策略

（一）落实政策，推动文化服务升级

结合武汉城市圈实际，落实现有政策，加大执行力度，出台奖励优惠政策，加快基础建设，把文化联合体建设不断引向深入。认真实施《湖北省

"十三五"时期文化事业发展规划》及《湖北省戏曲振兴发展计划（2016—2020年)》、《湖北省京剧振兴发展计划（2016—2020)》，落实《湖北省非物质文化遗产保护法》《湖北省文物安全管理办法》，抓好《公共文化服务保障法》的贯彻落实，推动大数据＋公共文化服务，启动公共文化云建设，推进基层综合性文化服务中心建设和图书馆、文化馆总分馆制建设，完善"长江讲坛"App和微信公众平台；健全投资机制，建立融资平台。健全行业协会，完善自律机制。

（二）提高执法协作水平，巩固体制改革成果

积极推进文化行政管理体制改革。分类推进文化企事业单位改革。采取"一团一策"的办法，加快推进文艺院团改革发展。深入推进文化市场转型升级，探索"互联网＋文化＋娱乐＋电子竞技"模式，打造新型市场业态，提升新时期文化市场供给层次和水平。开展城市圈文化市场综合执法协作行动，在重大案件以案施训、执法案卷评查和重大案件评审活动中开展协助交流，督促城市圈依法加大各类案件的办案力度，营造良好的文化市场经营管理秩序。

（三）推动文化产业转型升级

主动融入国家长江经济带战略和武汉长江新城建设规划，支持建设"长江非遗小镇"，努力打造成长江儿女的精神家园和文化寻根之地、非遗大师的聚集之地、民族民间工艺产品孵化和振兴崛起之地。抓住武汉入选世界"设计之都"的机遇，大力推进文化创意和设计服务与相关产业深度融合、创新发展，推动文化产业转型升级。

（四）加大人才培育力度

认真贯彻中央、省加强文化人才培养的有关文件和政策精神，完善城市圈文化艺术专业人才培养制度，实施文艺名家、文化人才培养、文化经营管理人才培养计划和舞台艺术人才、美术人才培养"百人计划"。与中国戏曲

学院、上海戏剧学院合作举办湖北省戏剧编导高级研修班和湖北省戏剧舞台美术创作人才高级研修班，进一步提升武汉城市圈戏剧创作人才能力。积极探索适合文化艺术行业特点的人才考核评价方法，加大对短缺人才的引进力度，促进城市圈人才资源合理配置和有序流动。加大城市圈基层文化队伍建设，集中培训图书馆、文化馆、博物馆、综合文化站业务人员，落实基层文化人员编制，打造一批高素质的基层文化队伍，给文化建设事业注入源源不断的鲜活力量。

B.20

非遗传承保护的鄂州模式

——以雕花剪纸公益培训与传承传播项目为例

周克斌　王锦芳　肖正礼*

摘　要： 鄂州市的非物质文化遗产传承保护工作，以国家级暨联合国教科文组织人类非物质文化遗产代表作名录——雕花剪纸为龙头，坚持党委领导、政府主导、社会参与的原则，建立起"双十百千"的人才队伍，形成市、区、街道、社区（村）、家庭五级阶梯式传承网络，通过"五级八进"，成功实现了鄂州雕花剪纸由家庭族传向社会普传的转型，有效破解了非遗保护工作中普遍存在的项目传承人传技授业难题。形成了非物质文化遗产传承保护的鄂州模式，成功申报为第四批国家公共文化服务体系创建项目，在国际国内产生了积极的影响，有效促进了鄂州市现代公共文化服务体系建设。

关键词： 雕花剪纸传承保护　机制　模式　示范价值

鄂州市非物质文化遗产资源丰富，主要有民间文学、传统音乐、传统舞蹈、传统戏剧、传统曲艺、传统杂技、传统美术、传统医药、民间技艺、民

---

* 周克斌，男，鄂州市群众文艺馆馆长，副研究馆员，鄂州市非遗专家委员会主要成员；王锦芳，女，鄂州市群众文艺馆副馆长，副研究馆员，湖北省鄂州市非遗专家委员会主要成员，鄂州市社会科学专家组成员，鄂州市人大立法专家顾问组成员；肖正礼，男，湖北省公共文化服务体系建设专家库专家，研究馆员。

风民俗 10 大类 79 种，内容涵盖 200 多个项目，登记在册民间艺人 600 多名。

在众多的非物质文化遗产项目中，尤以"鄂州雕花剪纸"影响深远。"鄂州雕花剪纸"源于 1600 多年前的鄂州民间"花样剪纸"，2008 年被列入国家级非物质文化遗产名录，2009 年被联合国教科文组织列入人类非物质文化遗产代表作名录。在加快推进鄂州市现代公共文化服务体系建设的进程中，通过鄂州雕花剪纸常态化的公益培训、展示、交流，基本形成"传习优秀文化技艺 画说核心价值观、传承中华文化基因 践行核心价值观、传播中国文化精神 推广核心价值观"的"三传一核心"文化品牌，创建了非物质文化遗产传承保护的鄂州模式。

一　创新传承机制　构建保护体系

鄂州是吴王故都、三国文化之乡、古铜镜之乡。悠久的历史，独特的地理环境，孕育了灿烂的民间文化，积淀了丰厚的非物质文化遗产资源。早在 2004 年，鄂州市文体局、财政局联合制定了《鄂州市民族民间文化保护工程实施方案》，经过体制机制创新发展，基本构建完成鄂州市非物质文化遗产的传承保护体系。2013 年，鄂州雕花剪纸保护研发中心被命名为"湖北省非遗生产性保护示范基地"。2016～2018 年，先后 3 次在全省非遗保护工作会议和培训班上做经验交流。2018 年 4 月，鄂州"雕花剪纸公益培训与传承传播"，被列入第四批国家公共文化服务体系示范项目创建资格名单。

（一）建立非遗保护工作机构

1. 成立非遗工作领导小组

为了加强全市非物质文化遗产的保护，成立了由市文体局、市财政局组成的"鄂州市非物质文化遗产保护工程领导小组"，市文体局局长任组长，文体局和财政局分别选派一名副局长任副组长；领导小组积极发挥政府的主导作用，统一协调全市非遗保护工作。领导小组下设办公室，办公室在文体局负责非遗日常工作。

2. 成立非遗保护中心

2006年，成立了"鄂州市非物质文化遗产保护中心"，其办公室设在市群众文艺馆，保护中心具体落实和组织实施全市非物质文化遗产的保护工作，联络协调有关部门、单位和社会各界共同开展工作，使保护工作科学化、规范化、常态化。

（二）建立覆盖城乡的实践基地

1. 建立雕花剪纸研发中心

鄂州市群众文艺馆是国家一级文化馆、湖北省优质服务窗口、湖北省十佳群艺馆（文化馆），作为鄂州市非物质文化遗产保护中心和雕花剪纸传习所的主阵地，成立了雕花剪纸研发中心，集展示、培训、研发和工作室于一体。2012年开始规划固定培训教室2间近200平方米，配套多媒体教具、灯光、音响等，可容纳100名学员同时上课。

2. 建立社会化传承基地

2014年，鄂州市非物质文化遗产保护工程被纳入全市"文化进校园、进社区、进乡村"惠民活动中，分别在鄂州大学等2所大学、华容中学等5所中学、东方红小学等13所小学、西山社区等18个社区、市供电局等10家单位建立剪纸传习基地共48个，定期开办剪纸培训班。2014年11月，中南民族大学"非遗传承与教育实习基地"在鄂州市群艺馆挂牌，进一步加大雕花剪纸及其他文化遗产项目的研究交流。

3. 形成五级阶梯式传承网络

经过十几年的努力工作，已经建立起以鄂州市群艺馆为中心，以区文化馆、街道（乡镇）文化站、社区综合性文化服务中心、雕花剪纸传习基地为基础的"鄂州雕花剪纸公益培训与传承传播工程"设施，形成市、区、街道、社区（村）、家庭五级阶梯式传承网络，将雕花剪纸活动惠及千家万户，实现基层公益培训资源的齐抓共建。在创建第四批国家公共文化服务体系示范项目的过程中，每年新建鄂州雕花剪纸基地 2 个，进一步完善"三传"设施网络。

（三）建立业务精良的人才队伍

1. 积极培养业务精良的师资队伍

在鄂州市文体新广局的领导下，由市群众文艺馆和非遗保护中心牵头，在鄂州独具优势的剪纸人才资源基础上，以非遗代表性传承人、工艺美术大师和优秀民间剪纸艺人为主要力量，组建雕花剪纸师资队伍，采取多种方式参加文化部和文化厅组织的培训研修，培训师资队伍 28 人。目前，全市共有国家级雕花剪纸代表性传承人 1 人，省级 3 人，市级 7 人；全国和省级剪纸协会会员 32 人；文化志愿者队伍 50 人；黄云山、曹小琴等 4 人被湖北省人民政府授予"湖北省工艺美术大师"的称号。

2. 建立层次有序的人才队伍

以国家级、省级鄂州雕花剪纸代表性传承人为领军人物，以市级、区级代表性传承人为骨干、以鄂州雕花剪纸爱好者为基础，建立"双十百千"鄂州雕花剪纸文化人才队伍，即十名代表性传承人、百名传习员、千名会员的鄂州雕花剪纸人才库。市专家库聘请德艺双馨的雕花剪纸专家和示范项目创建专家 10 人，招募文化志愿者 100 人，每年培训雕花剪纸学员 1000 人次，其中培训外籍学员 100 人次。

同时，在全市公共文化事业单位全员配齐并聘用公共文化服务人员，保证乡镇综合文化站聘用工作人员到位。在街道综合性文化服务中心和社区"党员群众服务中心"设立公共文化服务岗。经过不同层级的继续教育培训和业务培训，提高公共文化服务人员、代表性传承人、团队协会会员、文化志愿者等人才队伍的专业服务水平和能力，建立公共文化专业人员聘任制度，健全公共文化专业人才、文化志愿者、业余文化骨干三支队伍。

3. 建立非遗传承人培训制度

传承人保护是非遗保护的核心和关键。在各级政府部门的关心和支持下，市非遗中心对各项代表性传承人采取了普查建档、资助保障、宣传引导、传习普及教育、适度开发等保护措施。开展多种形式的公益培训，由传承人传授技能。市群艺被设立了鄂州雕花剪纸生产性示范基地和牌子锣传习所。定期组织传承人现场教学，传授技艺。同时定期安排传承人走进校园、社区、乡村开展传授活动，并组织推荐传承人参加省内外培训研修，使传承人的整体认识和传承能力得到提高。

其中主阵地馆办剪纸培训常年开设基础班、提高班和研修班，同时不定期开设未成年人培训班、残疾人培训班等特色班。除了实地培训，还开办网上剪纸课堂，在鄂州市群众文艺馆网站和微信公众号可随时浏览学习。2016年9月，中南民族大学把鄂州作为文化部非遗传承人群剪纸培训的现场教学点，师生多次来鄂州学习交流。

（四）建立资金技术保障体系

1. 市级财政投入带动社会投入

为加大鄂州雕花剪纸传习传承传播等非遗项目的投入力度，按照公共文化服务标准落实资金，配备技术设备，同时，处理好政府投入与社会参与的关系，逐步探索适合面向市场的传习传承传播服务，以政府购买方式从市场招标购买，把服务供给从文化系统的"内循环"转变为社会和市场的"大循环"。

2. 发挥基层投入的积极性

为改进投入方式，建立起稳定高效的公益性文化事业经费保障长效机制，华容区先后投入资金200余万元，建设县级非遗馆，并将非遗保护经费从5万元增加到22万元。葛店开发区投入560万元的非遗馆正在建设中。鄂城区采取政府投资和鼓励民间资本投入的方式，共筹集资金近400万元，建设非遗民俗馆和百节龙博物馆。

3. 突出项目创建的示范性

为落实《公共文化服务保障法》，圆满完成鄂州雕花剪纸示范项目创建规划，每年全市公共财政投入非遗专项经费50万元，建立比较完善的资金和技术保障体系。

（五）建立制度保障措施

1. 明确非遗传承保护法规

2006 年以来，鄂州市在宣传各种文化政策、法规的同时，先后制定和出台了《鄂州市关于加强全市非物质文化遗产保护工作的意见》、《鄂州市非物质文化遗产项目代表性传承人保护办法》、《鄂州雕花剪纸"十三五"时期保护规划书》和《关于进一步加强现代公共文化服务体系建设的实施意见》等文件，强化文化行政主管部门、文化职能部门在非物质文化遗产保护工作中的专业指导和行业自律功能，推动非物质文化遗产传承保护工作，带动鄂州市现代公共文化服务体系建设。

2. 系统开展制度设计

在申报和创建国家示范项目中，进一步制定《鄂州雕花剪纸"十三五"时期保护规划实施方案》《鄂州市政府购买公共文化服务实施办法》《鄂州市公共文化活动引进社会资金实施办法》《鄂州市公共文化服务机构重大决策的公众参与管理办法》《鄂州雕花剪纸产品生产供给机制建设实施方案》《鄂州市创建国家级公共文化服务体系示范项目人才队伍建设培训方案》《鄂州市非物质文化遗产项目代表性传承人出国出境开展传习培训和产品传播的管理办法》《鄂州雕花剪纸数字化传习传承传播的管理办法》《鄂州雕花剪纸传习传承传播绩效评估制度》《鄂州市残疾人文化服务制度》等系列规划、办法、制度，积极推动示范项目的创建，全面落实《公共文化服务保障法》，促进优秀传统文化传承发展的制度建设法治化进程，为提升鄂州雕花剪纸项目传承和整个非物质文化遗产保护工作提供了科学保障。

3. 实行成果转化

根据鄂州实际，实行制度设计成果转化，将制度设计成果和具体法规运用到非遗传承保护工作中，积极推动鄂州雕花剪纸示范项目的创建。按照"规范、完善、提质、提升"的思路，进一步突出重点、解决难点、打磨亮点，实现鄂州雕花剪纸传承示范创建成果全民共享。

到 2020 年，建立培训制度完善、传习内容丰富、后期管理规范、服务方式创新的雕花剪纸公益培训和传习传承传播模式，实现优秀传统文化与现代文化融合、文化与科技融合、文化与经济融合、文化事业与文化产业并进发展的新格局，形成具有科学性、带动性和示范价值的制度成果，建立并完善符合鄂州实际的优秀文化遗产保护体系，确保鄂州雕花剪纸公益培训与传承传播工程示范项目运行机制与体制长效、良性运转。

（六）完善监督考核评估体系

为确保雕花剪纸等非遗传承培训基地发挥作用，制定并完善监督考核评估体系。

1. 目标考核评价退出机制

对既有传承基地实行动态管理，对不能较好地发挥示范带头作用的要及时撤换。

2. 回访制度

坚持每季度一次对传承基地进行回访，及时了解培训班开展情况，解决传承基地培训活动中的各种问题。

3. 活动备案登记制度

各命名的传承基地在开展培训活动时要将活动时间、内容、参加人员、取得的效果等登记备案，做到事事有登记、件件有回音。

4. 群众评价机制

以群众满意、基本满意、基本不满意、不满意为考核基准，折合算分，满意度作为评先评优的重要依据。

二　创新生产机制　打造非遗精品

鄂州非遗资源丰富，项目众多，实行生产性保护，开展活态传承是非遗传承保护工作的根本。

（一）实施非遗普查

1. 分阶段摸底调查

2004～2006 年，按照鄂州市民族民间文化保护工程实施计划，市非物质文化遗产中心分阶段完成了全市民间文化的摸底普查。在普查过程中认真贯彻"全面普查、摸清家底、健全机制、规范管理、整体保护、传承发展"的工作目标，坚持"全面性、代表性、真实性"的指导原则，争取做到不漏村镇、不漏项目，不漏艺人、不漏线索，全面了解掌握非遗的蕴藏状况。通过不同类型的分级试点，有效地抢救、保护了一批珍贵、濒危并具有历史价值的民间文化种类，建立健全了非遗保护工作的组织体系，培养了一批较高素质的专业队伍，并且，按要求完成各项申报，其质量得到省非遗保护中心和文化厅的肯定，2014 年被评为"湖北省十佳非遗保护行动"单位。

2. 建立非遗数据库

经过宣传发动、填写报表、田野调查、资料收集、整理汇总、建立档案 6 个阶段，将采访到的原始资料，运用文字、录音、录像、数字化多媒体等多种方式，对非遗进行真实、系统、全面的记录，共拍摄图片 12000 余幅，采集音像资料 570 个小时，收集实物 2600 余件，最终汇编资料卷 5 本约 67 万字，建立全面反映鄂州非遗基本面貌的档案资料数据库。

（二）建立系列名录

根据掌握的非遗种类、数量、分布状况、生存环境、保护现状等，为了做好非遗传承保护工作，鄂州分门别类地建立起世界、国家、省、市四级非遗名录体系。目前，非遗名录列入世界级 1 项、国家级 3 项、省级 7 项、市级 25 项。其中，鄂州雕花剪纸于 2009 年被联合国教科文组织公布为人类口头与非物质文化遗产代表性项目名录；鄂州牌子锣、鄂州雕花剪纸、泽林旱龙舟 3 项被列为国家级非遗名录；鄂州牌子锣、鄂州雕花剪纸、嵩山百节龙、玉连环、泽林旱龙舟、华容土布等被列入省级非遗名录；葛店虾灯、塘角头活马子、武昌鱼制作技艺、樊湖碯歌、鄂州民间文学等被列入市级非遗名录。另有一批非遗项目正在积极组织申报各级名录。

（三）锻造非遗精品

早在青铜文化时期，鄂州便是中国四大铜镜铸造中心之一，是在国内外享有盛名的"古铜镜之乡"。鄂州的"青铜镜复原复制技艺"，体现了鄂州先民和当代艺人超凡的智慧。同时，鄂州非遗的水乡特色十分鲜明，鄂州享有"百湖之市"之称，依附于丰富水产资源要素，保留了一大批非物质文化遗产。如梁子湖祭湖民俗、传统舞蹈"葛店虾灯"、传统音乐"樊湖碯歌"、武昌鱼制作技艺、沼山的"穿花龙舟"木船制作技艺等，颇具水乡文化特色。

近年来，创作了《鄂州八景》《古铜镜》以及人物肖像、武昌鱼等系列作品。传承人和会员的作品多次获全国和省级大奖。其中，《鄂州八景》《古铜镜》《鄂州古十景》等系列作品，被广泛收录在《中国民间剪纸》《中国南方各民族民间剪纸研究》《湖北民间雕花艺术》等刊物中。传承人和会员创作的作品多次获全国和省级非遗展示大奖。

（四）建立精品库

根据群众的需求反馈和诉求，把握非遗发展中的群众主体地位，激发群众的文化参与性，发挥群众的文化创造性，凸显"本土性、草根性、全民性、互动性"特点，扩展鄂州雕花剪纸产品传习传承传播的途径，每年创作作品100件，展示作品1000件，库存数字作品10000件，出版优秀新作品集1册。

三 创新服务机制 弘扬核心价值观

"鄂州雕花剪纸公益培训与传承传播"是以常态化的公益培训、非遗展示、互动交流为服务载体，以传习、传承、传播为服务手段，以传习优秀文化技艺、传承中华文化基因、传播中国文化精神为基本服务内容，以"创新性、导向性、带动性、科学性"为引领，以弘扬社会主义核心价值观为目的的"三传一核心"非遗文化品牌。

（一）通过"雕花剪纸"公益培训，传习优秀文化技艺，画说核心价值观

1. 坚持公益培训

2009 年至今，鄂州举办实体性的公益培训班 200 余期，培训学员 4000 余人次。同时，利用艺术馆、文化馆网站和微信公众号开办网上剪纸课堂。民间艺人将社会主义核心价值观的具体内容融入传统花样图案中，创作生动的"雕花剪纸"画面，画说核心价值观。在全国掀起学习道德模范先进事迹的高潮中，组织创作了《鄂州道德模范人物肖像》《湖北省科学院院士肖像剪纸》，被广泛用于全市各大公共场所的公益宣传。

2. 采取"五级八进"方式传习

鄂州采取雕花剪纸"五级八进"措施，实现市、区、街道、社区（村）、家庭五级阶梯式传习、传承、传播。通过进校园、进机关、进军营、进企业、进社区、进家庭、进外院、进网络的"八进"方式，把鄂州雕花剪纸雕进校园剪出自信，雕进机关剪出自律，雕进军营剪出斗志，雕进企业剪出精神，雕进社区剪出和谐，雕进家庭剪出品位，雕进外院剪出故事，雕进网络剪出影响。创建了非遗项目传承保护的鄂州模式和方式方法，成功实现了鄂州雕花剪纸由家庭族传向社会普传的转型，有效破解了非遗保护工作中普遍存在的项目传承人传技授业难的难题。

（二）通过"雕花剪纸"非遗展示，传承中华文化基因，践行核心价值观

1. 积极参加展示

鄂州雕花剪纸艺人和作品多次应邀参加省内外交流展示活动，相继参加了 2010 年陕西省文化厅举办的"人类非物质文化遗产代表作名录——中

国剪纸艺术展"，2011 年文化部举办的"百名非物质文化遗产项目代表性传承人进京迎春展示"，2012～2017 年中宣部举办的历届深圳文博会，2014～2016 年文化部举办的第三届、第四届全国非遗博览会，2015 年海南文化产业博览会，2015 年文化部举办的全国"民间文化艺术之乡"剪纸交流，2015～2016 年省文化厅举办的全国文化艺术品博览会等交流展示活动，每次展示均独具匠心，积极传承中华文化基因，广受领导、专家和公众的好评。

2. 精准扶持发展

鄂城区政府以"鄂州雕花剪纸"为抓手，给每个非遗项目年度扶持 5 万元资金，每个代表性传承人给 5 个贫困家庭传艺授业，实行文化精准扶贫 196 户，用实际行动践行核心价值观。

（三）通过"雕花剪纸"互动交流，传播中国文化精神，推广核心价值观

1. 专家学者互动

鄂州雕花剪纸等非遗项目日益受到省内外同行的关注，先后接待海南、孝感、仙桃等地剪纸界同行前来取经学习，每年接待中国艺术研究院、华中师范大学、中南民族大学等高等院校专家学者 30 余人次，相关剪纸作品及文献资料被广泛应用于国家级知名学术专著中。

2. 国际交流频繁

2000 年，鄂州雕花剪纸参加湖北省政府在挪威举办的文化周展示活动，2017 年 6 月，由湖北省文化厅推荐的雕花剪纸传承人，赴老挝开展为期一个月的中国剪纸培训，被老挝《人民报》《万象时报》做专版报道。培训结束后，老挝的中国文化中心、老挝国立大学、老挝国立美术学院均向湖北省文化厅致感谢信，感谢鄂州雕花剪纸传承人对老挝青年学生和剪纸爱好者的教学培训。以雕花剪纸的艺术形式和丰富多彩的中国文化元素，塑造中国形象，表述中国故事，宣传中国梦，向世界传播中国优秀传统文化和核心价值观。

结　语

　　非遗保护是关系到中华文化传承发展、中华民族伟大复兴的伟大事业。鄂州雕花剪纸公益培训与传承传播项目，在创建国家示范项目过程中，将进一步认真贯彻落实党的十九大关于"推动中华优秀传统文化创造性转化、创新性发展"的精神，和中共中央办公厅、国务院办公厅《关于实施中华优秀传统文化传承发展工程的意见》的建设目标，积极探索和认真解决非物质文化遗产项目由家庭族传到社会普传的难题，实现以鄂州雕花剪纸这一个非遗项目带动鄂州整个非遗工作的开展，以整个非遗工作的开展带动鄂州现代公共文化服务体系建设。

B.21
长阳县"文化强县"建设发展报告

李 靖[*]

摘 要： 新时代，新要求，新作为。近年来，长阳县坚持"大文化"发展理念，创造性推进"中心立文、发展强文、品牌活文、项目兴文、创优树文"工作，打造"文化铁军"，各项改革活力释放，文化自信稳固提升，文化强县建设成效初显。特别是在文化扶贫、品牌打造、制度创新、队伍建设等方面积极探索，充分展现"文化长阳"亮丽名片，全面促进文化事业高质量发展，成绩斐然。

关键词： 长阳县 文化铁军 文化强县

　　长阳素有"佷阳古地，夷水名疆"之称，是19万年前"长阳人"的故乡、巴人故里、土家族发祥地，是全国少数民族第一军"红六军"的诞生地、中国农村合作医疗的发源地，是湖北三大甲级风景旅游区之一。近年来，长阳文体新广系统坚持"大文化"发展理念，充分发挥丰富的巴土文化、生态旅游资源优势，以习近平新时代中国特色社会主义思想为指引，勇于担当作为，勇于改革创新，勇于克难攻坚，扎实落实意识形态工作，坚持高度文化自信，创造性推进"中心立文、发展强文、品牌活文、项目兴文、创优树文"工作，把铁一般信念、铁一般本领、铁一般作风、铁一般担当、铁一般纪律渗透到实干当中，打造"文化铁军"，进一

---

[*] 李靖，男，长阳土家族自治县文体新闻出版广电局局长。

步擦亮"文化长阳"这张亮丽名片，着力推进建设中国文化强县新征程，取得新成效。

一 坚持政治导向，创新思路，牢牢把握
文体新广工作新要求

习近平总书记指出，党中央权威和集中统一领导，最关键的是政治领导。加强和维护党中央集中统一领导是全党共同的政治责任。旗帜鲜明讲政治，切实增强"四个意识"、坚定"四个自信"，进一步找准政治站位、提高政治能力、强化政治担当，自觉在思想上、政治上、行动上同以习近平同志为核心的党中央保持高度一致，自觉维护以习近平同志为核心的党中央权威和集中统一领导，坚定自觉地把以习近平同志为核心的党中央决策部署落到实处。

一是要牢记使命担当，坚持中心立文建功。坚持以人民为中心的工作导向，紧紧围绕中央、省、市、县委决策部署，努力改善文化民生，推进文化扶贫，打造旅游文化精品，推动全县文化小康。

二是要下足绣花功夫，坚持发展强文建功。牢固树立发展就是硬道理的理念，矢志不移抓发展，找准突破口，把握关键点，拿出绣花功夫，培育文化工匠，推动文化事业新时代实现跨越式发展。

三是要甘当老黄牛，坚持品牌活文建功。牢固树立公仆理念，甘当文化老黄牛，在文化的传承、融合与创新中寻找突破口，打造特色文化品牌，为繁荣巴土文化、红色文化、创新文化、群众文化奋斗不息、战斗不止。

四是要撸起袖子加油干，坚持项目兴文建功。牢固树立项目是推动文化事业发展的不竭动力的理念，调动一切积极因素做好项目争取工作，坚持一抓到底抓好项目建设，把好项目建设质量关、廉政关，以项目推动全县文化事业繁荣兴盛。

五是要争创一流业绩，坚持创优树文建功。牢固树立争先创优理念，坚持高目标定位，争取一流业绩，实现和坚持民族文化创造性转化、创新性发展，不断铸就全县文化事业新辉煌。

二 坚持民生导向，创新举措，牢牢把握 文化扶贫工作新要求

深入贯彻落实党的十九大关于坚定文化自信，推动社会主义文化繁荣兴盛，坚决打赢脱贫攻坚战的一系列重要精神，扎实做好全县文化扶贫各项工作，充分发挥文化在脱贫攻坚工作中的"扶志""扶智"作用。一是强化落实文化扶贫实施方案。县委、县政府在全省率先出台《长阳土家族自治县文化扶贫工作实施方案（2017—2020 年)》文件，大力实施好文化民生工程、文化服务工程、文化产业工程、文化遗产保护工程、文化市场健康工程、文化人才培养工程，为全县脱贫攻坚战提供强大的精神动力、智力支持和思想保证。长阳深入推进文化精准扶贫工作，得到省文化厅《湖北文化工作》"积极行动、扎实推进"的高度肯定。二是强化推动文旅融合提升工程。深入贯彻落实习近平总书记关于文化、旅游的系列重要讲话精神，切实推动全县生态文化旅游深度融合发展，着力建设文化产业示范园区、示范基地，大力培育文化企业，打造文化旅游精品，推动全县早日实现文化小康。通过培育新型文化旅游业态和产业集群，带动全县 10 万人就业，使文化旅游产业成为农民脱贫增收的"金饭碗"。三是强化备战节赛活动。早谋划、早行动，精心备战 2018 年第三届湖北艺术节、2018 年湖北省第九届少数民族运动会、2018 年湖北省第十五届运动会，匠心打造的大型土家舞蹈诗《姐郎河》、长阳南曲《岁月静好人风流》入选第三届湖北艺术节优秀作品展演剧目、优秀群众文艺作品展演节目，《撒叶儿嗬》项目获得省第九届少数民族传统体育运动会综合类项目第一名，长阳举重获得省第十五届运动会一金一铜好成绩，展示长阳形象，为"文化长阳"再添亮色。四是强化对上争取和驻村及联系企业。在对上积极争取同时，做好精准扶贫联村工作，确保如期实现"村出列、户销号"并巩固脱贫攻坚成果。积极做好联系重点企业工作，派驻联系专班，强化跟踪服务，研判问题解决措施，帮助解决实际困难。

三 坚持品牌导向，创新活动，牢牢把握
创造发展新要求

坚持"创造性发展、创新性转化"思路，重点组织举办好一系列文体品牌活动，推动全县特色文化体育活动品牌建设，不断提升满足人民日益增长的美好生活需要能力与水平，增强文化服务县域经济社会发展贡献度。一是成功举办土家发源地·湖北长阳第三届廪君文化旅游节。突出"清江水·土家源，弘扬土家之源文化·打造长阳旅游品牌"主题，以廪君文化+为重点，通过承办由中央民族大学中国少数民族研究中心主办的中国巴人先祖廪君文化研讨会、组织开展廪君祭祀大典、九佬十八匠传统手工艺展示展销、清江名优绿茶专家品鉴会、湖北长阳清江国家地质公园揭碑开园等一系列活动，促进长阳文化旅游深度融合，促进县域经济社会又好又快发展。二是成功举办2018年全国公开水域10公里马拉松游泳锦标赛。以清江公开水域游泳运动的开展，推动构建政府主导、社会参与、市场引导的全民健身赛事活动多元化办赛格局，展示长阳文体旅大融合的品牌名片。三是成功举办第四届全县全民（职工）运动会。落实长阳土家族自治县全民健身实施计划（2016—2020年），承办好每三年一届的2018年第四届全县职工运动会。四是成功举办百姓春晚。按照《长阳土家族自治县关于加快构建现代公共文化服务体系的实施意见》文件要求，加强公共文化服务品牌建设，举办一年一届、一年一主题的百姓春晚，深受人民群众欢迎。

四 坚持项目导向，创新机制，牢牢把握
产业发展新要求

坚持"工作项目化、项目清单化"，注重文体新广项目的谋划、争取和实施，以项目推动文体新广事业和产业科学发展。一是加快推进文化项目建设。先后实施长阳非物质文化遗产展示馆新建项目、枝柘坪红三军军部旧址

项目、麻池革命旧址军事委员会修缮工程项目、综合文化站改扩建及维修项目。同时，建立重点文艺作品项目库，推动长阳大型舞台剧《英子姐姐》的创排，创作排练舞台艺术节目 10 个以上。二是加快推进体育项目建设。加快推进长阳举重训练中心项目、湖北省（长阳）举重学校"省校县办"项目、新全民健身项目，着力打造长阳举重之乡。三是加快推进广播影视项目建设。落实户户通、村村响运行维护。健全户户通、村村响维修服务网点建设和维护机制，充分依靠县、乡、村基层组织，做好户户通售后服务工作，保证故障设备得到及时维修，保证户户通"优质通""长期通"，村村响"大大响""优质响"。先后实施鸡公山发射台基础设施建设项目、中央广播电视节目无线数字化覆盖工程等项目。

五 坚持示范导向，创新体系，牢牢把握
创建工作新要求

坚持聚焦中心、推动发展，明晰目标任务、强化责任落实，确保高标准、高质量地完成一系列创建任务。一是成功创建现代公共文化服务体系示范区。以宜昌市创建国家公共文化服务体系示范区为契机，严格按照省、市创建要求，坚持重点帮扶、督促指导、统筹推进，加快推进现代公共文化服务体系建设。全力争创"中国民间文化艺术之乡"，做好申报迎检工作，长阳资丘成功入围"中国民间文化艺术之乡"。严格对照文化部《全国乡镇综合文化站评估定级标准指导纲要》标准，全力推进乡镇综合文化站建设，补齐短板、强化建设，确保评估定级工作顺利达标。围绕巩固图书馆国家一级馆、县博物馆创国家三级馆、县文化馆国家一级馆复评，推进总分馆制规范运行，建立公共文化机构法人治理结构，创新管理运行机制，提高免费开放工作水平，提升公共文化服务效能。深入开展文化惠民，强化群文辅导，进一步做好送图书、送戏、送电影下乡活动。二是成功创建武陵山区土家族苗族文化生态保护实验区。完成县级第三批传承示范基地和第五批非遗代表性项目传承人命名、表彰工作。抢抓国家乡村振兴战略和全省特色文化村建设机遇，立足

"非遗"传承示范基地建设，全县整合 100 多万元的项目资金，在全省率先首批启动建立 11 个土家特色文化示范村，主要围绕一个"非遗"传习堂、一个文化节庆品牌、一个文旅产业等"八个一"建设内容，进行严格考评验收授牌。完善"民间文化进校园，民间艺人上讲台"工作长效机制，推进民族民间传统文化宣传与传承工作的科学化、规范化。加强"非遗"传承人管理工作，与传承人签订履职尽责责任书，实施国家、省级高龄传承人抢救性保护工作，做好文物征集工作。加强文物保护工作，完善国家、省、市级文物保护单位"四有"工作，做好香炉石遗址国家级文物保护单位的申报工作，与乡镇签订文物安全责任书，实现文物安全年。三是加快创建扫黄打非及文化市场示范区。严格落实意识形态工作部门责任清单，强化政治责任感，深入开展扫黄打非及文化市场专项行动，净化社会文化环境，确保文化市场健康有序。

六 坚持效率导向，创新改革，牢牢把握 打造铁军新要求

全县大力实施文化人才培养工作，推进文化人才帮带计划，加强专业人才队伍建设。启动公共文化专家人才资源库建设，组织开展业务骨干培训班，培育和规范社会文艺团队及业余文化队伍。做好文化志愿者的招募管理工作。开展多层次的公共文化服务人才培训，同时加强干部队伍岗位责任管理，树正气、重才气、求大气，下功夫培育善作为敢担当、深耕细作的长阳文化工匠以及文化名人和文化领军人物。一是强化"坚定文化自信，建功立业有我"主题实践活动。结合"不忘初心、牢记使命"主题教育，扎实开展"坚定文化自信，建功立业有我"主题学习教育活动。二是强化"五个一"学习工程。围绕学习贯彻党的十九大精神，强化落实"五个一"学习工程，即每名党员一月一篇体会文章、每个支部一月一次学习研讨活动、每个单位一月一期学习专栏、每次学习活动一月突出一个主题、每个单位一季度一次业务大比武。三是强化"一流机关"建设。牢固树立争先创优理念，建立全员岗位责任制，坚持高目标定位，争创"一流机关"，提振干部职工干事创业、服务社会、创先争优的信心。

Abstract

Cultural self-confidence is a more basic, deeper and lasting force in the development of a country and a nation. Without high cultural self-confidence and cultural prosperity, there will be no great rejuvenation of the Chinese nation.

2017 is the year when the Nineteenth National Congress of the Communist Party of China was held successfully. It is also the year when the Communist Party of China led the people of the whole country to push the construction of socialism with Chinese characteristics to a turning point in the new era. Under the leadership of provincial Party committee and provincial government, all kinds of cultural construction subjects in Hubei have carried out the spirit of the Nineteenth National Congress of the CPC in depth, shouldered the heavy responsibility with high cultural confidence and accelerated the pace of promoting the construction of a "strong cultural province". Most of the important development indicators have been further upgraded in the national ranking, showing the strong trend of cultural development in Hubei.

The Nineteenth National Congress of the Communist Party of China has pointed out the direction of cultural development in the new era, and has put forward new and higher requirements for cultural development in the new era. Much work remains to be done in the field of culture in order to alleviate the contradiction between the growing needs of the people for a better life and the unbalanced and inadequate development. At present, in general, the level of cultural development in Hubei still has problems that do not adapt to the position of culture in the overall economic and social development, to the needs of the people for cultural life, and to the requirements of building a well-off society in an all-round way. These problems are mainly manifested in the weak development at the grass-roots level.

A time will come to ride the wind and break the waves, it will set cloud white sail and cross the sea which waves. Under the guidance of Xi Jinping's socialist ideology with Chinese characteristics in the new era, Hubei's cultural construction will continue to exert its strength, reform and innovation, make up for its shortcomings, and promote the overall strength of the province's culture in such aspects as building a large cultural development pattern, enhancing the effectiveness of grass-roots public cultural services, promoting excellent Jingchu traditional culture, creating excellent works of culture and art, and cultivating the cultural consumption habits of the public.

Adhering to the idea of compiling an annual focus, " *Hubei Cultural Development Report 2018* " stands at such a great time node, summarizing achievements, analyzing problems and putting forward suggestions, showing three characteristics in content compilation: Firstly, the data is sufficient. Starting with the 13 main indicators of national cultural development issued by the Ministry of Culture, the general report makes a careful analysis of each indicator by comparing it nationwide, with the central region and with the previous year, and uses data to speak. Secondly, it has a wide range. The content of the sub-report covers many aspects of cultural development, such as public culture, professional art, populace culture, cultural heritage, cultural market, cultural industry, cultural exchanges and so on. It reflects the situation comprehensively through various analysis. Thirdly, there are many perspectives. From the perspective of both data and empirical analysis; from the perspective of the whole country, but also from the perspective of the whole province; not only the province's overall work "face" analysis, but also a single work "point" analysis, multi-angle display and analysis of the work logic behind the results. In the process of compiling, we have also received the attention and support of comrades from universities, government departments, public institutions and grass-roots units.

Keywords: Hubei Cultural Development; Cultural Confidence; Cultural Province

Contents

I   General Report

Abstract: In 2017, among the 13 main indicators of national cultural
development issued by the Ministry of Culture, seven indicators ranked higher than
the previous year, four indicators ranked unchanged, and the overall development
showed a significant upward trend, showing the strong trend of cultural
development in Hubei. Meanwhile, the overall strength of Hubei's cultural
development needs to be further enhanced in accordance with the goal and
requirements of "a strong cultural province". Through vertical and horizontal
comparisons, this report fully reflects the achievements of cultural development in
Hubei Province, deeply analyses the causes of the problems, and puts forward
some reflective suggestions.

Keywords: Hubei Province; Culture Development; Cultural Province

II Sub Reports

B. 2 Report on Construction of Public Cultural Service System in Hubei Province (2017)

Li Rongjuan, Wang Jindong and Yu Manxue / 021

Abstract: 2013 – 2017 is a five-year period of systematic construction and improvement of public cultural services in Hubei Province and a five-year period of great cultural development. With the great attention of Party committees and governments at all levels and the strong support of relevant departments, the construction of Hubei public cultural service system has achieved remarkable results. The guarantee mechanism of cultural undertakings, infrastructure, digital services, especially the construction and service of public libraries, art galleries and cultural stations, have made considerable progress. However, in the process of the development of public cultural service system, there are also some problems, such as the imperfect financial guarantee mechanism, the shortcomings of grass-roots public cultural facilities, the insufficient support of personnel, and the low efficiency of public culture. Therefore, we should take effective measures to promote the construction of public cultural service system in Hubei from the aspects of increasing investment, talent team, information construction, brand strategy, evaluation system and grass-roots cultural base construction.

Keywords: Public Cultural Service System; Infrastructure; Cultural Front

B. 3 Report on the Development of Culture and Art Career in Hubei Province (2017)

Liu Wenxiang / 034

Abstract: In 2017, hundreds of flowers in Hubei culture and art business blossom and develop vigorously. Hubei Province has issued a number of policy documents to consolidate the development of Hubei's cultural and artistic undertakings in terms of system and personnel training. It has successfully held the Third Hubei Art Festival and the Fifth China Poetry Fair, hosted the southern performance of local operas throughout the country, organized and created a series of thematic literary and artistic works of the "Chinese Dream" and organized many folk performances which are benefit for people and enrich people's lives and actively participate in foreign exchanges and cooperation. The achievements of major literary and artistic projects are encouraging. Cultural and artistic groups have witnessed blowout growth. However, there are still some problems in the development of Hubei's cultural and artistic undertakings, such as the disconnection between ideas and the development of literary and artistic undertakings, the lack of planning for cultural and artistic creation, the eagerness for quick success and instant benefit, the lack of high-quality products, and the lack of lasting momentum for development. Therefore, it is urgent to take effective measures in ideological concepts, institutional mechanisms, policy implementation, talent attraction, team building and other aspects to further promote the development of cultural and artistic undertakings in Hubei Province.

Keywords: Culture and Art; Literary and Artistic Creation; Literary and Artistic Activities; Arts Groups

B. 4　Development Report on Protection, Utilization of

　　　Cultural Heritage in Hubei Province (2017)

Wu Chengguo, Chen Huizi / 049

Abstract: In 2017, great progress has been made in the protection, utilization and development of cultural heritage in Hubei Province . The progress is mainly reflected in the solid advancement of the basic work of cultural heritage protection and utilization, the steady implementation in the application and management of world cultural heritage sites, the rich achievements in the protection of large sites, the gratifying achievements in archaeological work, the opportune development of the natural and historical cultural heritage protection of the Three Gorges, and the South-to-North Water Transfer Project, the improving level of cultural heritage inheritance and utilization. However, in the process of protection and development of cultural heritage, there are also problems such as old concepts and insufficient awareness, insufficient investment in cultural heritage protection, imperfect development mechanism for cultural protection undertakings, low level of protection, difficult enforcement of cultural heritage protection, urgent need to strengthen the protection of cultural relics, few ways and means of rational use of cultural heritage, insufficient use of education and leisure functions, etc. Therefore, it is urgent to take effective measures in ideology, financial security system, implementation of policies and regulations, talent attraction, innovation of cultural and creative products to further promote the protection and development of cultural heritage in Hubei Province.

Keywords: Cultural Heritage; Protection; Utilization; Cultural and Creative Product

B. 5 Report on the Development of Cultural Industry in Hubei Province (2017)

Sun Youxiang, Tang Yimeng / 067

Abstract: In 2017, the pace of transformation of Hubei's cultural industry accelerated, new achievement was made in collaborative innovation and the integration and development of Hubei's cultural industry by taking the national cultural development strategy as an opportunity, the efforts of using "going out and bringing in" policy for cultural industry were intensified, the pilot work of cultural consumption was developed steadily and orderly, the special support of cultural industry was strengthened, the strategy of cultural brand achieved initial results, and the effect of cultural poverty alleviation is remarkable. However, there are also some problems in the development of cultural industry, such as low conversion rate of industrialization of traditional cultural resources, unbalanced development of modern cultural industry, weak motive force for the development of new cultures and weak demand for cultural consumption. Therefore, effective measures should be taken from the aspects of cultural supply side reform, stimulation of cultural consumption demand and cultivation of cultural talents to further promote the development of cultural industry in Hubei Province.

Keywords: Cultural Industry; Cultural Consumption; Innovation Driven; New Cultural Industry Form

B. 6 Report on the Development of Mass Literature and Art in Hubei Province (2017)

Xie Di / 084

Abstract: Mass literature and art is the product of the times and should serve the people. In the current era of building a well-off society in an all-round way, mass literature and art have become the necessities of people's lives, the torch of national spirit and the horn of the times, leading the atmosphere of an era. Therefore, we must attach importance to the development of mass literature and art. In 2017, the mass literary and artistic undertakings in Hubei Province made great progress: a set of scientific and perfect mass literary and artistic creation mechanism was formed, a number of mass literary and artistic creation teams were trained, a series of platforms for promoting mass literary and artistic creation and exhibition exchanges were set up, and a number of mass literary and artistic exquisite works with great influence in the country were created. However, in the course of development, there are also some problems in the mass literary and artistic undertakings in Hubei Province, such as the inconsistency of ideas and concepts with the current development of mass literature and art in the whole province, the insufficient attention paid to mass literary creation in some areas, the short-board prominent development of grass-roots culture, the uneven development of mass literary and artistic creation, the lack of rich themes of works, and the irrational structure of talents in mass literary and artistic creation. Therefore, effective measures should be taken to strengthen theoretical study, team building, brand building and innovative system and mechanism, so as to promote the further development of mass literary and artistic undertakings in Hubei.

Keywords: Hubei; Mass Literature and Art; Literary and Artistic Creation

B. 7   Report on the Development of Cultural Communication with Foreign Countries and Hong Kong, Macao and Taiwan in Hubei Province (2017)

Ren Jun, Dong Sihan / 097

Abstract: The work of foreign cultural exchanges of Hubei continued to exert its strength and actively participated in building the Belt and Road in 2017. By means of establishing mechanism, setting up platform, expanding channels, building brand, developing culture, etc. , the the cultural dissemination ability improved, the achievements of cultural exchanges with foreign countries expanded, which effectively served the national development strategy and Hubei's economic and social development. However, in this process, there are still some shortcomings, such as insufficient resource coordination, unclear interpretation of Jingchu culture, poor application of international language, inadequate development of cultural resources, weak international communication, few cultural flagship enterprises and weak brand competitiveness. Therefore, we need to take effective measures in expanding communication channels, promoting international communication, promoting the development of cultural foreign trade and developing new media to further strengthen the effect of Hubei's cultural exchanges.

Keywords: Hubei; Cultural Exchange; Hong Kong & Macao & Taiwan

B. 8   Report on the Development of Press, Publishing, Radio and Television in Hubei Province (2017)

Luo Yabo / 109

Abstract: Hubei's press, publishing, radio and television industry presented a trend of high-quality development in 2017: the ability to create high-quality products and guide public opinion was constantly strengthened, the level of public service and management according to law was constantly upgraded, the comprehensive deepening of reform was continuously promoted, and the undertaking industry was constantly developing and expanding. However, there are still some problems, such as the lack of integration between traditional media and emerging media, the insufficient implementation of the responsibility system of ideological work, the insufficient quantity of high-quality works, the weak ability of "Hubei Creation", the small scale of foreign cultural trade and the imperfect development guarantee mechanism. Therefore, in order to promote the rapid development of Hubei's press, publishing, radio and television industry, it's urgent to strengthen the system and mechanism construction through strengthening publicity, prospering fine products and improving the safeguard mechanism.

Keywords: Hubei; Press, Publishing, Radio and Television; Media Convergence

Ⅲ Special Reports

B. 9 Performance Evaluation Report on the Construction of
County Public Cultural Service in Hubei Province (2017)

Qing Jing , Li Rongjuan / 117

Abstract: Public cultural service is the basic component of the public service system, which can protect the basic cultural rights and interests of citizens. Improving basic public cultural service has been gradually incorporated into the central policy agenda. By constructing the performance evaluation index system of county public cultural service, this report makes statistical analysis of the specific indicators of county public cultural service performance evaluation in Hubei Province, and draws the 2017 ranking of county public cultural service performance in Hubei Province. This report hopes to make an objective evaluation of the performance of public cultural services in various regions and provide a useful reference for the formulation of public cultural policies.

Keywords: County Public Cultural Service System; Performance Evaluation; Hubei Province

B. 10 Report on the Development of Cultural Market in Hubei
Province (2017)

Wang Meisi , Yu Yan / 139

Abstract: As an important part of the socialist market system with Chinese characteristics, cultural market construction has achieved remarkable results in recent years, and new steps have also been taken in cultural market supervision. Hubei province which is the major cultural province, has made great progress in building a moderately prosperous culture in 2017, the transformation and upgrading of cultural market are accelerated, reform of comprehensive law enforcement in the market is deepening, supervision and law enforcement activities are becoming increasingly standardized and orderly, regulatory effectiveness has been significantly improved, market prosperity and scientific regulation go hand in hand. However, there are still some problems in the development of cultural market, such as disconnection between ideology and development of cultural market, insufficient guarantee measures for supervision and law enforcement of cultural market, low quality of products in cultural market, and frequent occurrence of illegal behaviors. It is necessary to reform and innovate in ideology, guarantee mechanism, product quality improvement, technology upgrading, law enforcement norms and other aspects, so as to promote the orderly progress of the strategic goal of a great cultural province and the healthy development of hubei's cultural undertakings in Hubei Province.

Keywords: Cultural Market; Cultural Supervision; Cultural Enforcement; Cultural Undertakings

B. 11   Investigation Report on the Construction of

Cultural Stations in Hubei Province (2017)

Sun Xiaomin, Yin Wanglai / 149

Abstract: Cultural stations in Hubei Province made great progress in 2017: the grass-roots cultural positions were further consolidated, the cultural teams were supplemented and improved, a variety of cultural activities were carried out to meet the spirit and culture needs of grass-roots mass, cultural stations played an active role in culture and serving local governments. However, with the rapid development of society, there are still some factors restricting the development of cultural stations which make grass-roots cultural construction the biggest shortcoming in cultural development, such as weak cultural consciousness of local governments, imperfect funding mechanism, weak infrastructure and low efficiency of public services. Based on the analysis of construction effect, problems and development trend of cultural stations in Hubei Province in 2017, this paper puts forward five measures and suggestions for the work of cultural stations in Hubei Province: raising awareness, strengthening construction, grasping reform, improving efficiency and smoothing mechanism.

Keywords: Cultural Stations in Hubei Province; Grass-roots Cultural Positions; Service Efficiency

B. 12　Report on the Development of Hubei Museum Association (2017)

Huang Min / 161

Abstract: At present, under the background of vigorous development of museums in China, relying on profound cultural background and rich cultural resources, the Hubei Museum Association has developed into a fast lane. It has made remarkable achievements in giving full play to the organizational functions of the museum industry, building an exchange platform, organizing academic activities, editing and publishing academic journals, providing member services, and strengthening its own construction. Meanwhile, it has accumulated valuable experience and laid a solid foundation for the sustainable development of the museum industry in Hubei Province. Based on the field of Hubei Province, this paper combs and analyses the current situation of the development of Hubei Museum Association from the aspects of the role of cultural center, Museum academic research and system construction, and further puts forward some suggestions such as highlight display, strengthen scientific research and improve the system, to promote the sustainable development of the Museum Association.

Keywords: The Museum Association; Sustainable Development; Cultural Industry

B. 13   Investigation Report on the Differentiation of Public
Cultural Services between Urban and Rural Grass-roots
Levels in Hubei (2017)

Li Xieping / 168

Abstract: In recent years, the construction of urban and rural public culture
in Hubei has made great strides and achieved remarkable achievements. With the
acceleration of building a well-off society in an all-round way and the new situation
of increasing cultural needs of the people, public cultural services in Hubei are
facing the challenge of urban-rural differentiation. How to take effective measures
to reduce the service gap and realize the equalization of urban and rural public
culture has become a problem that must be solved in the construction of Hubei
public culture in the new era. On the basis of field research, this paper conducts a
field analysis of the urban-rural public cultural differentiation in Hubei Province,
and finds that the urban-rural public cultural service differentiation is mainly
manifested in the equalization of equipment, services and service efficiency. Based
on this, this paper puts forward the road to the development of urban and rural
public culture in Hubei Province, which is led by the government, participated in
all aspects, guaranteed perfection, adapted to local conditions and digitalized
strategy.

Keywords: Urban and Rural Areas in Hubei Province; Public Cultural
Services; Differentiation

B. 14   Analysis Report on Evaluation and Grading of Public
Libraries in Hubei Province (2017)

Li Hong, Wang Jindong / 180

Abstract: In 2017, the state launched the sixth evaluation and grading of
national public libraries. In this evaluation, the remarkable achievements made by

the library of Hubei Province in the aspects of fund input, facilities improvement, service efficiency improvement, brand influence enhancement, consolidation of basic business, strengthening of characteristic resources construction, wide application of digital technology and new media, and innovation of mobile library form were affirmed. However, there are also some shortcomings in Hubei public libraries, such as insufficient total investment, unbalanced distribution, lack of professionals and inadequacy of brand excavation. Therefore, it's necessary to take effective measures to further promote the development of Hubei's public library industry in terms of clarifying the main responsibility, implementing service guidance standards, strengthening system construction, innovating service modes, attracting social forces to participate in and strengthening the construction of talent team.

Keywords: Hubei Province; Public Library; Evaluation and Grading

B. 15 Report on the Development of the Literary Criticism Team in Hubei Province (2017)

Liu Tianqi / 191

Abstract: In 2017, the construction of literary commentary team in Hubei Province has steadily increased, and has made remarkable achievements in position construction, commentary team construction and platform construction. But there are still some problems, such as the loose commentary team, the small number of commentators, the insufficient motivation of literary criticism, the scattered commentary resources and the insufficient investment of commentary. In order to further promote the construction of literary criticism team in Hubei Province, it is suggested that effective measures should be taken from the establishment of talent growth mechanism, the system of contracted commentators in water testing, the strengthening of the construction of commentary positions, the emphasis on online literary criticism and the increase of funding.

Keywords: Hubei; Literary Criticism; Team Building

B. 16　Report on the Protection of Ancient Books in

Hubei Province（2017）

Liu Xiaolin / 199

Abstract：In 2017, great achievements were made in the protection of ancient books in Hubei Province in terms of increasing collection units, collections, restoration of ancient books and personnel training. However, in this process, there are still some problems, such as unclear responsibility of the main body of ancient books protection, lack of guidance and coordination of the work of the whole province, insufficient funds for ancient books protection, especially the lack of special funds for ancient books protection in cities and counties, insufficient professional and technical personnel, lack of leaders in provincial ancient books research, lack of grassroots practitioners, insufficient efforts in ancient books collation, research and declaration and naming. Therefore, effective measures should be taken in the aspects of system guarantee, mechanism construction, personnel training and position construction to further promote the development of the protection of ancient books in Hubei Province.

Keywords：Hubei Province；Protection of Ancient Books；Restoration of Ancient Books

IV　Cases

B. 17　Report on the Undertaking of Large-scale Cultural

Activities in Hubei Province（2017）

—*Take the Southern Performance of the National Local*

Opera in 2017 *as an Example*

Liu Chenglu / 206

Abstract：In this paper, the significance and characteristics of large-scale cultural activities organized by the government are discussed, taking the Southern National Traditional Opera Performance held in Wuhan in 2017 as an example. It tries to analyze the factors influencing cultural interaction from the perspective of the interaction between cultural activities and media promotion, cultural activities and urban promotion, and then puts forward some strategies and suggestions to enhance the influence of cultural activities, such as strengthening activity planning and government promotion, integrating multi-media resources, focusing on innovative forms, giving full play to the advantages of new media, and promoting multi-subject participation and so on, in order to better build brand cultural activities, transfer core values, and promote excellent traditional culture.

Keywords: Cultural Activities; Local Opera; Communication Strategy

Abstract: Accelerating the construction of modern public cultural service system is an important measure to achieve "cultural well-off" and enhance cultural soft power. Lichuan City gives full play to its advantages of rich non-heritage culture and strong national characteristics, promotes the integration of traditional culture and modern culture, government and society, constantly consolidates the talent base and material guarantee for the development of public culture, and constantly explores new ways, mechanisms and models of public cultural services from service concept, service mechanism, government functions and cultural functions. In practice, we have explored a unique and representative way of public cultural service in Lichuan. In the present era, Lichuan City will take effective measures to continue to improve and develop the public cultural service system and meet the cultural needs of all citizens by vigorously promoting the reform of cultural supply side, cultivating and strengthening the main body of cultural market, promoting cultural consumption and improving cultural financing channels.

Keywords: Ethnic Areas; Public Cultural Services; Pattern Innovation

B. 19　Report on the Construction of Cultural Consortium in Wuhan Metropolitan Area（2017）

Li Zechang, Chen Yilei / 237

Abstract: This paper takes the construction of Wuhan Metropolitan Cultural Consortium as the object of analysis, combs and analyses the historical origin, current situation and achievements of Wuhan Metropolitan Cultural Consortium. On this basis, the main tasks for the follow-up development of cultural consortium are put forward from the aspects of integrating artistic resources, sharing exhibition market resources, strengthening cultural facilities construction, promoting market law enforcement cooperation, supporting cultural industry and strengthening the distinctive division of labor of museums. Accordingly, suggestions are put forward to further promote the development of Wuhan City Circle Cultural Consortium from the aspects of institutional reform, upgrading of cultural services, transformation of cultural industries and personnel training.

Keywords: Wuhan City Circle; Cultural Consortium; Industrial Transformation

B. 20 Ezhou Model for Inheritance and Protection
of Intangible Cultural Heritage
—*Taking the Public Welfare Training and the Inheritance and
Dissemination Project of Carving Paper-cut as an Example*
Zhou Kebin, Wang Jinfang and Xiao Zhengli / 244

Abstract: The work of inheritance and protection of intangible cultural heritage in Ezhou City takes the carving paper-cut which is a national and UNESCO representative list of intangible cultural heritage of human beings as the lead, adheres to the principle of Party leadership, government domination and social participation, establishes a talent team of "Double Ten Hundred Thousand", forms a five-step inheritance network of city, districts, streets, communities (villages) and families, successfully realizes the transformation from family to social popularization in Ezhou carving paper-cut through "five-step eight-step" approach, which effectively solves the problem of project inheritors' imparting skills in the work of protection of intangible cultural heritage. Ezhou Mode for inheritance and protection of intangible cultural heritage has been formed, and successfully declared for the fourth batch of creation projects in national public cultural service system, which has had a positive impact at home and abroad and effectively promoted the construction of modern public cultural service system in Ezhou.

Keywords: Carving Paper-cut Heritage Protection; Mechanism; Model; Demonstration Value

B. 21 Report on the Construction and Development of
"Cultural Strong County" in Changyang County

Li Jing / 256

Abstract: New era, new requirements, new actions. In recent years,

Changyang County has adhered to the concept of "big culture" development, creatively promoted the work of "central culture, developing strong culture, brand culture, project culture, creating excellent tree culture", and created a "cultural iron army". The vitality of various reforms has been released, cultural self-confidence has been steadily improved, and the effect of building a strong cultural county has begun to show. Especially in the aspects of cultural poverty alleviation, brand building, system innovation, team building, etc., actively explore, fully display the beautiful business cards of "cultural Changyang", and comprehensively promote the high-quality development of cultural undertakings with remarkable achievements.

Keywords: Changyang County; Cultural Iron Army; Cultural Strong County

皮书系列

❖ 皮书起源 ❖

"皮书"起源于十七、十八世纪的英国,主要指官方或社会组织正式发表的重要文件或报告,多以"白皮书"命名。在中国,"皮书"这一概念被社会广泛接受,并被成功运作、发展成为一种全新的出版形态,则源于中国社会科学院社会科学文献出版社。

❖ 皮书定义 ❖

皮书是对中国与世界发展状况和热点问题进行年度监测,以专业的角度、专家的视野和实证研究方法,针对某一领域或区域现状与发展态势展开分析和预测,具备原创性、实证性、专业性、连续性、前沿性、时效性等特点的公开出版物,由一系列权威研究报告组成。

❖ 皮书作者 ❖

皮书系列的作者以中国社会科学院、著名高校、地方社会科学院的研究人员为主,多为国内一流研究机构的权威专家学者,他们的看法和观点代表了学界对中国与世界的现实和未来最高水平的解读与分析。

❖ 皮书荣誉 ❖

皮书系列已成为社会科学文献出版社的著名图书品牌和中国社会科学院的知名学术品牌。2016年,皮书系列正式列入"十三五"国家重点出版规划项目;2013~2018年,重点皮书列入中国社会科学院承担的国家哲学社会科学创新工程项目;2018年,59种院外皮书使用"中国社会科学院创新工程学术出版项目"标识。

权威报告·一手数据·特色资源

皮书数据库
ANNUAL REPORT(YEARBOOK)
DATABASE

当代中国经济与社会发展高端智库平台

所获荣誉

- 2016年，入选"'十三五'国家重点电子出版物出版规划骨干工程"
- 2015年，荣获"搜索中国正能量 点赞2015""创新中国科技创新奖"
- 2013年，荣获"中国出版政府奖·网络出版物奖"提名奖
- 连续多年荣获中国数字出版博览会"数字出版·优秀品牌"奖

成为会员

通过网址www.pishu.com.cn访问皮书数据库网站或下载皮书数据库APP，进行手机号码验证或邮箱验证即可成为皮书数据库会员。

会员福利

- 使用手机号码首次注册的会员，账号自动充值100元体验金，可直接购买和查看数据库内容（仅限PC端）。
- 已注册用户购书后可免费获赠100元皮书数据库充值卡。刮开充值卡涂层获取充值密码，登录并进入"会员中心"—"在线充值"—"充值卡充值"，充值成功后即可购买和查看数据库内容（仅限PC端）。
- 会员福利最终解释权归社会科学文献出版社所有。

社会科学文献出版社 皮书系列
SOCIAL SCIENCES ACADEMIC PRESS (CHINA)
卡号：131533671824
密码：

数据库服务热线：400-008-6695
数据库服务QQ：2475522410
数据库服务邮箱：database@ssap.cn
图书销售热线：010-59367070/7028
图书服务QQ：1265056568
图书服务邮箱：duzhe@ssap.cn

S 基本子库
SUB DATABASE

中国社会发展数据库（下设 12 个子库）

全面整合国内外中国社会发展研究成果，汇聚独家统计数据、深度分析报告，涉及社会、人口、政治、教育、法律等 12 个领域，为了解中国社会发展动态、跟踪社会核心热点、分析社会发展趋势提供一站式资源搜索和数据分析与挖掘服务。

中国经济发展数据库（下设 12 个子库）

基于"皮书系列"中涉及中国经济发展的研究资料构建，内容涵盖宏观经济、农业经济、工业经济、产业经济等 12 个重点经济领域，为实时掌控经济运行态势、把握经济发展规律、洞察经济形势、进行经济决策提供参考和依据。

中国行业发展数据库（下设 17 个子库）

以中国国民经济行业分类为依据，覆盖金融业、旅游、医疗卫生、交通运输、能源矿产等 100 多个行业，跟踪分析国民经济相关行业市场运行状况和政策导向，汇集行业发展前沿资讯，为投资、从业及各种经济决策提供理论基础和实践指导。

中国区域发展数据库（下设 6 个子库）

对中国特定区域内的经济、社会、文化等领域现状与发展情况进行深度分析和预测，研究层级至县及县以下行政区，涉及地区、区域经济体、城市、农村等不同维度。为地方经济社会宏观态势研究、发展经验研究、案例分析提供数据服务。

中国文化传媒数据库（下设 18 个子库）

汇聚文化传媒领域专家观点、热点资讯，梳理国内外中国文化发展相关学术研究成果、一手统计数据，涵盖文化产业、新闻传播、电影娱乐、文学艺术、群众文化等 18 个重点研究领域。为文化传媒研究提供相关数据、研究报告和综合分析服务。

世界经济与国际关系数据库（下设 6 个子库）

立足"皮书系列"世界经济、国际关系相关学术资源，整合世界经济、国际政治、世界文化与科技、全球性问题、国际组织与国际法、区域研究 6 大领域研究成果，为世界经济与国际关系研究提供全方位数据分析，为决策和形势研判提供参考。

法律声明

"皮书系列"（含蓝皮书、绿皮书、黄皮书）之品牌由社会科学文献出版社最早使用并持续至今，现已被中国图书市场所熟知。"皮书系列"的相关商标已在中华人民共和国国家工商行政管理总局商标局注册，如 LOGO（🖎）、皮书、Pishu、经济蓝皮书、社会蓝皮书等。"皮书系列"图书的注册商标专用权及封面设计、版式设计的著作权均为社会科学文献出版社所有。未经社会科学文献出版社书面授权许可，任何使用与"皮书系列"图书注册商标、封面设计、版式设计相同或者近似的文字、图形或其组合的行为均系侵权行为。

经作者授权，本书的专有出版权及信息网络传播权等为社会科学文献出版社享有。未经社会科学文献出版社书面授权许可，任何就本书内容的复制、发行或以数字形式进行网络传播的行为均系侵权行为。

社会科学文献出版社将通过法律途径追究上述侵权行为的法律责任，维护自身合法权益。

欢迎社会各界人士对侵犯社会科学文献出版社上述权利的侵权行为进行举报。电话：010-59367121，电子邮箱：fawubu@ssap.cn。

社会科学文献出版社